U0347247

关键IPO

成功上市的六大核心事项

张媛媛 著

机械工业出版社
CHINA MACHINE PRESS

能够成功上市的企业普遍满足六大核心事项（也即关键要素）：持续盈利能力良好、财务核算标准规范、内部控制健全有效、企业经营合法合规、上市路径选择恰当以及信息披露公开透明，这些核心事项为企业顺利通过审核并成功上市提供了坚实保障。作者结合多年辅导IPO企业的实务经验，梳理了全面实行股票发行注册制下企业IPO聚焦的重点问题，围绕这六大核心事项展开了深入的分析和探讨，提供解读和有效实施的方案，帮助企业在寻求上市的过程中避免常见的陷阱。本书将帮助企业更好地把握IPO的核心关注要点，为成功上市打下坚实基础。

图书在版编目（CIP）数据

关键IPO：成功上市的六大核心事项 / 张媛媛著 .
北京：机械工业出版社 , 2025. 3. -- ISBN 978-7-111
-77436-5

I. F279.246

中国国家版本馆 CIP 数据核字第 2025XT0510 号

机械工业出版社（北京市百万庄大街 22 号　邮政编码 100037）
策划编辑：石美华　　　　　　　　责任编辑：石美华　高珊珊
责任校对：李　霞　杨　霞　景　飞　责任印制：任维东
北京瑞禾彩色印刷有限公司印刷
2025 年 3 月第 1 版第 1 次印刷
170mm×230mm・19 印张・271 千字
标准书号：ISBN 978-7-111-77436-5
定价：89.00 元

电话服务　　　　　　　　　网络服务
客服电话：010-88361066　　机 工 官 网：www.cmpbook.com
　　　　　010-88379833　　机 工 官 博：weibo.com/cmp1952
　　　　　010-68326294　　金 书 网：www.golden-book.com
封底无防伪标均为盗版　机工教育服务网：www.cmpedu.com

党的二十届三中全会提出，"聚焦构建高水平社会主义市场经济体制""实现资源配置效率最优化和效益最大化"。党的十九届五中全会提出，"全面实行股票发行注册制，建立常态化退市机制，提高直接融资比重"。资本市场作为直接融资的重要渠道与市场化资源配置的关键市场，深化资本市场体制机制改革，打造与经济高质量发展相匹配的资本市场具有重大意义。为此，资本市场的中介机构应严把 IPO 入口，推动上市公司高质量发展，为实现中国式现代化贡献力量。

《关键 IPO：成功上市的六大核心事项》的作者张媛媛是我的博士研究生，我很欣慰见证了她长期在资本市场的辛勤工作与探索，以及为资本市场发展所做的努力和取得的显著成就。20 多年来，她始终坚守在这个充满挑战与机遇的领域，不断磨砺自己的专业技能，积累了丰富的实务经验。无论是在初创企业的上市辅导方面，还是在大型企业的资本运作方面，她都展现出了卓越的才华和深厚的专业素养。她的专业能力在业界得到了广泛的认可，也为她赢得了众多的赞誉。

近年来，中国 IPO 市场蓬勃发展，已成为全球经济体系中不可或缺的关键一环。随着党的二十大胜利召开，全面推进中国式现代化的宏伟蓝图徐徐展开，为金融领域的深化改革与创新发展指明了方向。在中央金融工作会议上，"加快建设金融强国"首次被提出，这也是对中国金融市场未来发展的新期许。在这一时代背景下，2024 年 4 月，国务院适时颁布了《关于加强监管防范风险推动资本市场高质量发展的若干意见》（以下简称"新国九条"），标志着我国资本市场进入了一个全面加强监管的新阶段。作为继 2004 年《关于推进资本市场改革开放和稳定发展的若干意见》、2014 年《关于进一步促进资本市场健康发展的若干意见》之后，国务院时隔 10 年再度推出了"国九条"，"新国九条"担负了更厚重的历史使命与时代责任，其核心在于强化监管和防范风险，以高质量发展为主旨，通过一系列精准有力的政策措施，构建一个更加健康有序且充满活力的资本市场环境。这些措施不仅是对当前资本市场面临挑战的直接回应，更是对未来资本市场高质量发展的全面规划与部署。

"新国九条"更加突出"严字当头"的监管导向，张媛媛这本著作的内容是对"新国九条"精神的积极响应，将为资本市场未来的高质量发展提供有益的参考和借鉴。她从专业视角全面、系统地审视了企业上市的全过程，从盈利能力、财务核算、内部控制、合法合规、上市路径和信息披露六个维度进行了深入剖析，将理论知识与实务案例紧密结合，使得复杂的资本市场知识变得生动具体、触手可及。

　　作为研究资本市场的学者，我深知一本优秀著作对学术界和实务界的重要性。我对张媛媛的辛勤付出和卓越成就表示诚挚的感谢和祝贺。我相信在未来的日子里，她将继续在资本市场领域发光发热，为更多的企业带来成功的上市经验。同时，我也期待她能够在繁忙的工作中继续深耕学术研究，为资本市场的发展贡献更多的智慧和力量。

秦荣生

北京国家会计学院教授、博士生导师

北京国家会计学院原院长

2024 年 8 月

前 言 PREFACE

    中国境内资本市场中,IPO(首次公开发行股票) 对于寻求发展的企业来说,无疑具有很大的吸引力。对于企业而言,成功 IPO 不仅可以向社会公众发行股票募集资金,为企业的扩张和业务发展提供资金支持,还可以提升品牌知名度和市场认可度,获得更多的发展机会和合作伙伴。此外,成功 IPO 还有助于强化企业的信息披露和财务透明度,提升企业的治理水平。对于投资者和个人而言,成功 IPO 可以为早期投资者、企业创始人、受股权激励的管理层和员工带来可观的投资回报。这不仅能够回馈社会和广大投资者,而且可以作为激励手段吸引和留住更多的优秀人才,提升员工的工作动力和归属感。

    从笔者多年辅导企业 IPO 的实务经验来看,绝大部分企业的 IPO 过程并不是一帆风顺的。在 IPO 过程中,有些企业可能会面临市场不景气、业绩下滑、估值偏低以及政策限制等各种风险和挑战。此外,IPO 申报材料涉及大量财务、法律和市场等方面的专业知识,对于企业管理层来说可能是一个陌生且复杂的领域。

尽管在 IPO 初期，多数企业管理层可能会认为 IPO 之路高深莫测。但通过对多年上市辅导经验的总结，笔者认为，一家企业 IPO 能够取得成功是有迹可循的。通常只要企业满足**持续盈利能力良好、财务核算标准规范、内部控制健全有效、企业经营合法合规、上市路径选择恰当以及信息披露公开透明**六大关键要素，并在保荐机构、会计师事务所、律师事务所等中介机构的勤勉辅导下，做好充分的准备，选择合适的策略，企业最终将克服困难，成功上市。

持续盈利能力良好，是指企业通过科学的经营管理和合理的市场营销策略等，展现出良好的持续盈利能力。企业拥有良好的财务业绩不仅有利于增强企业的市场竞争力和提升投资价值，而且能为上市提供坚实的基础，为投资者带来良好的收益。企业既可以依靠内部资源，也可以合理利用外部资源来实现持续盈利。实务中，除了满足各上市板块的财务指标和其他合规要求，企业在申报期内及在审期间的财务业绩表现对 IPO 审核推进及成功也起到至关重要的作用。此外，自 2023 年 9 月以来，"新质生产力"这一概念对资本市场产生了深远影响。新质生产力与传统生产力不同，它涉及新兴领域且技术含量高。"新兴产业""未来产业"与"新质生产力"密切相关，我国正在积极发展和培育这些产业，以科技创新引领产业全面振兴，并促进新的经济增长。作为先进生产力的具体体现，新质生产力有助于增强企业的市场竞争力并提升其持续盈利能力。

财务核算标准规范，是指企业应当依照企业会计准则及相关规定的要求进行财务核算，以确保财务信息的准确性、公允性和规范性。标准规范的财务核算有助于提高投资者对企业财务状况的了解和信任度。由于交易类型具有复杂性、多样性，以及企业会计准则及相关规定的不断调整变化，财务核算标准规范这一要求对于大多数 IPO 企业而言具有一定的执行难度和挑战。因此，IPO 企业的财务人员需要具备专业的财务知识和经验，以充分理解相关规则，避免因主观判断错误而影响 IPO 申报材料的质量。本书结合 IPO 实务经验，从会计核算的标准规范、收入确认、成本核算、股份支付、研发费用以及在建工程等方面，对 IPO 审核中重点关注的财务问题进行了梳理和提示，可以帮助拟申报 IPO 企业查漏补缺，提高财务核算的标准性和规范性。

内部控制健全有效，是指 IPO 企业应当建立完善的内部控制制度和流程，并确保这些控制制度和流程在企业内部得到有效执行。健全有效的内部控制有助于减少企业的经营风险并提升投资者信心。在实务中，IPO 企业常见的内部控制缺陷主要集中于资金管理、销售管理、研发管理、采购管理、存货管理及关联交易管理等重要业务循环。本书结合 IPO 实务经验，对企业经营中各业务循环的关键内部控制点进行了梳理和提示，以帮助拟申报 IPO 企业避免相关的内部控制风险。

企业经营合法合规，是指企业在生产经营过程中，应当遵守法律法规及相关规定。本书结合 IPO 实务经验，对 IPO 审核重点关注的法律问题进行了梳理和提示，主要包括股权结构清晰、公司治理有效、劳务用工、违法违规、环保及安全等问题。拟申报 IPO 企业必须遵守相关的法律法规，确保其经营的合法性和合规性，以避免相关的法律审核风险。

上市路径选择恰当，是指企业应当根据自身发展状况、市场环境及资本需求等因素，选择合适的交易所及上市板块。本书主要针对中国境内 IPO 而言，企业的上市路径主要为对境内上市板块的选择，包括上交所主板、上交所科创板、深交所主板、深交所创业板和北交所。不同上市板块定位不同，反映了我国多层次资本市场的优势。选择恰当的上市路径有助于企业价值最大化，便于获得适合的融资渠道，以增强企业的可持续发展能力。各上市板块有不同的硬性指标要求，企业如果选择的上市路径不恰当，可能因不符合板块定位而导致失败。

信息披露公开透明，是指企业在上市过程中应当提供真实、准确、完整的信息，确保信息披露的公开透明，以保护投资者的合法权益。IPO 企业的招股说明书及其他申报文件在申报受理后即在交易所网站公开披露,接受全社会的监督。审核过程中,企业还需要接受审核机构的问询,并对相关问题进行书面回复,相关内容也会公开披露。因各种原因导致的信息披露出现错误或遗漏,都可能会成为企业 IPO 成功的障碍。

上述 IPO 成功的六大关键要素中,持续盈利能力良好是企业 IPO 申报的前提条件,财务核算标准规范、内部控制健全有效和企业经营合法合规是企业 IPO 申报的核心所在,而上市路径选择恰当和信息披露公开透明则是在上述所有要素齐备情况下企业 IPO 申报的重要保障。这六大关键要素是笔者根据多年实务经验提炼总结出来的,它们彼此关联且相互影响,任何一个要素的缺失都可能对企业的上市过程和结果产生重大影响。

企业在积极准备 IPO 的过程中,需要全方位考虑并综合多方面的要素。在满足上述六大关键要素的情况下,尽管企业 IPO 申报看似万事俱备,但企业仍应持续关注相关的政策动态和市场舆情,确保能够及时应对可能出现的变化。比如,2023 年下半年以来,拟上市企业申报期内大额分红的行为受到市场的高度关注。2024 年 4 月 4 日,国务院发布了"新国九条",其中第二条"严把发行上市准入关"中规定,"上市时要披露分红政策,将上市前突击'清仓式'分红等情形纳入发行上市负面清单",明确强调对拟上市企业分红政策的监管。"新国九条"的出台对未来拟申报 IPO 企业产生了一定的影响,这些企业应当根据政策变化做出相应的调整和准备。

目 录 CONTENTS

推荐序
前言

第一部分　持续盈利能力良好

第1章　持续盈利能力　　　　　　　　　　002
1.1　行业类型　　　　　　　　　　　　　　002
1.2　客户供应商集中及重大依赖　　　　　　004
1.3　业绩下滑　　　　　　　　　　　　　　012

第2章　利用外部资源实现持续盈利　　　015
2.1　股权融资　　　　　　　　　　　　　　015
2.2　并购重组　　　　　　　　　　　　　　017

第3章　依靠内部资源实现持续盈利　　　022
3.1　重视研发团队建设　　　　　　　　　　022

3.2　优化整合企业资源　　　　　　　　　　024

第二部分　财务核算标准规范

第4章　会计核算标准规范　　　　026

第5章　收入确认　　　　030

5.1　识别与客户订立的合同　　　　031

5.2　识别合同中的单项履约义务　　　　037

5.3　确定交易价格　　　　042

5.4　将交易价格分摊至各项履约义务　　　　057

5.5　履行每一单项履约义务时确认收入　　　　058

第6章　成本核算　　　　079

6.1　信息系统与成本核算　　　　079

6.2　成本核算颗粒度　　　　083

6.3　生产委外加工　　　　084

第7章　股份支付　　　　088

7.1　股份支付授予对象和激励方式　　　　089

7.2　股份支付公允价值　　　　105

7.3　股份支付授予日和等待期　　　　107

7.4　股份支付税务　　　　113

第8章　研发费用　　　　117

8.1　定制化业务　　　　118

8.2　研发人员薪酬　　　　124

8.3　研发材料　　　　128

8.4　研发支出资本化　　　　128

第9章　在建工程　　　　148

第三部分　内部控制健全有效

第10章　常见内部控制问题　154

10.1　内部控制问题的基本情况　154

10.2　内部控制问题的主要内容　155

第11章　资金管理内部控制　158

11.1　关联方资金占用　159

11.2　关联方代为承担资金支出　162

11.3　资金拆借或异常往来　164

11.4　第三方回款　166

11.5　其他资金管理问题　170

第12章　销售管理内部控制　172

12.1　销售收入确认及真实性　173

12.2　销售合同风险管理　182

12.3　客户风险管理　185

12.4　销售推广管理　190

12.5　应收账款管理　195

12.6　销售返利管理　197

12.7　售后管理　200

第13章　研发管理内部控制　203

13.1　研发活动的认定　204

13.2　研发内部控制　209

第14章　采购管理内部控制　220

14.1　供应商选择和过程管理　221

14.2　采购合同管理　　　　　　　　　　　　224

14.3　采购与库存管理　　　　　　　　　　　226

14.4　采购返利管理　　　　　　　　　　　　229

第 15 章　存货管理内部控制　　　　　　　232

15.1　存货流转管理　　　　　　　　　　　　233

15.2　存货质量管理　　　　　　　　　　　　234

15.3　存货盘点管理　　　　　　　　　　　　235

15.4　存货所有权管理　　　　　　　　　　　236

第 16 章　关联交易管理内部控制　　　　　238

第 17 章　不相容岗位分离内部控制　　　　244

第四部分　企业经营合法合规

第 18 章　股权结构清晰　　　　　　　　　248

第 19 章　公司治理有效　　　　　　　　　251

第 20 章　劳务用工　　　　　　　　　　　254

第 21 章　违法违规　　　　　　　　　　　258

第 22 章　环保及安全　　　　　　　　　　262

第五部分　上市路径选择恰当

第 23 章　各板块的基本要求　　　　　　　267

第 24 章　选择上市路径主要考虑因素　　　270

24.1　板块选择错误的影响　　　　　　　　　270

24.2　各板块定位要求　　　　　　　　　　　274

第六部分　信息披露公开透明

第 25 章　全面注册制下的审核理念　　　　280

25.1　全面注册制的核心变化　　　　280

25.2　全面注册制的不变之处　　　　281

第 26 章　强化信息披露　　　　282

26.1　避免重大遗漏或错误　　　　282

26.2　充分披露重要信息　　　　284

参考法规　　　　288

第一部分

持续盈利能力良好

《首次公开发行股票注册管理办法》第四十条规定："发行人应当以投资者需求为导向，精准清晰充分地披露可能对公司经营业绩、核心竞争力、业务稳定性以及未来发展产生重大不利影响的各种风险因素。"第四十一条规定："发行人尚未盈利的，应当充分披露尚未盈利的成因，以及对公司现金流、业务拓展、人才吸引、团队稳定性、研发投入、战略性投入、生产经营可持续性等方面的影响。"

企业拥有良好的财务业绩表现不仅有利于增强企业的市场竞争力和提升投资价值，而且能为企业 IPO 提供坚实的基础，并为投资者带来良好的收益。企业既可以依靠内部资源，也可以合理利用外部资源来实现持续盈利。

第 1 章　持续盈利能力

企业财务业绩表现如何对于能否顺利通过 IPO 审核至关重要。在企业 IPO 过程中，审核机构会详细审查企业提交的财务报告，以确定企业的财务业绩是否具备三个方面的重要特征：首先，企业的行业类型应当符合国家政策导向，具备财务业绩未来潜力；其次，企业申报期内的财务业绩应当显示出持续向好的趋势；最后，企业提交申报材料之后，其在审期间的财务业绩不存在重大下滑的情形。这三个方面共同构成了企业持续盈利能力的关键要素。

1.1　行业类型

行业的发展阶段、市场需求、竞争状况以及政策环境可能会对企业的财务业绩产生重要的影响。顺应国家政策导向的行业选择是企业实现可持续发展的有效途径，也是当前 IPO 大环境下，判断企业是否具备竞争优势和财务业绩未来潜力的关键。不同行业的企业在财务业绩上表现出不同的特点，并面临不同的挑战。

1. 新质生产力相关行业

2024 年 4 月 12 日，国务院发布了《国务院关于加强监管防范风险推动资本市场高质量发展的若干意见》，其中第八条"进一步全面深化改革开放，更好服务高质量发展"要求："着力做好科技金融、绿色金融、普惠金融、养老金融、数字金融五篇大文章。推动股票发行注册制走深走实，增强资本市场制度竞争力，提升对新产业新业态新技术的包容性，更好服务科技创新、绿色发展、国资国企改革等国家战略实施和中小企业、民营企业发展壮大，促进新质生产力发展。"新质生产力有别于传统生产力，涉及领域新、技术含量高。"新兴产业""未来产业"和"新质生产力"相互关联，我国正积极发展、培育新兴产业和未来产业，以科技创新引领产业全面振兴，并带动促进新经济增长。新质生产力作为先进生产力的具体体现形式，有助于增强企业的市场竞争力并提升企业持续盈利能力。这类行业的企业在初期需要大量的研发投入和市场推广费用，它们可能会面临较大的财务压力。但是，随着技术的成熟、产品市场接受度的提高和规模效应的显现，新质生产力相关行业的企业往往能够获得较高的财务业回报。

2. 夕阳行业或产能过剩行业

该类行业的企业通常当前或未来会面临市场需求减少、竞争加剧或产能过剩等问题，并伴随着营业收入下滑或增长放缓、利润空间缩小、库存积压等财务风险，从而可能导致企业财务业绩下滑甚至出现亏损。为了应对这些挑战，企业可能需要进行转型升级或寻找新的增长点，从而改善财务业绩状况。

3. 高能耗高污染行业

该类行业的企业由于其生产特点，往往会消耗大量资源并造成严重的环境污染。随着环保法规的日益严格和社会对可持续发展的重视，这些行业的企业面临着较大的合规成本和社会责任压力。因此，这些企业在追求经济效益的同时，需要不断投入较多资金进行环保改造和技术升级，以降低能耗和污染排放。部分企业也可能因监管要求而被迫停产或关闭，这将影响企业的财务业绩。

1.2　客户供应商集中及重大依赖

历史财务业绩持续向好体现了过去一段时间内企业的经营成果和业务模式的有效性，持续向好的营业收入和利润是企业市场需求强劲、产品或服务具有竞争力、管理团队运营高效的信号，企业拥有良好的持续盈利能力有助于提高市场投资者的信心。但需要注意：首先，企业应避免过度依赖大客户或特定供应商，因为这可能导致业务风险过高；其次，企业需要关注市场容量，以确保业务的长期发展潜力。在准备 IPO 时，企业应进行全面的风险评估，并制定策略应对这些潜在风险。

1. 避免大客户依赖

证监会发布的《监管规则适用指引——发行类第 5 号》关于"客户集中"规定："发行人存在单一客户主营业务收入或毛利贡献占比较高情形的，保荐机构应重点关注该情形的合理性、客户稳定性和业务持续性，是否存在重大不确定性风险，进而影响发行人持续经营能力。发行人来自单一客户主营业务收入或毛利贡献占比超过 50% 的，一般认为发行人对该客户存在重大依赖。"

笔者梳理了上市审核委员会（以下简称"上市委"）在审议阶段重点关注的大客户依赖案例，如表 1-1 所示。

拟申报 IPO 企业如果存在对大客户的依赖，特别是对单一客户的重大依赖，应对此保持高度关注，并从客户稳定性和业务可持续性等多个角度进行严格论证。在表 1-1 的案例中，笔者对企业前五大客户销售占比超过 50% 的情况进行了统计（按照每增加 10% 进行分层）。可以明显看出，随着客户集中度的提高，企业面临的 IPO 审核风险也会相应加大。表 1-1 中上市委会议未通过或撤回材料终止的企业，其前五大客户的销售占比主要集中在 80% ~ 90% 和 90% ~ 100% 两个区间。虽然这两个区间内也有一些拟申报 IPO 企业存在大客户依赖的情形，最终也成功上市，但这并不意味着所有企业都能通过审核。拟申报 IPO 企业需要结合相关监管文件中对客户集中的核查要求，提前做好举证准备。

表 1-1

公司名称及审核状态		报告期最后一期前五大客户的销售占比	报告期最后一期第一大客户销售的占比是否超过 50%
埃科光电、杰华特	注册生效	50%～60%	否
光大同创、可靠护理、建工修复、中胤时尚	注册生效	60%～70%	否
雪祺电气、福事特、威士顿、本立科技、宏昌科技、津荣天宇、近岸蛋白	注册生效	70%～80%	否
泽宇智能、思瑞浦	注册生效		是，销售占比分别为 50.10% 和 57.13%
谷汇锂业	上市委会议通过		是，销售占比 51.85%
矽电股份	注册生效		否
金钟股份、南极光、美畅新材、精智达、创耀科技	注册生效	80%～90%	否
利安科技、中瑞电子、天键股份、致尚科技、美好医疗、新巨丰、富吉瑞、海泰新光、兴图新科、利元亨、壹连科技	注册生效		是，销售占比分别为 51.80%、75.36%、61.06%、63.53%、66.66%、70.29%、74.67%、70.56%、71.27%、66.22%、67.98%
合众伟奇	暂缓审议、撤回材料终止		是，销售占比 66.79%
博菱电器、思客琦	上市委会议通过后仍撤回材料终止	90%～100%	是，销售占比分别为 51.70% 和 54.39%
菲菱科思、金沃精工、创识科技、浩瀚深度、中科微至、高铁电气、新铝时代	注册生效		是，销售占比分别为 65.89%、57.40%、88.76%、85.05%、64.86%、52.92%、78.87%
汇通控股	上市委会议通过		否
裕鸢航空、前进科技	上市委会议未通过		是，销售占比分别为 71.10% 和 86.24%

注：1. 表中审核状态统计截至 2024 年 8 月 15 日。表中部分案例撤回材料终止或审核未通过，2020 年 12 月上市委会议审核通过，与该部分论证内容不具有必然关系，可能其他原因导致。

2. 浙江前进暖通科技股份有限公司 2020 年 7 月首次申报创业板，2020 年 12 月上市委会议审核通过；其于 2023 年 5 月重新申报北交所，并于 2023 年 10 月注册生效。表中各公司的上市委审议会议结果公告、招股说明书和审计报告，详见上海证券交易所网站 https://www.sse.com.cn、深圳证券交易所网站 https://www.szse.cn 和北京证券交易所网站 https://www.bse.cn。

资料来源：表中各公司招股说明书。

《监管规则适用指引——发行类第 5 号》已对"客户集中情形"和"单一客户重大依赖情形"的核查要求提供了明确的指引。从实务案例来看，IPO 企业基本上围绕这些指引中的相关要求进行了重点关注和披露。

对于"客户集中情形"，IPO 企业应当重点关注以下方面。

（1）客户集中的原因及合理性。

IPO 企业应结合所处行业的具体情况，论证客户集中是否由行业特性导致，包括客户集中是否符合行业经营特征，是否存在行业下游分散而发行人客户群体相对集中的情况，以及是否有异常新增客户，并提前论证客户集中现象是否会对企业未来持续盈利能力造成重大不确定性影响。

（2）客户行业定位与风险评估。

如表 1-1 统计，尽管有案例显示一些客户集中度较高的企业也成功通过了审核，但这些成功案例的关键客户通常是所在行业内知名度高、稳定性强的企业，因此客户本身的不确定性风险相对较低。大部分情况下，客户集中度过高会对企业 IPO 产生一定程度的不利影响。例如，浙江前进暖通科技股份有限公司（简称"前进科技"）在 2020 年 12 月上市委会议中未获通过，根据《关于终止对前进科技首次公开发行股票并在创业板上市审核的决定》，上市委审议认为"发行人未对高度依赖单一客户是否可能导致其未来持续经营能力存在重大不确定性、发行人是否具有直接面向市场独立持续经营的能力予以充分说明"。首次申报创业板时，前进科技申报期最后一期对前五大客户的销售占比达到 100%，其中对第一大客户 Ideal 的销售占比高达 86.24%。尽管前进科技指出该客户是英国供暖行业的百年领先品牌，但由于该客户为境外客户且业务规模相对有限（发行人披露 Ideal 公司 2019 年实现营业收入约 3.2 亿英镑），审核机构可能对发行人未来持续经营能力存在重大不确定性持有疑虑，导致发行人最终审核未获通过。

（3）与客户合作历史及交易公允性评估。

在表 1-1 案例中，成都裕鸢航空智能制造股份有限公司（简称"裕鸢航空"）在 2023 年 4 月上市委会议中未获通过，根据《关于终止对裕鸢航空首次公开发行股票并在创业板上市审核的决定》，上市委审议认为"发行人业绩增长严重依赖单一客户、科研件收入占比逐年下降，未能充分说明主营业务的成长性，未能充分说明其是否符合成长型创新创业企业的创业板定位要求"。虽然裕鸢航空的第一大客户中航工业为我国知名企业，且客户集中度较高为军工企业的行业惯例，但从审核机构审核提出的相关问询来看还存在一定问题：其一，审核机构指出，"我国航空零部件制造行业以主制造商内部配套企业为主，2021 年发行人在该市场的占有率为0.11%"，这表明在航空零部件制造行业内很少有企业从外部采购与发行人相关的产品，因此发行人的市场拓展空间有限；其二，审核机构指出，"2017 年 3 月，中航工业控制的中航信托通过空空创投及兆戎投资间接入股发行人，同月发行人业务转型。2018 年 8 月，发行人开始与 A01 单位（中航工业下属企业）合作"，这一点揭示了发行人与第一大客户的合作历史；若无中航工业旗下主体的入股，双方可能不会达成合作，或者合作规模不会达到当前水平。由于业绩严重依赖单一客户且成长性不足，发行人最终审核未获通过。

（4）客户关联性及业务独立性。

在审核过程中，审核机构对于企业与重大客户之间存在关联关系的情况也给予了高度关注。上述裕鸢航空的案例也适用于这一关注点。此外，在九江德福科技股份有限公司（2023 年 6 月创业板注册生效）、广东明阳电气股份有限公司（2023 年 5 月创业板注册生效）和江苏晶雪节能科技股份有限公司（2021 年 4 月创业板注册生效）等案例中，均存在重要客户为发行人股东或关联方的情形，审核机构要求发行人就是否对这些关联方客户构成重大依赖发表明确意见。

对于"单一客户重大依赖情形"，除了应当对上述"客户集中情形"核查要点进行关注，根据《监管规则适用指引——发行类第 5 号》，企业还应当重点关注以下方面。

（1）发行人市场空间与技术发展。

发行人主要产品或服务应用领域和下游需求情况，市场空间是否较大；发行人技术路线与行业技术迭代的匹配情况，是否具备开拓其他客户的技术能力以及市场拓展的进展情况，包括与客户接触洽谈、产品试用与认证、订单情况等。

（2）产业政策对发行人业务的影响。

发行人及其下游客户所在行业是否属于国家产业政策明确支持的领域，相关政策及其影响下的市场需求是否具有阶段性特征，产业政策的变化是否会对发行人的客户稳定性、业务持续性产生重大不利影响。

（3）单一非终端客户的依赖性分析。

对于存在重大依赖的单一客户属于非终端客户的情况，应当穿透核查终端客户的有关情况、交易背景，分析说明相关交易是否具有合理性，交易模式是否符合行业惯例，销售是否真实。

2. 避免供应商依赖

在 IPO 审核过程中，相较于大客户依赖问题，供应商依赖问题通常更受审核机构关注，主要是由于买方市场环境下，通常企业有足够的资金和竞争力，并不需要对特定供应商产生严重依赖。但是，实务中仍然存在部分 IPO 企业严重依赖特定供应商的情形。企业过度依赖特定供应商可能会给企业供应链的稳定性、成本控制和产品质量等带来潜在风险，进而可能影响 IPO 企业的持续盈利能力和市场竞争力，这些可能会成为企业 IPO 过程中的阻碍因素。

笔者梳理了上市委审议阶段重点关注的供应商依赖案例，如表 1-2 所示。

表 1-2 的案例中，上市委会议审议通过后仍撤回材料终止的企业主要包括展新股份和歌尔微。这两家企业的第一大供应商均为境外企业，尽管这些供应商在各自行业内具有一定的知名度，但在当前国际贸易摩擦的背景下，过度依赖境外供应商可能会给发行人供应链的稳定性带来隐患。在展新股份的案例中，上市委会议除了关注其对境外供应商的依赖问题，还着重关注了发行人业绩下滑的问题，审核指出，"报告期内，发行人的主要产品销售单价和毛利率整体呈下降趋势。2021 年度，发行人扣非后归

母净利润同比下滑 32.97%"，因此不排除由于业绩下滑而导致其最终撤回材料的可能性。对于歌尔微的案例，上市委会议仅针对境外供应商依赖问题进行了问询，该问题在上会阶段对发行人影响较大。但是，撤回材料并终止上市的决定并不一定仅由该问题导致，还可能存在其他因素。但是，无论是何种实质性原因导致上述 IPO 企业撤回申报材料，对供应商依赖的问题，特别是对境外供应商依赖的问题，都应引起 IPO 企业足够的重视。企业应采取适当措施降低对境外供应商采购的依赖，以避免相关不确定风险。

表　1-2

公司名称及审核状态		报告期最后一期前五大供应商的采购占比	报告期最后一期第一大供应商的采购占比是否超过 50%
华兰股份	注册生效	50%～60%	否
汇富纳米	上市委会议未通过		否
伟思医疗	注册生效	60%～70%	否
采纳股份	注册生效	70%～80%	否
时创能源			是，采购占比 63.78%
歌尔微	上市委会议通过后仍撤回材料终止		是，采购占比 55.44%
信濠光电	注册生效	80%～90%	否
国科天成			是，采购占比 63.08%
展新股份	上市委会议通过后仍撤回材料终止		是，采购占比 83.13%

注：表中部分案例撤回材料终止或审核未通过，与该部分论证内容不具有必然关系，可能其他原因导致。

资料来源：表中各公司的上市委审议会议结果公告、招股说明书和审计报告，详见上海证券交易所网站 https://www.sse.com.cn、深圳证券交易所网站 https://www.szse.cn 和北京证券交易所网站 https://www.bse.cn。

除此之外，表 1-2 案例中汇富纳米上市委会议未获通过。值得注意的是，尽管汇富纳米对最大供应商的采购占比没有超过 50%，但在特定重要物料类别中的采购占比过高，且关联方采购问题引发了审核机构对采购价格公允性和公司业务独立性的质疑。

♣ 案例 1-1　汇富纳米（2023 年 3 月创业板被否案例）

2023 年 3 月 22 日，湖北汇富纳米材料股份有限公司（简称"汇富纳米"）上市委会议审核未获通过。上市委会议指出，"一甲基三氯硅烷（以下简称"一甲"）是发行人生产气相二氧化硅的主要原材料，市场上可以流通的一甲总体较少。报告期各期，发行人第一大供应商均为兴瑞硅材料，向其采购一甲数量占该类原材料采购比例分别为 58.87%、75.40%、83.52%、63.17%。2019 年发行人认定兴瑞硅材料为关联方，2020 年将兴瑞硅材料视同关联方。2019 年至 2021 年，发行人向兴瑞硅材料采购一甲价格与向第三方采购价格差异比例分别为 29.98%、−38.61%、−12.73%，兴瑞硅材料向发行人销售一甲价格与向第三方销售价格差异比例分别为 −38.72%、−29.15%、−21.52%"。

最终在交易所发布的《关于终止对汇富纳米首次公开发行股票并在创业板上市审核的决定》中，上市委审议认为"发行人主要原材料高度依赖单一供应商，未能充分说明采购价格的公允性，未能充分说明是否具有直接面向市场独立持续经营的能力"。

在汇富纳米的案例中，发行人生产所需的主要原材料"一甲"大部分来自关联方兴瑞硅材料，且采购比例整体呈上升趋势，部分年度的采购占比甚至超过了 80%。尽管市场上能够流通的一甲总体较少，但并非仅兴瑞硅材料一家供应商能够供应。发行人向关联方采购的价格相较于向第三方采购的价格明显偏低，部分年度甚至偏低约 40%。结合报告期内的财务业绩来看，发行人扣除非经常性损益后的净利润分别为 4 954.70 万元、333.79 万元、5 602.01 万元和 3 013.89 万元（半年度），利润波动较为明显。发行人对关联方供应商的严重依赖引发了审核机构对其是否存在关联方利益输送的质疑，最终导致发行人审核未获通过。

3. 关注市场容量等影响持续盈利的因素

众多因素会对企业持续盈利产生影响，包括市场容量、竞争对手的介入、行业环境的变化以及企业产品竞争力等，这些因素也会影响企业 IPO 的成功率。市场容量过小可能限制企业的成长潜力，竞争对手的介入可能侵蚀企业的市场份额，行业环境的变化或不稳定可能增加企业的经营风险，而企业产品竞争力不足则可能导致企业无法持续盈利。

为应对这些挑战，企业应积极采取措施，通过精准的市场定位和扩张策略充分利用现有市场容量。当市场容量有限时，企业可以考虑多元化发展，以开拓新的业务领域。同时，企业应建立有效的竞争分析机制来应对竞争对手的挑战，及时调整业务模式以适应行业环境的快速变化，并不断创新产品和服务以维持产品竞争力。维持企业的稳定增长和提升市场占有率将有助于提高审核机构和投资者的信心，从而促进企业 IPO 的顺利进行。

♣ 案例 1-2　科莱瑞迪（2022 年 9 月创业板被否案例）

2022 年 9 月 22 日，广州科莱瑞迪医疗器材股份有限公司（简称"科莱瑞迪"）上市委会议审核未获通过，上市委会议主要围绕企业成长性、行业政策对业务的影响和经销商收入提出了三大问题。其中，上市委审议提出的核心问题是："报告期各期，发行人实现营业收入 1.53 亿元、1.60 亿元和 2.09 亿元，各期营业收入 70% 以上来源于放疗定位产品，2021 年在国内放疗定位产品市场占据 59.40% 的份额。结合放疗定位产品行业的发展趋势和市场竞争格局，主营业务是否具备成长性；随着'带量采购'政策的进一步推行，在已占有较高市场份额的情况下，是否存在主营业务收入规模减小的风险。报告期内，发行人新产品成果转化收入分别为 372.22 万元、822.39 万元和 1 365.85 万元。根据目前的技术和产品储备情况，未来三年内新业务拓展拟采取的措施，能否较快实现规模收入。"

最终在交易所发布的《关于终止对科莱瑞迪首次公开发行股票并在创

业板上市审核的决定》中，上市委审议认为"发行人目前的主营产品市场空间有限，新产品能否实现规模收入尚不明确"。

资料来源：科莱瑞迪招股说明书、《创业板上市委2022年第68次审议会议结果公告》《关于终止对科莱瑞迪首次公开发行股票并在创业板上市审核的决定》，详见深圳证券交易所网站 https://www.szse.cn。

在科莱瑞迪的案例中，发行人超过70%的收入来自放疗定位产品。放疗作为疾病干预的重要手段，表明发行人的产品应具有较高的技术含量，可能满足创业板对创新性的定位要求。从财务业绩来看，报告期内发行人分别实现营业收入1.53亿元、1.60亿元和2.09亿元，扣除非经常性损益后净利润分别为3 726.67万元、4 458.22万元和5 261.14万元。此外，发行人在上会稿招股说明书中披露了盈利预测："预计2022年度实现营业收入23 650.17万元，同比增长13.37%；预计2022年度扣除非经常性损益后归属于母公司股东的净利润为6 319.29万元，同比增长20.11%。"无论是历史财务业绩，还是未来盈利预测，发行人的收入规模和扣非后净利润均呈增长趋势。然而，尽管发行人在2021年仅有2.09亿元的收入规模，却占据了国内放疗定位产品市场59.40%的份额，这反映出该行业的市场容量可能相对有限，无法满足创业板对企业成长性的要求。该情况可能引起审核机构对发行人持续盈利能力的担忧，发行人最终审核未获通过。

1.3 业绩下滑

企业向交易所提交IPO申报材料后，其在审期间的财务业绩表现极为关键。若企业财务业绩出现重大下滑，可能表明其正面临经营挑战或外部环境的不利影响。下滑的业绩可能会引起审核机构对企业未来持续经营能力的担忧，特别是当企业的净利润下滑超过30%时，可能构成实质性障碍。因此，企业需要展示，即使在面临困难时，也具备有效的应对策略和相应能力来改善业绩颓势，并且能够通过期后实际业绩表现予以证实。

　　笔者梳理了部分拟申报 IPO 企业在审期间财务业绩下滑而未获通过的案例，如表 1-3 所示。

表 1-3

公司名称及审核状态	收入及扣非后净利润变动情况（上会稿）
兴禾股份 2022 年 3 月上市委会议未通过	收入分别为 6.40 亿元、7.05 亿元、5.34 亿元和 1.74 亿元（半年度）；扣非后净利润分别为 1.78 亿元、2.26 亿元、1.05 亿元和 0.10 亿元（半年度）
康鹏科技 第一次申报，2021 年 3 月上市委会议未通过；第二次申报，2022 年 12 月上市委会议通过，并于 2023 年 5 月注册生效	第一次申报收入分别为 7.08 亿元、6.87 亿元和 6.29 亿元，扣非后净利润分别为 1.39 亿元、1.21 亿元和 0.81 亿元
	第二次申报收入分别为 6.87 亿元、6.29 亿元、10.05 亿元和 6.22 亿元（半年度），扣非后净利润分别为 1.21 亿元、0.81 亿元、1.61 亿元和 0.89 亿元（半年度）

　　资料来源：兴禾股份招股说明书、《创业板上市委 2022 年第 10 次审议会议结果公告》《关于终止对兴禾股份首次公开发行股票并在创业板上市审核的决定》，康鹏科技第一次申报和第二次申报的招股说明书、《科创板上市委 2021 年第 18 次审议会议结果公告》《关于终止上海康鹏科技股份有限公司首次公开发行股票并在科创板上市审核的决定》《科创板上市委 2022 年第 108 次审议会议结果公告》《关于同意上海康鹏科技股份有限公司首次公开发行股票注册的批复》，详见深圳证券交易所网站 https://www.szse.cn 和上海证券交易所网站 https://www.sse.com.cn。

　　表 1-3 案例中，深圳市兴禾自动化股份有限公司（简称"兴禾股份"）报告期内的收入和扣非后净利润整体呈下降趋势，其中 2020 年度和 2021 年上半年扣非后净利润分别为 1.05 亿元和 0.10 亿元，2021 年上半年同比大幅下滑超过 50%，在审期间出现业绩重大下滑情形。在交易所发布的《关于终止对兴禾股份首次公开发行股票并在创业板上市审核的决定》中，上市委审议认为"报告期内苹果公司要求发行人自查事件后，发行人苹果产业链收入大幅下滑，对发行人持续经营产生重大不利影响，不符合《创业板首次公开发行股票注册管理办法（试行）》第十二条、《深圳证券交易所创业板股票发行上市审核规则》第十八条相关规定"。

　　上海康鹏科技股份有限公司（简称"康鹏科技"）经历了两次 IPO 申

报，其中第一次申报上会稿期间为 2018 年度至 2020 年度。从表 1-3 可以看出，其申报期内收入和扣非后净利润均呈逐年下降趋势，其中 2020 年度扣非后净利润同比下滑超过 30%。在交易所发布的《关于终止上海康鹏科技股份有限公司首次公开发行股票并在科创板上市审核的决定》中，上市委审议认为"报告期内发行人及其子公司存在较多行政处罚，在审期间频繁出现安全事故和环保违法事项，导致重要子公司停工停产，进而导致公司重要业务及经营业绩大幅下滑，发行人在内部控制方面存在缺陷，不符合《科创板首次公开发行股票注册管理办法（试行）》第十一条的规定"。尽管发行人在反馈问询回复中披露"2020 年下半年公司经营已恢复正常，相关盈利数据均较 2020 年上半年有所增长，其中 2020 年上半年和下半年的扣非后净利润分别为 2 514.91 万元和 5 645.23 万元"，但是，发行人在审期间出现业绩大幅下滑，无法消除上市委对于其未来持续盈利能力的质疑，发行人第一次申报最终审核未获通过。2022 年 6 月发行人重新向交易所提交申报材料，第二次申报上会稿期间为 2019 年度至 2022 年 6月。在第二次申报时，无论是收入还是扣非后净利润，发行人 2021 年度和 2022 年 1～6 月的财务业绩相比 2020 年度均已大幅提升，从而消除了前次申报中上市委对其持续盈利能力的质疑，发行人第二次申报最终成功通过。

第 2 章　利用外部资源实现持续盈利

　　在企业发展过程中，为了快速扩张和提高市场竞争力，企业通常会采用股权融资和并购重组两种方式，以此来利用外部资源实现持续盈利。但是，在采用这些策略时，企业须谨慎评估潜在的风险，并采取相应的风险管理措施。在进行资本运作和并购活动时，企业应充分考虑对赌协议条款和商誉减值等因素，确保这些不会对企业的长期发展和 IPO 计划造成负面影响。

2.1　股权融资

　　外部投资者入股不仅可以满足企业的资金需求和保持适当的资本结构，还可以利用投资方带来的资源推动企业发展。然而，在吸引外部投资者入股时，拟申报 IPO 企业需要注意对赌协议条款对 IPO 的影响。

　　对赌协议条款通常是投资方与融资方在达成股权融资协议时设立的，用以解决双方未来发展的不确定性和信息不对称问题。这些条款可能包括股权回购、现金补偿等，旨在明确对未来公司估值进行调整或规定回购退出的条件。对赌协议条款可能涉及未来一定时间内的净利润指标、某个时点上市等条件。如果这些条件未能实现，可能会触发回购义务，导致公司控制权变化或影响公司的持续经营能力，从而对企业 IPO 产生不利影响。证监会发布的《监管规则适用指引——发行类第 4 号》对对赌协议提出了要求，中介机构需要明确：一是发行人是否为对赌协议当事人；二是对赌协议是否存在可能导致公司控制权变化的约定；三是对赌协议是否与市值挂钩；四是对赌协议是否存在严重影响发行人持续经营能力或者其他严重影响投资者权益的情形。若不符合股权清晰稳定和会计处理规范等方面的要求，企业原则上应在申报前进行处理。因此，企业在与投资方签署对赌协议时，必须谨慎分析相关条款的具体要求，确保不会为了获得投资而忽略了风险。

此外，关于对赌协议对拟申报 IPO 企业会计处理的影响，财政部和证监会相继发文对解除对赌协议的会计处理进行规定，如表 2-1 所示，拟申报 IPO 企业应当予以特别注意。

在实务操作中，对赌协议的当事人，即签署主体，可能是拟申报 IPO 企业本身，也可能是这些企业的控股股东或实际控制人。基于监管规则和 IPO 申报实践，根据对赌协议签署主体的不同，相应的处理方式也不尽相同：①拟申报 IPO 企业与投资人直接签署对赌协议的，原则上应当于 IPO 申报前全部清理，自始无效且不可复效。②当拟申报 IPO 企业的控股股东或实际控制人与投资人签署对赌协议时，首选方案仍是在 IPO 申报前全部清理，确保协议自始无效且不可复效。如果尝试采取中止协议并附加复效条款的方式，必须符合《监管规则适用指引——发行类第 4 条》中关于"对赌协议"的四项规定，否则可能仍然需要签署彻底的解除协议。至于完全保留对赌协议，实务中极少有成功通过审核的案例，特别是在当前监管日益严格的环境下，这一方案的风险较大，企业应谨慎考虑。

表　2-1

政策文件	相关案例及规定
《金融负债与权益工具的区分应用案例》（2022 年 9 月 13 日财政部发布）	**案例 1：终止回售权案例** （1）2×21 年 1 月 1 日，甲、乙、丙公司签署的增资协议包含或有结算条款，且不属于"几乎不具有可能性"的情形，甲公司不能无条件地避免以现金回购自身权益工具的合同义务，因此，甲公司应当根据收到的增资款确认股本和资本公积（股本溢价）；同时，按照回购所需支付金额的现值，将回购丙公司所持本公司股权的义务从权益重分类为一项金融负债 （2）2×21 年 6 月 30 日，甲、乙、丙公司签署补充协议，甲公司的回购义务终止，即甲公司可以无条件地避免以现金回购自身权益工具的合同义务，因此，甲公司应当终止确认就该回购义务确认的金融负债，同时确认一项新的权益工具，并按照该权益工具在当日的公允价值计量，但**不可追溯调整以前年度对丙公司增资的分类** **案例 2：中止和恢复回售权案例** （1）2×21 年 1 月 1 日，甲公司应当根据收到的增资款确认股本和资本公积（股本溢价）；同时，按照回购所需支付金额的现值，将回购丙公司所持本公司股权的义务从权益重分类为一项金融负债 （2）如果甲公司在 2×24 年 12 月 31 日前完成首次公开募股，丙公司丧失回售权，甲公司应当**在上市日**将丙公司的增资重分类为权益工具，按照当日金融负债的账面价值计量
《监管规则适用指引——发行类第 4 号》（2023 年 2 月 17 日证监会发布）	解除对赌协议应关注以下方面： （1）约定"自始无效"，对回售责任"自始无效"相关协议签订日在财务报告出具日之前的，可视为发行人在报告期内对该笔对赌不存在股份回购义务，发行人收到的相关投资款在报告期内可确认为权益工具；对回售责任"自始无效"相关协议签订日在财务报告出具日之后的，需补充提供协议签订后最新一期经审计的财务报告 （2）未约定"自始无效"的，发行人收到的相关投资款在对赌安排终止前应作为金融工具核算

2.2　并购重组

　　企业选择具有一致战略或协同效应的目标企业进行并购重组，可以快速整合新的业务、市场份额和技术，从而提高市场竞争力，实现快速扩张。然而，企业在进行外部并购投资时，应判断并购重组后自身主营业务是否会发生重大变化，关注并购重组后的运营时间要求，以及并购形成的商誉及其减值对企业 IPO 的潜在影响。

1. 并购应符合主业并遵守相关法规

一方面，企业在进行对外并购投资前，必须明确自身的主业发展战略。这意味着企业需要确定其长期目标、核心竞争力以及希望通过并购实现的业务增长点。只有基于企业的核心价值和长远目标来选择并购目标，才能保证并购活动的效益最大化，对 IPO 的潜在负面影响最小化。

根据《首次公开发行股票注册管理办法》第十二条的规定，拟 IPO 企业的发行人应当业务完整，具有直接面向市场独立持续经营的能力。其中，对于在主板上市的企业，最近三年内主营业务不得发生重大不利变化；对于在科创板、创业板上市的企业，最近二年内主营业务不得发生重大不利变化。

在选择并购标的时，企业需要深入分析目标企业与自身主业之间的关联性。若并购对象与企业现有业务高度相关，将便于资源整合、技术集成，同时降低管理成本。相反，不相关的业务并购可能会分散企业资源，增加管理难度，同时可能会造成拟申报 IPO 企业的主营业务发生重大不利变化。

此外，企业对外投资并购须进行合规性检查并遵守审批程序。企业在开展对外并购投资之前，必须了解并遵守对外投资方面的法律法规，特别是相关政策文件中对鼓励、限制和禁止的投资项目的具体要求。合规性检查有助于企业避免投资方向偏离国家政策的导向，降低因违规操作带来的审核风险。另外，部分对外并购投资，按照市场监管总局及商务部的相关规定，须履行一定的报批程序，企业应严格执行这些规定，确保并购活动的合法性，减少因审批问题对 IPO 产生的不确定性影响。在实务操作中，部分企业因申报期内存在偏离国家政策导向的业务，不得不耗费时间进行剥离，这影响了 IPO 的申报进度。

2. 关注并购重组后的运营时间要求

根据并购重组前后是否受同一实际控制人控制，拟申报 IPO 企业的并购重组可分为两类：同一控制下的并购重组和非同一控制下的并购重组。

（1）同一控制下的并购重组后的运营时间要求。

同一控制下的并购重组通常指企业集团为避免同业竞争、减少关联交易、优化公司治理，对实际控制人控制的相同、类似或相关业务进行并购重组，确保重组后的企业运作更加规范，发挥优化资源配置的功能。根据并购重组对拟申报 IPO 企业资产总额、营业收入或利润总额的影响情况，并购重组后的运营时间要求如下。

1）被重组方重组前一个会计年度末的资产总额、前一个会计年度的营业收入或利润总额达到或超过重组前拟申报 IPO 企业相应项目 100% 的，为便于投资者了解重组后的整体运营情况，拟申报 IPO 企业重组后运行一个会计年度后方可申请发行。

2）被重组方重组前一个会计年度末的资产总额、前一个会计年度的营业收入或利润总额达到或超过重组前拟申报 IPO 企业相应项目 50% 但不超过 100% 的，保荐机构和拟申报 IPO 企业的律师应按照相关法律法规对首次公开发行主体的要求，将被重组方纳入尽职调查范围并发表相关意见。

3）被重组方重组前一个会计年度末的资产总额、前一个会计年度的营业收入或利润总额达到或超过重组前拟申报 IPO 企业相应项目 20% 的，申报财务报表至少须包含重组完成后的最近一期资产负债表。

（2）非同一控制下的并购重组后的运营时间要求。

非同一控制下的并购重组，其主要目的通常是实现外延式增长，提高市场份额和业绩。根据并购重组对拟申报 IPO 企业资产总额、营业收入或利润总额的影响情况，并购重组后的运营时间要求如下。

1）若主营业务发生重大变化，应满足《首次公开发行股票注册管理办法》规定的运行时间要求，即主板 36 个月，科创板和创业板 24 个月。

2）对于重组新增业务与拟申报 IPO 企业重组前业务具有高度相关性的，被重组方重组前一个会计年度末的资产总额、资产净额、前一个会计年度的营业收入或利润总额达到或超过重组前拟申报 IPO 企业相应项目 50% 但未达到 100% 的，通常不视为拟申报 IPO 企业主营业务发生重大变化，但为了便于投资者了解重组后的整体运营情况，原则上拟申报 IPO 企业重组后运行满 12 个月后方可申请发行。

综上所述，同一控制下和非同一控制下的并购重组对拟申报 IPO 企业并购重组后的运营时间要求有所不同，企业在规划并购重组时，应根据具体情况合理设定时间表，防止因相关指标显示主营业务发生重大变化，而需要在重组完成后运行一段时间，从而影响整体上市的进度。

3. 并购应关注商誉及其减值对企业 IPO 的影响

企业在投资交易中支付的对价超过被收购企业可辨认净资产的公允价值份额，则会产生商誉。如果并购后标的企业经营不善，可能会导致商誉减值，进而影响企业的财务状况。商誉减值被视为企业管理不善或投资失败的信号，这对 IPO 审核也可能产生影响。

❧ 案例 2-1　灿星文化（2021 年 2 月创业板被否案例）

2021 年 2 月 2 日，上海灿星文化传媒股份有限公司（简称"灿星文化"）上市委会议审核未获通过，上市委会议重点关注事项包括发行人实际控制人的认定及商誉减值的会计处理。其中，关于商誉减值的会计处理问题，上市委审议提出："发行人于 2016 年 3 月收购梦响强音，交易对价金额为 20.80 亿元，形成商誉金额为 19.68 亿元。梦响强音收购前实际控制人为田明，发行人将本次交易作为非同一控制下企业合并处理。报告期内，梦响强音未发生商誉减值。2020 年 4 月，发行人聘请评估机构出具商誉追溯评估报告，并根据报告对梦响强音截至 2016 年末的商誉计提减值 3.47 亿元，该项减值损失发生于 2016 年度，不在报告期内。发行人认为，追溯调整系从保护中小投资者利益角度出发并基于审慎原则做出。"

最终在交易所发布的《关于终止对灿星文化首次公开发行股票并在创业板上市审核的决定》中，上市委审议认为"发行人在 2020 年 4 月基于截至 2019 年末的历史情况及对未来的预测，根据商誉追溯评估报告对收购梦响强音产生的商誉进行追溯调整，并在 2016 年计提减值损失 3.47 亿元，上述会计处理未能准确反映发行人当时的实际情况，不符合《注册管理办法》和《审核规则》等相关规定"。

资料来源：灿星文化招股说明书、《创业板上市委 2021 年第 9 次审议会议结果公告》《关于终止对灿星文化首次公开发行股票并在创业板上市审核的决定》，详见深圳证券交易所网站 https://www.szse.cn 和上海证券交易所网站 https://www.sse.com.cn。

在灿星文化的案例中，发行人在反馈回复中披露，自 2016 年收购至 2019 年的各年末，商誉减值测试都是基于当时的实际业绩对未来业务进行预测，且均未发现减值。但由于其历史年度存在净利润未达预期的情况，发行人解释从保护中小投资者利益角度及审慎原则出发，公司基于截至 2019 年末的历史情况及对未来的预测，在不考虑新增业务贡献的情况下，重新测算了 2016 年末资产组现金流，并聘请评估机构出具了追溯评估报告。然而，审核机构对发行人将商誉减值追溯调整并确认在历史年度的会计处理提出质疑。在发行人业绩下滑的情况下，如果将这笔商誉减值确认在 2020 年度，那么发行人在申报期的最后一期将会出现重大亏损。此外，尽管发行人已经计提了高达 3.47 亿元的商誉减值，账面上仍留存有 16.36 亿元的大额商誉。审核机构可能担心，如果发行人未来再次面临商誉减值，可能会有"业绩变脸"的风险。

从该案例中可以看出，商誉及商誉减值事项对企业财务业绩的影响较大。大额商誉可能对拟申报 IPO 企业的财务状况产生重大影响，并增加不确定性。因此，拟申报 IPO 企业对外并购时应当谨慎考虑商誉及商誉减值的影响，以避免潜在的财务风险。

第 3 章　依靠内部资源实现持续盈利

依靠内部资源实现持续盈利的企业，不依赖外部投资或对外并购，而是通过优化和充分利用现有的人力、财力、技术及品牌等内部资源，提高运营效率，创新产品或服务，扩大市场份额，从而实现持续盈利。在此过程中，企业应重视研发团队的建设，并注意优化和整合企业资源。

3.1　重视研发团队建设

在准备 IPO 的过程中，企业须确保其管理团队和员工能够应对上市公司运营的复杂性及严格的监管要求，包括加强财务、法律和合规培训，确保所有相关员工了解上市公司的规则和责任。此外，企业可通过吸纳具有 IPO 经验的高级管理人才，来指导企业应对上市的各种要求和挑战。

研发人才是推动企业创新和技术进步的关键力量，企业应加强研发团队建设，这有助于企业在 IPO 时展示其技术先进性和未来增长潜力。特别是对于计划在科创板上市的企业，加强内部研发团队建设，减少对外部技术资源的依赖，已成为审核机构高度关注的重点，这关系到企业是否能满足科创板对硬科技属性的严格要求。

笔者梳理了上市委审议阶段重点关注的技术依赖案例，如表 3-1 所示。

表　3-1

上市委会议关于"技术依赖"所问询类型	公司名称及审核状态
与外部单位合作可能构成的技术依赖	赛恩斯 2022 年 9 月注册生效；仕佳光子 2020 年 7 月注册生效； 天智航 2020 年 6 月注册生效；科前生物 2020 年 8 月注册生效； 吉贝尔 2020 年 4 月注册生效；中国通号 2019 年 6 月注册生效； 海和药物 2021 年 9 月上市委会议未通过
业务收购可能构成的技术依赖	盛景微 2023 年 11 月注册生效；翱捷科技 2021 年 12 月注册生效
关联方交易可能构成的技术依赖	上海合晶 2023 年 9 月注册生效；华海清科 2022 年 4 月注册生效； 科德数控 2021 年 5 月注册生效；中科星图 2020 年 6 月注册生效
对特定人员可能构成的技术依赖	毕得医药 2022 年 8 月注册生效；山石网科 2019 年 9 月注册生效
外部单位授权或许可技术可能构成的技术依赖	中望软件 2021 年 2 月注册生效；特宝生物 2019 年 12 月注册生效
所依赖技术与其他企业相比优劣势	普门科技 2019 年 10 月注册生效；佰仁医疗 2019 年 11 月注册生效
向竞争对手采购可能构成的技术依赖	江苏北人 2019 年 11 月注册生效

资料来源：表中所涉公司的上市委审议会议结果公告、招股说明书，详见上海证券交易所网站 https://www.sse.com.cn。

从表 3-1 的案例可以看出，审核机构通常会综合考量企业是否过度依赖外部单位或个人的技术，以及与同行相比，其技术是否具有先进性等。企业应当证明其具备自主创新能力，而非单纯依赖外部技术，以明确其核心竞争力，且符合科创板的高标准要求。

上海海和药物研究开发股份有限公司（简称"海和药物"）于 2021 年 9 月的上市委会议审议未获通过。在《关于终止上海海和药物研究开发股份有限公司首次公开发行股票并在科创板上市审核的决定》中，上市委审议认为："结合发行人已开展二期以上临床试验的核心产品均源自授权引进或合作研发，发行人报告期内持续委托合作方参与核心产品的外包研发服务等情况，认为发行人未能准确披露其对授权引进或合作开发的核心产品是否独立自主进行过实质性改进，对合作方是否构成技术依赖，不符合《科创板首次公开发行股票注册管理办法（试行）》第五条和第三十四条，《上海证券交易所科创板股票发行上市审核规则（2020 年修订）》第二十八条的规定。"

3.2   优化整合企业资源

拟申报 IPO 企业在申报期内应证明其业务模式的稳定性和盈利能力，这意味着企业需要不断调整产品线，确保技术领先，并利用市场分析来满足客户需求，从而发挥产品、技术和市场三大要素的正向反馈作用。通过有效的产品管理和前瞻性的技术战略，企业通常可以扩大市场份额，提高品牌认知度。同时，企业应建立强大的营销团队来支持产品的市场推广和销售增长，这通常会直接反映在财务表现上。企业有效的业务模式将有助于产品、技术和市场之间的相互增益，从而提高市场投资者的信心。

拟申报 IPO 企业需要通过精细化管理提升各类资源的利用率。在财务管理方面，企业可通过精细化管理进行降本增效，并确保财务报告的真实性和准确性，以满足上市公司严格的财务信息披露要求。在人力资源管理方面，企业应确保关键岗位由有经验的人员担任，并通过激励计划吸引和保留人才。有关股权激励的安排和注意事项，详见本书"第 7 章   股份支付"中的描述。在物资资源管理方面，企业应采用先进的供应链管理体系，减少库存成本，提高生产效率。管理层应不断提升企业透明度，完善企业治理，确保企业符合上市标准，同时向潜在投资者展示企业的良好发展潜力和长期战略。

财务核算标准规范

《首次公开发行股票注册管理办法》第十一条规定："发行人会计基础工作规范，财务报表的编制和披露符合企业会计准则和相关信息披露规则的规定，在所有重大方面公允地反映了发行人的财务状况、经营成果和现金流量，最近三年财务会计报告由注册会计师出具无保留意见的审计报告。"

该部分结合 IPO 实务经验，从会计核算的基本要求、收入确认、成本核算、股份支付核算、研发费用核算以及在建工程项目核算等方面，对 IPO 审核中重点关注的财务问题进行了梳理和提示，可以帮助拟申报 IPO 企业查漏补缺，提高财务核算的标准性和规范性。

第4章 会计核算标准规范

拟申报 IPO 企业想要成功实现 IPO，需要满足一系列条件，其中强有力的会计基础则是满足这些条件的关键。因此，这些企业应当加强会计基础建设，避免因会计基础薄弱而导致内部控制缺陷。

在实务中，拟申报 IPO 企业加强会计基础建设的重要措施包括：制定重要会计政策、提升财务人员的素质以及推动会计信息化建设。财务人员作为企业会计工作的关键执行者，其职业素养直接关系到企业会计工作的质量和效率。企业应不断加强对财务人员的培训和教育，提高财务人员的专业素质和业务水平。在必要时，企业应招聘或补充关键财务岗位人员，选择那些具备相关行业丰富经验的人才，以提升专业胜任能力。

在 IPO 申报过程中，如果企业存在大量会计差错更正，可能会给审核机构和投资者留下会计基础薄弱的印象。审核机构通常会关注企业存在会计差错更正的原因，包括企业是否存在滥用会计差错更正以调整业绩的行为等，审核可能会因此变得更加严格。

♣ 案例 4-1 九州风神（2022 年 3 月创业板被否案例）

根据北京市九州风神科技股份有限公司（简称"九州风神"）第二轮审核问询函回复报告披露，交易所问询"关于发行人会计基础工作规范性"问题指出："发行人财务电子账套数据未按经审计数，进行审计调整和差错更正，内部控制制度未得到有效执行，相关中介机构未及时督导发行人进行审计调整。其中，涉及资产负债表科目 19 个，涉及利润表科目 12 个。会计师出具的审计报表数据和企业电子账套报表数据差异明细达 467 页。2020 年，发行人对历史上因个人卡结算而导致的会计差错进行了更正，部分会计差错更正存在错误。"

2022 年 3 月 29 日，九州风神上市委会议审核未获通过，上市委会议提出的问询问题之一为上述"发行人会计差错较多、涉及范围较广且未能及时调整入账"。

资料来源：九州风神第二轮审核问询函的回复，详见深圳证券交易所网站 https://www.szse.cn。

根据上述相关实务案例，拟申报 IPO 企业在加强会计核算时应当重点关注以下几个方面。

（1）重要会计政策制定应当准确且具有针对性。

为提高财务信息披露的质量，拟申报 IPO 企业应在招股说明书中披露重要的会计政策、政策的具体执行标准及其选择依据。企业披露的重要会计政策应当准确且具有针对性，而非仅简单重述企业会计准则。

根据实务经验，拟申报 IPO 企业的重要会计政策主要包括收入确认、应收款项坏账准备的计提、存货跌价准备的计提等。这些会计政策的制定虽因不同企业的具体情况不同而有一定的"弹性空间"，但企业应遵循三个基本原则：一是重要会计政策制定应当与企业实际情况相匹配，能够客观反映企业真实的经营和财务状况；二是重要会计政策与同行业可比企业相比，应当无重大差异或差异具有合理性；三是重要会计政策一经制定，不得随意变更，应保持一贯性。

（2）提升企业财务人员的财务核算和管理能力。

近年来，财政部修订并颁布了多项新的企业会计准则，对拟申报 IPO 企业产生重大影响的主要包括《企业会计准则第 14 号——收入》（2017版，以下简称"新收入准则"）、《企业会计准则第 22 号——金融工具确认和计量》（2017 版，以下简称"新金融工具准则"）以及《企业会计准则第 21 号——租赁》（2019 版，以下简称"新租赁准则"）等相关文件。新的企业会计准则的实施，对企业的财务核算、内部控制、业务管控及税务申报流程等都形成巨大挑战，企业财务人员只有通过不断学习、参加培训、积累实践经验，并及时与经验丰富的人士交流，才能提升财务核算能力，减少试错成本。

财务人员应通过权威渠道获取对新企业会计准则的解读和意见，以更好地理解和应用这些准则。笔者在实务中遇到的财务人员通常分为两种风格。一种是积极主动的学习者，他们乐于主动提问，通过不断提问来弥补自己知识的空白。他们在财务核算中所犯错误较少，能够更好地理解和掌握审核所关注的要点。这类企业的账务核算清晰规范，审计调整相对较少，当业绩条件等各项要素齐备时，申报 IPO 通常水到渠成，这是中介机构乐于见到的企业类型。另一种是消极被动的学习者，他们不太愿意向他人请教或提问。这类企业的财务核算结果通常与第一种企业大相径庭，纠错成本也相对较高，甚至可能导致原来计划的 IPO 申报期不断推迟。

财务人员应持续关注与新企业会计准则相关的实务案例，了解其实际应用和相应问题的解决方案。实务案例的经验可以帮助财务人员更好地理解和应对特殊情况，从而提升其财务核算能力。在实务中，可比性原则在 IPO 审核过程中尤为重要，对于一些特殊财务事项，企业可以查找同行业可比企业案例或类似案例作为参考。

（3）推动企业会计信息化建设。

随着信息技术的发展，会计信息化已成为企业发展的重要趋势。通过推动会计信息化建设，企业可以提高会计工作的效率和准确性，为经营和财务决策提供更加及时和准确的信息支持。拟申报 IPO 企业应根据自身规模、业务特点和管理需求，选择适合自己的财务核算软件。企业所选择的软件通常应具备较高的行业知名度，并应具备完善的功能模块，如账务处理、销售管理、成本核算等，以满足企业会计工作的需求。在实务中，收入成本明细表作为保荐机构和申报会计师核查拟申报 IPO 企业财务状况的关键财务资料，涉及的核算颗粒度非常细。由于成本核算通常相对复杂，财务核算软件发挥的支持作用尤为重要。合适的财务核算软件能够帮助拟申报 IPO 企业在提高收入成本明细表的准确性和可靠性等方面发挥重要作用。

第5章　收入确认

企业的营业收入是 IPO 审核中最受关注的财务指标之一,因为它是利润的来源,直接关系到企业的财务状况和经营成果。有些拟申报 IPO 企业为了达到粉饰财务报表的目的会采用虚增、隐瞒、提前或推迟确认收入等方式实施舞弊。《中国注册会计师审计准则第 1141 号——财务报表审计中与舞弊相关的责任》要求注册会计师在识别和评估由于舞弊导致的重大错报风险时,应当假定收入确认存在舞弊风险。因此,拟申报 IPO 企业应当准确识别并判断收入确认的正确性。《企业会计准则第 14 号——收入》(2006 版,以下简称"原收入准则")在收入确认要求方面的指引有限,尤其是对多要素安排的会计处理及其对价的分摊等重要问题缺乏明确规定。为了改进财务报告的质量和可比性,财政部颁布的新收入准则强调了将"控制权转移"作为收入确认的核心原则,并引入了"五步法模型",为收入的确认、计量和披露提供了一个综合完善的框架,旨在提升不同主体间收入会计处理的一致性。鉴于新收入准则已于 2020 年 1 月 1 日起开始在境内上市公司实施，本书将重点对新收入准则的疑难点进行剖析，不再对比新旧准则的变化情况。

新收入准则将收入确认分为五个步骤，简称"五步法模型"，具体包括：识别与客户订立的合同、识别合同中的单项履约义务、确定交易价格、将交易价格分摊至各项履约义务以及履行每一单项履约义务时确认收入。尽管新收入准则及其应用指南为上述五个步骤提供了具体的操作指引，但实务中仍存在一些难以判断或容易出错的情形，这些情形包括但不限于表 5-1 所示的例子。

表　5-1

五步法模型	实务中存在判断困难的情形
识别与客户订立的合同	先履行义务（以下简称"发货"）后签订合同业务模式下的收入确认时点问题
识别合同中的单项履约义务	前后关联的不同业务是否应当整体识别为一项履约义务
确定交易价格	（1）重大融资成分 （2）可变对价
将交易价格分摊至各项履约义务	可观察输入值的确定方法
履行每一单项履约义务时确认收入	（1）区分履约义务属于"时段履行"还是"时点履行" （2）选择计量履约进度的方法 （3）区分时点履行的收入确认方式 （4）区分总额法或净额法的收入确认方式

5.1　识别与客户订立的合同

签订合同与履行义务是企业商业流程中两个不可或缺的环节。通过签订合同，企业与客户在法律和商业上达成共识，并明确交易的具体细节以及双方的权利与责任。通过履行义务，企业将产品或服务成功交付给客户，促进商业关系的正常发展。因此，有效管理和执行这两个环节对于确保商业流程的顺利至关重要。通常情况下，基于商业逻辑考虑，一些企业与客户签订合同后才安排生产及发送货物，与客户签订合同是双方正式商业交易的起点。但在实务操作中，有些行业或企业存在先发货后签订合同的做法，这导致在已发货但未签订合同的业务何时确认收入方面存在一定的争议。

新收入准则规定："合同，是指双方或多方之间订立有法律约束力的权利义务的协议。合同有书面形式、口头形式以及其他形式。"一些观点认为，准则中对合同的定义不仅限于书面形式。根据双方的合作惯例，如果企业所提供货物的相应价款可以合理预期，企业因向客户转让商品而有权取得的对价很可能收回，且发出的货物已被客户接收并认可，根据实质重于形式的原则，可以认为企业已履行了"合同"义务，货物的控制权已转移给客户。因此，可以根据对方的签收或验收证明文件来确认收入，以客观真实地反映企业的经营状况。

也有些观点认为，根据新收入准则的五步法模型，收入确认的第一步是识别与客户订立的合同。在尚未与客户签订合同的情况下，双方的权利义务、收款条件以及合同价款的可靠计量都缺少法律意义上的形式要件。新收入准则规定客户取得商品控制权应当满足几个条件："（一）合同各方已批准该合同并承诺将履行各自义务；（二）该合同明确了合同各方与所转让商品或提供劳务（以下简称"转让商品"）相关的权利和义务；（三）该合同有明确的与所转让商品相关的支付条款；（四）该合同具有商业实质，即履行该合同将改变企业未来现金流量的风险、时间分布或金额；（五）企业因向客户转让商品而有权取得的对价很可能收回。"因此，在缺少合同的情况下无法满足"控制权转移"的相关条件，企业不应在发货后立即确认收入，而应在双方补充签订合同后确认收入。

1. 关于"先发货后签合同"的相关实务案例

通过检索相关案例，我们发现在一些拟申报 IPO 企业的审核过程中，审核机构特别关注了企业"先发货后签合同"的商业合理性及其会计处理方式，具体情形详见表 5-2。

表 5-2

公司名称及审核状态	主营业务或主要产品	先发货后签订结算合同产生的原因	公司会计处理及相关判断
航天环宇 2023 年 4 月注册生效	专注于航空航天领域的宇航产品、航空航天工艺装备、航空测试设备的研发和制造、通信及测整测试设备的研发和制造，主要为航空航天领域科研生产任务提供技术方案解决和产品制造的配套服务	公司在接到客户的任务后，根据其技术需求组织开发生产工作，并在此过程中与客户同步开展合同谈判相关工作；公司部分业务的生产任务下达急，交付时间紧迫，同时航天科技、中航工业、中国航发等主要客户需履行内部采购审批流程，导致相关产品在合同尚未签署时即按照客户要求先行发货	在先发货后签合同的情形下，公司在产品交付并经客户验收及出具验收证明文件时（技术开发、服务成果和产品交付并经客户验收及出具验收证明文件时），确认收入 发行人在接受订单后，开始组织生产并向客户交付产品，同时向客户提供报价材料并进行价格谈判，并以客户盖章确认的定价向客户单交订的定价合同确定价格 公司以客户签章盖确认的定价单或双方签订的定价合同作为价格确定依据，符合"交易价格是公司因向客户转让商品或服务而预期有权收取的对价金额"的计量要求
辛帕智能 2022 年 5 月撤回材料终止	专注于工业智能设备的研发、设计、制造、销售、服务。产品主要应用于风电行业、半导体封测行业等	公司主要客户为风电叶片领域国有大型企业及上市公司，正式的书面销售合同的签署需经内部多层审批，客户因而存在需求紧急的特殊情况，为了保证生产和销售，故要求供应商先行发货，导致部分客户书面合同签署所滞后	公司对先发货后签合同的相关产品的收入确认均以正式合同或中标文件等书面合同为凭据，并根据验收日期和书面合同同期较晚的原则计入准确的期间

（续）

公司名称及审核状态	主营业务或主要产品	先发货后签订结算合同产生的原因	公司会计处理及相关判断
鸿铭股份 2022 年 9 月注册生效	专注于包装专用设备生产，主营产品包括各种自动化包装设备和包装配套设备	公司部分大客户由于生产需要需求较急，其合同签署流程较长，故在合同尚未签订的情况下，公司与客户达成口头约定后根据客户需求向客户先发货，后续再签订合同或订单	现场督导后，公司根据《企业会计准则第 14 号——收入》相关规定，对相关收入确认时点进行了调整。在调整前，公司收入确认的时点为：设备客户签收或验收调试合格，并在送货单及验收报告上签章确认的日期。在调整后，公司收入确认的时点为：设备经客户签收或验收调试合格，取得客户签收的送货单或销售收报告，且与客户签署正式销售合同后
坤隆股份 2021 年 9 月撤回材料终止	专注于石油钻采专用设备相关业务，主营业务为抽油杆、抽油泵、螺杆泵等新型能智能采油系统的研发、生产与销售	为了应对市场竞争，维护与客户的良好合作关系以及满足油田快速交货的需要，公司先根据采油厂的意向性订单，通过发货到采油厂，客户上报采购计划，履行完毕内部采购审批程序，才与公司签订合同。因此，公司存在先发货后签合同的情况，公司部分产品发货日期早于合同签署日期	在未签订合同先发货销售模式下，收入确认时点是货物交付目验收完毕后，签署结算合同的时点，此时公司产品完成交付目公司取得收取货物对价的权利，所取得的外部证据为结算合同、验收单据

（续）

公司名称及审核状态	主营业务或主要产品	先发货后签订结算合同产生的原因	公司会计处理及相关判断
迈信林 2021 年 3 月注册生效	专注于航空航天零部件的工艺研发和加工制造，是同时具备机体零部件、发动机零部件和机载设备零部件综合配套加工能力的民营航空航天零部件制造商	公司的航空航天零部件类业务以客户来料加工模式为主，军工客户在向公司发料时，会同时下达来料任务书，但由于所需加工的货物尚未经过客户的核价、审价流程，客户无法与公司签订正式的合同，通常在加工完成且交付给客户后，军工客户的相关内部流程、审价付款流程走完后启动核价、审价流程，最终与公司签订正式合同结束后，最终与公司签订结算合同才能确认收入	公司虽然在发货前未与客户订立有关价格的初步协议或约定，但是公司承接订单后、加工服务对应的价格是可预期的，公司能够从产品加工服务中取得合理收入，公司与主要军工客户合作的收入不存在重大不确定性。根据公司的收入确认政策，公司已经交付的加工产品需与客户签订合同后才能确认收入
通业科技 2021 年 2 月注册生效	从事轨道交通机车车辆电气产品的研发、生产、销售和维保服务	公司的主要客户为中国中车各下属轨道交通机车车辆厂和少量铁路局客户。机车车辆价格的与所转让商品相关的确定和正式结算的签署需经其内部多层审批，最终销售价格的确定和正式结算合同的签订滞后，导致正式结算合同供应商为了保证其零售供应的稳定性，要求供应商先行发货	在先发货后签订结算合同模式下，公司在取得客户签收由于结算合同尚未签订，没有明确的支付条款，不满足收入确认的前提条件，故在先发货签订合同时确认收入，需要结算合同签订时确认收入。因此，公司在先发货后签订合同并确认收入模式下，在取得客户签收并确认收入

注：表中部分案例撤回材料终止，与该部分论证内容不具有必然关系，可能其他原因导致。

资料来源：航天环宇首次审核问询函的回复、迈信林第二轮审核问询函的回复、鸿铭股份首次审核问询函的回复、通业科技审核中心意见落实函的回复，详见深圳证券交易所网站 https://www.szse.cn 和上海证券交易所网站 https://www.sse.com.cn。

从表 5-2 的案例可以看出，存在"先发货后签合同"模式的企业一般集中于需要定制开发、要求产品及时交付，而客户内部采购审批流程较长的军工、航天、电信及轨道交通等行业。这类客户一般为大型国有企业，信用风险较低，因此对于此类客户存在"先发货后签合同"的商业合理性，一般在审核过程中容易被接受。但相关的风险提示应当在招股说明书中予以充分披露。

此外，上述大部分案例中，在"先发货后签合同"模式下的企业均在取得客户签收单或验收单，且与客户签署正式销售合同后才确认收入。其中，航天环宇案例中，虽然发货时双方可能并未正式签署合同，但其已向客户提供报价材料进行价格谈判，并取得经客户签字盖章确认的定价单。该公司认为预期有权收取的对价是合理、可预期的，因此在客户验收时点即确认收入。鸿铭股份披露其"在未与客户签订正式书面合同的情况下，根据邮件记录、口头约定并取得客户验收 / 签收单据后确认收入，其中部分合同签署时间与取得客户验收 / 签收单据日期存在跨年的情况"，在经过现场督导后，其进行整改并将收入确认政策修改为"设备经客户签收或验收调试合格，取得客户签章确认的送货单或验收报告，且与客户签署正式销售合同后确认收入"。

2. 相关监管意见

2021 年，中国证监会北京监管局发布了新收入准则系列案例，其中关于"技术服务业务——技术服务合同的形成"对"先提供服务后签合同"模式的初步意见如案例 5-1 所示。

❧ 案例 5-1　新收入准则及监管部门文件相关案例

【案例背景】

甲公司为客户提供基于软件开发和系统集成业务的技术支持及运营维护服务，技术服务业务是软件开发和系统集成业务不可或缺的支持手段。甲公司长期为大型国有生产企业提供技术服务，但存在合同签署时间滞后的情况，即尚未签订或续签技术服务合同就已提供技术服务。

【监管意见】

本案例主要探讨技术服务合同的形成，新收入准则下合同的含义强调的是合同约定的权利和义务是否具有法律约束力，合同是否具有商业实质及客户的信用风险，而不仅仅是拘泥于合同的具体形式。甲公司为其客户提供的服务是长期且不间断的，通过口头形式或以往的商业惯例实质上已批准了该合同并承诺将履行各自的义务，如果同时满足其他合同条件，则认可合同成立，并按照新收入准则进一步核算。若既未签订书面合同，也无任何其他口头约定或惯例的情况下，则认为合同并未确定对各方具有约束力的权利和义务，合同不成立，不能按照新收入准则进行核算。

尽管新收入准则不拘泥于合同的具体形式，甲公司还是应当重视相应的内部控制管理，加强与客户的协调与沟通，完善合同签订时间及方式的规范性，避免出现双方在非书面的情况下因对合同权利及义务约定误解导致的纠纷。

案例 5-1 与"先发货后签合同"情况类似，尽管监管部门并没有否定"口头约定或惯例"作为符合新收入准则规定的合同形式，但监管部门认为企业与该类客户的合作应当是长期且不间断的，口头约定或惯例应当能够从实质上约束双方要履行的义务。

综上所述，根据当前 IPO 案例及相关监管案例的内容，企业若缺少商务合同可能导致拟申报 IPO 企业收取客户的对价具有重大不确定性，或可能发生大额收入跨期调整的情形。非书面形式的合同应当具有可靠证据，基于谨慎性考虑，拟申报 IPO 企业可根据验收（或签收）日期和书面合同日期两者孰晚原则确认收入。同时，企业应当重视相应的内部控制管理，及时签订合同，以避免商业纠纷的发生。

5.2　识别合同中的单项履约义务

合同开始日，企业应当对已签订的合同进行评估，识别合同所包含的产品或服务是构成单项履约义务还是多项履约义务，只有在准确识别合同履约义务的前提下，才能进一步正确分摊交易对价，并在履行履约义务时确认收入。在实务操作中，识别合同中的单项履约义务可能存在判断困难的情形，常见的问题包括前后关联的不同业务是否应当整体识别为一项履约义务。

1. 关于"单项履约义务"的相关规定

《企业会计准则第 14 号——收入》第九条规定："履约义务，是指合同中企业向客户转让可明确区分商品的承诺。履约义务既包括合同中明确的承诺，也包括由于企业已公开宣布的政策、特定声明或以往的习惯做法等导致合同订立时客户合理预期企业将履行的承诺。企业为履行合同而应开展的初始活动，通常不构成履约义务，除非该活动向客户转让了承诺的商品。"

《企业会计准则第 14 号——收入》第十条规定："企业向客户承诺的商品同时满足下列条件的，应当作为可明确区分商品：（一）客户能够从该商品本身或从该商品与其他易于获得资源一起使用中受益；（二）企业向客户转让该商品的承诺与合同中其他承诺可单独区分。下列情形通常表明企业向客户转让该商品的承诺与合同中其他承诺不可单独区分：1. 企业需提供重大的服务以将该商品与合同中承诺的其他商品整合成合同约定的组合产出转让给客户。2. 该商品将对合同中承诺的其他商品予以重大修改或定制。3. 该商品与合同中承诺的其他商品具有高度关联性。"

2. 前后关联的不同业务是否应当整体识别为一项履约义务

北京六合宁远医药科技股份有限公司（简称"六合宁远"）于 2022 年 6 月申报创业板，2023 年 11 月上市委会议通过。该案例详细论述了不同业务是否应当整体识别为一项履约义务，具体内容如案例 5-2 所示。

♣ 案例 5-2　六合宁远（2023 年 11 月创业板上市委会议通过案例）

【审核问询函问题】

客户向发行人采购产品后，部分暂存于发行人处，后续需由发行人进行下一步合成。发行人根据取得的客户确认文件，将该部分暂存产品确认收入。请发行人：结合业务实质、合同签订方式、履约义务识别情况等，说明对部分暂存产品进行下一步合成的相关业务是否构成一揽子交易，是否为一项单独的履约义务，进行下一步合成前发行人以客户出具确认文件对该部分暂存产品确认收入的合理性，是否提前确认收入，是否符合《企业会计准则》等相关规定。

【审核中心意见落实函回复摘录】

1. 部分暂存产品进行下一步合成的相关业务与前一订单不构成一揽子交易，不应整体识别为一项单独的履约义务。

（1）部分暂存产品进行下一步合成的相关业务与前一订单不是基于同一商业目的而订立。

由于医药研发服务对专业性要求高，与客户确定合作关系后，客户不会轻易更换供应商，以保证研发服务及原材料供应的稳定性，从而确保服务及产品的质量。随着客户新药研发项目的不断往前推进，发行人充分发挥"小分子新药研发化学合成一站式服务平台"的优势，紧密跟随客户药物分子的发展，不断优化和完善药物分子化学合成路线和工艺，在客户新药研发的不同阶段为其提供具有针对性的、符合阶段化需求的化学合成服务，发行人将已完成的部分产品暂存，根据客户的指令进行下一步的合成业务符合行业惯例。

此外，由于发行人化学合成 CRO 业务和化学合成 CDMO 业务目前主要服务于新药研发的药物发现至临床阶段，该阶段相关药物化合物的工艺路线仍存在一定的不确定性，通常情况下在完成上一步合成后才会与客户签署下一步合成的相关订单，间隔时间可能长达数月之久，并非"同时订立或在相近时间内先后订立的两份或多份合同"。而且，前后两份合同针对不同的研发内容，交付不同的化合物产品，合同价格亦由双方分别独立确定，并非基于同一商业目的而订立。

综上所述，部分项目中客户根据自身新药研发进展情况或者运输、保存条件等客观原因，将全部或部分产品暂存于发行人处，用于下一步合成或等待客户指令发往其他研发机构的情形，客户基于不同的研发内容和不同的中间体产品向发行人进行采购，且前一步合成与后一步合成的价格分别独立确定，不属于《应用指南（2018）》规定的"该两份或多份合同基于同一商业目的而订立并构成一揽子交易，如一份合同在不考虑另一份合同的对价的情况下将会发生亏损"的情形。

（2）部分暂存产品进行下一步合成的相关业务合同对价与前一订单的定价或履行情况无关。

发行人与客户确定合作意向后，根据接受的订单签订独立合同条款进行独立约定，包括履约内容、独立定价、结算方式、信用期、质量要求、交付内容等，对于要进行下一步合成的相关业务合同对价不依赖于已交付的产品及已签订的销售合同。

发行人完成合同约定的研发服务，将研发成果（化合物产品、技术文件）交付给客户后，客户取得相关研发成果的控制权，即该笔订单已经结束，且根据合同规定在研发成果交付后即可和客户进行结算。下一步的合成订单根据客户对新的研发内容、技术指标、质量标准等内容确定合同对价金额，其定价并不取决于上一步合成相关合同的对价，两笔订单金额不具有相关性。

综上所述，发行人与客户订立合同的对价是根据合同具体研发内容进行确定，并不取决于其他合同的定价或履行情况，不满足《应用指南（2018）》规定的"该两份或多份合同中的一份合同的对价金额取决于其他合同的定价或履行情况，如一份合同如果发生违约，将会影响另一份合同的对价金额"的情形。

（3）部分暂存产品进行下一步合成的相关业务先后签订的订单所承诺的服务，不应整体识别为一项单独的履约义务。

发行人完成合同约定的研发服务，将研发成果（化合物产品、技术文件）交付给客户后，客户即取得相关商品/服务的控制权，能够从上述交付的研发成果中受益，并不取决于进行下一步要合成的业务。

发行人向客户提供不同的化学合成业务通常单独与客户签订销售合同，相关合同约定的履约义务可明确区分，已完成的合同中约定的研发任务与下一步进行合成的研发任务属于两个独立的履约义务。

发行人将暂存部分产品进行下一步合成的相关合同与前一步合成的相关合同为独立结算的不同合同，合同中约定的研发内容、工艺路线、技术指标、研发成果均不相同，能够明确区分，不属于合同中所明确的对彼此的履约义务承诺，也不属于由于企业已公开宣布的政策、特定声明或以往的习惯做法等，导致合同订立时客户合理预期企业将履行的承诺，不应整体识别为一项单独的履约义务。

综上所述，根据发行人业务实质、合同签订方式、履约义务识别情况，发行人对部分暂存产品进行下一步合成的相关业务不构成一揽子交易，不应整体识别为一项单独的履约义务。

对于客户出具完工证明或签署代管说明要求发行人暂存的产品，在产品入成品库专门区域并取得客户出具的完工证明或代管说明后，客户已经取得对该商品的控制权时，即使客户决定暂不行使实物占有的权利，其依然有能力主导该商品的使用并从中获得几乎全部的经济利益，满足收入确认要求，公司据此确认相关产品的收入符合企业会计准则的要求。

资料来源：六合宁远第二轮审核问询函的回复，详见深圳证券交易所网站 https://www.szse.cn。

在六合宁远的案例中，企业紧密围绕新收入准则中"合同合并"和"可明确区分产品"的相关条件，展开了详细的论证。对于拟申报 IPO 企业来说，判断前后关联的两项业务应当识别为一项履约义务还是多项履约义务，该案例具有典型的参考价值。一方面，发行人从多个角度论述了其前后关联的两项业务不属于新收入准则中"合同合并"的范畴，包括前后两项业务不是基于同一商业目的而订立的，以及前后两项业务的合同的对价不具有相关性或与彼此的履行情况无关等。另一方面，发行人从前后两项业务单独签订合同和独立结算，以及合同中约定的交付成果不同等角度，论述了前后关联的两项业务"可明确区分"，即客户能够单独取得相关商品或服务的控制权，并能从交付成果中单独受益。因此，发行人认定这两项业务不构成一揽子交易，不应整体识别为一项履约义务，而应作为两项履约义务，在各自履约完成时分别确认收入。

在实务操作中，企业与客户的不同业务合作可能存在一定的关联性。然而，大多数企业通过围绕新收入准则中"合同合并"和"可明确区分产品"的相关条件进行逐一分析，通常能够准确识别不同合同是否构成一项履约义务。在六合宁远案例中，客户向发行人采购产品（合同一），后续需要由发行人进行下一步合成（合同二），两项业务具有一定的关联性，尽管发行人从各个角度论述了合同一和合同二不构成一揽子交易且可以明确区分，但该案例的特殊之处在于，合同一销售的产品部分暂存于发行人处。因此，审核机构对发行人是否存在提前确认收入的风险进行了深入的问询。发行人根据《企业会计准则第 14 号——收入》应用指南（以下简称"新收入准则应用指南"）中关于"售后代管"控制权转移的具体条件，分析了合同一在客户出具完工证明或签署代管说明时已经转移了控制权。这一分析最终消除了审核机构的疑虑，在上市委会议中，该问题并未再次被提及。

5.3 确定交易价格

"确定交易价格"是五步法模型中的一个重要步骤。企业首先需要确定合同的交易价格，然后根据分摊至各单项履约义务的交易价格来计量收入。交易价格若无法确定，可能对企业财务报表造成重大影响。在实务操作中，"确定交易价格"常常面临判断上的困难。这些困难主要体现在两个方面：一是企业未能准确识别分期收款合同是否包含重大融资成分，并进行恰当的处理；二是企业未能准确区分和核算可变对价。

1. 重大融资成分

部分企业与客户签订的商务合同中可能约定了采用分期收款的方式，收取客户款项的期限在一年以上。分期收款的目的通常分为两种。一种是基于企业分散风险的目的。例如，涉及超大型设备或实施项目的合同通常约定分期收款，以便企业能够根据产品生产进度或项目达到的里程碑节点收取适当的款项，从而减少因客户付款违约给企业带来的风险和不确定性。此外，涉及国际贸易的合同，由于跨境支付的复杂性和风险性，企业采用分期收款是一种常见的做法，以确保企业的利益得到保护。另一种是基于减轻客户支付压力的目的。在客户偿债能力风险可控的情况下，对于涉及金额较大的交易，采用分期收款方式可以减轻客户的财务负担，使其更容易承担支付责任。

这两种分期收款的目的存在本质区别。通常情况下，第一种目的下，收款进度与企业履约进度基本匹配，或者企业收款的时点早于向客户交付履约成果的时点。从商业逻辑上看，该分期收款合同的价款一般不会高于现销产品价款，因而通常合同中不包含重大融资成分。第二种目的下，由于企业向客户交付履约成果的时点一般早于分期收款最终时点，从商业逻辑上看，企业承担了分期收款的资金的时间成本，属于向客户提供了一项重大融资利益，通常合同中可能包含重大融资成分。但是，在实务中可能也存在其他特殊情况，例如在激烈的竞争环境下，为了获取客户合同而采取分期收款方式等。这些情况应当结合实际进行具体分析。

拟申报 IPO 企业应当结合企业会计准则等相关规定，判断分期收款合同是否包含重大融资成分，并进行正确的会计处理。

（1）关于"重大融资成分"的相关规定。

根据《企业会计准则第 14 号——收入》第十七条的规定："合同中存在重大融资成分的，企业应当按照假定客户在取得商品控制权时即以现金支付的应付金额确定交易价格。该交易价格与合同对价之间的差额，应当在合同期间内采用实际利率法摊销。合同开始日，企业预计客户取得商品控制权与客户支付价款间隔不超过一年的，可以不考虑合同中存在的重大融资成分。"

新收入准则应用指南中对重大融资成分的规定指出："合同中存在重大融资成分的，企业应当按照假定客户在取得商品控制权时即以现金支付的应付金额（即现销价格）确定交易价格。在评估合同中是否存在融资成分以及该融资成分对于该合同而言是否重大时，企业应当考虑所有相关的事实和情况，包括：一是已承诺的对价金额与已承诺商品的现销价格之间的差额，如果企业（或其他企业）在销售相同商品时，不同的付款时间会导致销售价格有所差别，则通常表明各方知晓合同中包含了融资成分；二是企业将承诺的商品转让给客户与客户支付相关款项之间的预计时间间隔和相应的市场现行利率的共同影响，尽管向客户转让商品与客户支付相关款项之间的时间间隔并非决定性因素，但是，该时间间隔与现行利率两者的共同影响可能提供了是否存在重大融资利益的明显迹象。"

《监管规则适用指引——会计类第 1 号》中"1-16 重大融资成分的确定"的相关规定指出："根据收入准则的相关规定，合同中包含重大融资成分的，企业在确定交易价格时，应当剔除合同约定价款中包含的重大融资成分的影响，按照现销价格确认收入。企业向客户转让商品或服务的时间与客户付款的时间间隔不超过一年的，可以不考虑合同中存在的融资成分的影响；超过一年的，如果相关事实和情况表明合同中约定的付款时间并未向客户或企业就转让商品或服务的交易提供重大融资利益，则认为合同中没有包含重大融资成分。"

（2）关于合同中是否包含重大融资成分的相关实务案例。

经检索相关案例，审核机构在部分企业的审核过程中关注了合同中是否包含重大融资成分以及相关的会计处理。不同案例的处理方式详见表 5-3。

根据上述企业会计准则、监管规定以及表 5-3 中的相关实务案例，企业在判断合同是否包含重大融资成分及相关会计和税务处理时，应当重点关注以下几个方面。

1）关注收款时间间隔以及货物价格差异。

企业应当关注收款时间间隔是否超过一年。根据企业会计准则及相关规定，企业向客户转让商品或服务的时间与客户付款的时间间隔不超过一年的，可以不考虑合同中存在的融资成分的影响。但通常该情况相对较少，一种情况是，该合同并非实际意义上的分期收款合同，只是将一年内应支付的款项拆分为若干阶段支付的结算约定；另一种情况是，受产品特征及合同安排的影响，企业向客户转让商品或服务的时间以及客户付款的时间，两个时点虽然都超过了合同签订时点一年以上，但它们之间的间隔未超过一年。在这种情况下，企业应根据具体合同内容，并结合实际的收款和发货时点进行判断。

表 5-3

情形	公司名称及审核状态	合同中是否包含重大融资成分的判断	会计处理
情形1：包含重大融资成分 该部分案例判断理由：收款期限超过1年且具有融资性质	汇成真空 2023年9月注册生效	公司与齐品光半的合同约定分期收款且收款期限在1年以上，实质上具有融资性质，公司确认收入时已经考虑重大融资成分	（1）对于当期满足收入确认条件的分期收款项目，按应收的合同或协议价款，借记"长期应收款"科目；按应收款的折现值，贷记"主营业务收入"科目；差额贷记"未实现融资收益"科目 （2）在各会计期间，根据摊余成本及实际利率测算当期应确认的未实现融资收益金额，冲减当期财务费用。借记"未实现融资收益"，贷记"财务费用"
	沃文特 2022年10月提交注册	公司签订的分期付款合同付款期限均在1年以上，包含重大融资应收款，对该部分分款项确认长期应收款，并将现销价格与合同价格之间的差额于合同期间内进行摊销	
	杭州蓝然 2022年12月撤回材料终止	公司与佛山市三水区大塘污水处理有限公司签订的合同条款中，该合同履约义务分为销售应用电渗析应用设备和技术服务。该项目收款期限为10年，实质上具有融资性质	（1）应用设备：验收合格后公司将应收款按实际利率折现后现的金额一次性确认收入 （2）技术服务：公司技术服务价款按实际利率折现后现分期确认收入
情形2：包含重大融资成分 该部分案例判断理由：先预收货款再返利货款，作为重大融资成分处理	湖南裕能 2022年9月注册生效	公司与宁德时代、深圳比亚迪、惠州亿纬动力、蜂巢能源签署的协议中，预收款合同执行期限均超过1年，上述合同中均约定了合同执行期间销售返利属于合同中存在重大融资成分，公司预计总返利金额在预收款实际收到至预计冲抵货款时间内，采用实际利率法进行摊销	（1）收到预收款时： 借：银行存款/应收账款/应收票据，贷：合同负债 融资未确认融资费用/其他流动负债/其他非流动负债 （2）合同执行期间确认重大融资成本时： 借：财务费用，贷：未确认融资费用；贷：合同负债/其他非流动负债，贷：主营业务收入

（续）

情形	公司名称及审核状态	分期收款合同是否包含重大融资成分判断
情形3：不包含重大融资成分 该部分案例判断理由： （1）公司分期收款货物价格低于市场价格不存在重大差异 （2）公司分期收货款货物价格低于市场价格 （3）向客户转让商品或服务的时间与客户付款时间间隔不超过1年	维嘉科技 2022年9月 上市委审议未通过	除个别型号因采购量、特殊配置等原因导致销售单价存在一定差异外，报告期内发行人分期销售与现货销售的同型号机器的产品单价、毛利率普遍较高的规律，毛利率普遍不存在明显差异，公司认为各户采用分期收款结算模式不具有融资性质，不存在重大融资成分
	德盛利 2021年3月 撤回材料终止	虽然与山东众诚（客户）约定的回款时间间隔超过1年，但销售价格低于市场上同类型产品的平均价格，公司未与山东众诚就硫化机的交易提供重大融资利益，故与山东众诚的销售合同无重大融资成分
	天安科技 2022年6月 撤回材料终止	发行人与客户的结算条款一般约定分阶段收款，如货到验收合格后支付90%，剩余10%作为质保金在1年后支付；到货后支付40%，安装调试验收完成后支付50%，剩余10%作为质保金在1年后支付；合同签订后预付30%，设备发货前预付30%，安装调试完并验收一季度无任何质量问题支付30%，剩余10%作为质保金在1年后支付；货到验收合格后第3个月支付50%，第11个月支付40%，剩余10%作为质保金在1年后支付等。由于发行人向客户转让商品或服务的时间一般不超过1年，因此根据企业会计准则规定可以不考虑合同中存在的融资成分的影响

注：表中部分案例因撤回材料终止或审核不通过，与该部分论证内容不具有必然关系，可能其他原因导致。

资料来源：汇成真空首次审核问询函的回复，沃文特首次审核问询函的回复，杭州蓝然首次审核问询函的回复，湖南裕能首次审核问询函的回复，维嘉科技第三轮审核问询函的回复，德盛利首次审核问询函的回复，天安科技首次审核问询函的回复，详见深圳证券交易所网站 https://www.szse.cn 和上海证券交易所网站 https://www.sse.com.cn。

　　若收款时间间隔超过一年，尤其是当收款时间显著长于其他合同（例如三年、五年或更长时间），则合同中包含重大融资成分的可能性通常较高。但是，企业应进一步对比分析货物价格与现销价格之间是否存在明显差异。通常，这涉及选取同类产品的现销价格并进行比较。如果分期收款的货物价格显著高于现销价格，则表明存在重大融资成分。如果货物价格接近现销价格，例如表 5-3 中的"维嘉科技"案例，只有部分产品的货物价格略高于现销价格，且价差比例均低于 3%，发行人认为由于不存在显著差异，因此可以认定不存在重大融资成分。拟申报 IPO 企业可以测算在两种认定方式下的财务影响：如果影响较大，则应从严处理；如果分期收款的货物价格等于或基本等于现销价格，则一般认为企业并未向客户提供重大融资利益，从而判断不存在重大融资成分。但是，企业仍应做好商业合理性的举证准备。

　　2）关注折现率的确定方法。

　　当合同中存在重大融资成分时，企业在确定该重大融资成分的金额时，应使用将合同对价的名义金额折现为商品现销价格的折现率。这一折现率应等同于两种付款方式计算出的内含利率。一旦确定了这一折现率，就不得因后续市场利率或客户信用风险等情况的变化而变更。

　　3）关注会计和税务处理的差异。

　　根据企业会计准则的规定，如果合同被判断为存在重大融资成分，应将其分解为销售和融资两项业务来处理。具体来说，应按照销售商品的现销价格确认收入，而未来分期收回的总额与商品现销价格之间的差额，则应按照实际利率法进行摊销。而在税法上，分期收款方式的收入确认则是根据合同约定的日期分期进行，不考虑融资利率的影响。因此，即使客户已接受商品，会计上仍应确认收入，但如果还未到合同约定的收款时间，纳税义务就尚未发生。企业应注意，在分期收款业务模式下，相关的增值税和企业所得税可能存在风险，例如：①对于资产负债表日已发出的存货，应设立管理台账进行识别。如果企业会计上已确认为收入，但尚未到达合同约定的收款日期，且发票未提前开具，增值税纳税义务尚未发生，那么根据财会〔2016〕22 号文件的规定，相应计提的增值税应列入"应交税费—待转销项税额"，并在财务报表中转入"其他流动负债"或"其他非流动负债"。②在计算企业所得税时，如果因包含重大融资成分的销售形成的应收账款产生了应纳税暂时性差异，应确认递延所得税负债，并调整企业所得税汇算清缴表中的分期确认收入、相应的成本以及财务费用项目。

4）关注长期应收款信用减值损失的计提充分性。

包含重大融资成分的销售合同，通常会形成账龄较长的长期应收款。然而，申报企业应当结合合同的具体收款安排，在每个资产负债表日进行逐笔分析，以判断是否存在减值情况，并确保相应的信用减值损失已得到充分计提。企业不得简单地以"账龄长"为由，不计提或少计提预期信用损失。

2. 可变对价

企业与客户签订销售合同后，交易对价可能会发生变化。这是因为在商业环境中，多种因素都可能影响交易对价，例如原材料价格波动、市场需求变化、劳动力成本波动和货币汇率波动等。因此，销售合同可能包含允许双方在特定情况下调整价格的条款。这些条款可能规定了价格调整的条件、方法和限制。即使合同中未包含相应的价格调整条款，双方也可能根据实际的交易惯例，通过协商灵活调整交易对价。合同约定或交易惯例允许对交易对价进行调整，这种调整是否符合新收入准则中规定的"可变对价"范畴，需要进行相应的判断。

（1）关于可变对价的相关规定。

《企业会计准则第 14 号——收入》应用指南中关于"可变对价"的规定："企业与客户的合同中约定的对价金额可能是固定的，也可能会因折扣、价格折让、返利、退款、奖励积分、激励措施、业绩奖金、索赔等因素而变化。"此外，《监管规则适用指引——会计类第 2 号》进一步规定："企业有权收取的对价金额，将根据一项或多项或有事项的发生有所不同的情况，也属于可变对价的情形。"

《企业会计准则第 14 号——收入》第十六条规定："合同中存在可变对价的，企业应当按照期望值或最可能发生金额确定可变对价的最佳估计数，但包含可变对价的交易价格，应当不超过在相关不确定性消除时累计已确认收入极可能不会发生重大转回的金额。企业在评估累计已确认收入是否极可能不会发生重大转回时，应当同时考虑收入转回的可能性及其比重。

每一资产负债表日，企业应当重新估计应计入交易价格的可变对价金额。"

（2）关于可变对价的相关实务案例。

经检索相关案例发现，部分申报企业与客户签署的销售合同中存在不确定性约定，导致企业有权收取的对价可能发生变化。不同案例对于是否将其认定为可变对价的判断标准不一，具体区分类型如表 5-4 所示。

根据上述企业会计准则、监管规定以及表 5-4 中的相关实务案例，企业在判断合同是否包含可变对价、可变对价的类型及相关会计处理差异时，应重点关注以下几个方面。

1）关注可变对价类型的会计核算差异。

实务中，返利是企业与客户签订的合同中常见的商业条款和合作惯例中经常采用的交易方式，也是企业会计准则"可变对价"定义中列举的常见类型，例如，在表 5-4 中提到的新天地案例中，涉及的返利类型包括现金（折扣）返利和实物返利，这两种返利的会计处理截然不同，对拟申报 IPO 企业具有借鉴意义。

《监管规则适用指引——会计类第 2 号》关于"销售返利的会计处理"规定："企业应当基于返利的形式和合同条款的约定，考虑相关条款安排是否会导致企业未来需要向客户提供可明确区分的商品或服务，在此基础上判断相关返利属于可变对价还是提供给客户的重大权利。一般而言，对基于客户采购情况等给予的现金返利，企业应当按照可变对价原则进行会计处理；对基于客户一定采购数量的实物返利或仅适用于未来采购的价格折扣，企业应当按照附有额外购买选择权的销售进行会计处理，评估该返利是否构成一项重大权利，以确定是否将其作为单项履约义务并分摊交易对价。"因此，拟申报 IPO 企业应当对商业合同和合作惯例涉及的返利类型进行区分并准确地进行会计处理。当涉及现金（折扣）返利时，企业应合理估计现金返利的最佳估计数，并将其计入交易对价处理。同时，该返利金额不应在期后发生重大转回。拟申报 IPO 企业在每个资产负债表日针对重大返利金额应进行合理估计，并获取客户的确认文件。当涉及实物返利时，则不应将其视为合同的可变对价，而应按照附有额外购买选择权的销售进行会计处理，并获取相关支持性文件。

表 5-4

公司名称及审核状态	类型	是否作为可变对价对认定的判断	会计处理
新天地 2022 年 8 月注册生效	现金(折扣)返利和货物返利的区分	（1）现金返利：公司对客户某一期间所采购的产品，按采购金额或采购数量给予一定的折扣，相关返利情况的变化，对指定批次购买与客户单独约定返利，在客户下次采购或较近期采购时冲减应付货款。同时，公司也会依据市场情况将折扣返利折扣和返利要求达到的标准，因此公司合理预计客户的采购金额确认收入交易价格 （2）货物返利：公司对客户某一期间所采购的产品，按采购金额或数量子以一定金额的返利，同时返利金额按销售价格折算为货物，一般在下一年度以赠货形式实现。同时，公司也会依据市场情况的变化，对指定批次的采购与客户单独约定返利，在客户下次采购或较近期采购时以赠货形式实现。公司在与客户交易的同时给予客户货物返利，属于附有客户额外购买选择权的销售，向各户提供了一项重大权利，应当作为单项履约义务，在客户未来行使该选择权取得相关商品的控制权，即返利货物的控制权转移给客户后确认收入	（1）折扣返利：公司在根据与客户的约定，按照合同与客户发生业务往来并确认收入时，公司估计最可能返还的返利金额，按照该销售折扣金额预提相关负债，并冲减当期主营业务收入 （2）货物返利：公司在根据与客户的约定，按照合同与客户发生业务往来并确认收入时，计算针对客户的销售业务应给予客户的返利货物数量及其公允单价，计提相关负债，并冲减当期主营业务收入，并在返利货物的控制权转移给客户后，相应确认收入

（续）

公司名称及审核状态	类型	是否作为可变对价认定的判断	会计处理
瑞晨环保 2022 年 7 月注册生效	控制权转移前的可变对价 买断业务价格调整	公司通常在买断业务合同的验收条款中，对产品运行效率或节电率等性能指标做出具体约定，并约定在验收前的测试性能指标未达到合同的约定值，将根据约定相应扣减合同金额。因此，在签订合同时，公司买断业务的销售价格可能受到产品在试运行或节电率等低于约定的性能指标等未来事件的影响，属于企业会计准则规定的"可变对价"的范畴。在公司确认买断业务收入时，公司产品已通过性能考核与质量技术标准已获得了客户的认可，即双方已就实际交易金额达成一致，合同签订时的"可变对价"的不确定性已消除，不存在其他可能导致交易价格变动或影响获取对价的权利的情形	公司根据双方确认的合同金额（调整后）确认收入
北方长龙 2023 年 3 月注册生效	控制权转移后的可变对价 暂定价对价 合同无法对可变对价准确估计	反馈问题要求根据新收入准则中对可变对价的要求判断以暂定价格确认收入是否符合要求。反馈回复中未直接回复是否属于可变对价，但其对使用暂定价确认收入进行了解释：军品审价批复周期较长，可能导致发行人在产品交付较长时间后才能取得正式的审价批复。在审价完成前，为有效保护供货方的利益，保障军品的及时供应，供销双方以在合同中协商确定的"暂定价格"进行结算，并按照暂定价格确认销售收入和应收账款。此外，在审价批复下发前，销售合同确认销售收入和暂定价的差异无法提前预计，因此审价批复后将差价款计入当期符合业务实质。发行人认为：审价批复前，销售合同中约定的"暂定价"是具体的金额，能够可靠计量	针对尚未最终确定价格的产品，在符合收入确认条件时按照暂定价格确认收入，在军方完成审价后，发行人将暂定价与确定价格的差额根据补充协议在当期进行调整

（续）

公司名称及审核状态	类型	是否作为可变对价认定的判断	会计处理
联盛化学 2022年2月注册生效	不属于可变对价、未来阶梯定价不影响当前定价	联盛化学与拜耳集团（客户）约定了年度阶梯定价模式，按采购量执行阶梯承价格，但价格差很小。该等约定是框架性的，在实际交易过程中，拜耳集团会根据实际需求向联盛化学逐步下达采购订单，每份采购订单的采购数量将会执行下一档采购价格，但不会对阶梯数量达到的采购价格进行重新调整，只适用未来的购买交易事项，即阶梯数量内的交易价格是不变的，合同对价是确定的 发行人认为：按新收入准则规定，若存在可变对价，则说明存在不确定性因素以及收入发生重大转回的可能性。这与联盛化学的实际履约方式完全不同。因此，联盛化学与拜耳集团约定的阶梯定价的销售合同不存在可变对价	不适用
亚德林 2023年5月上市委会议通过	不属于可变对价、与不受控制的价格指数相关的自动调价机制	公司产品主要包括铝合金零部件及铝合金锭/液，其中，铝合金锭/液的定价通常根据每次签订合同时或签订合同前一定期间内相关材料的市场公开价格为基础进行实时定价，产品价格与铝材市场价格联动性较大，调价周期短，一般不涉及客户合同条款制定的特定规则。在自动调价机制下，客户会结合相关产品价格的波动形成的产品补偿价格与公司进行结算，补偿价格基于铝价市场公开价与零部件产品中约定的基准价的价差计算 发行人认为：自动调价机制下，公司在商品控制权转移时可以根据与客户签订的销售合同、订单以及销售历史市场价确定公司有权收取的对价金额。在商品控制权转移时，产品价格已确定，不属于"商品价格已确定、销售价格尚未最终确定的安排"，亦不属于对价金额可能因折扣、价格折让、返利、退款、奖励积分、奖励措施、业绩奖金、索赔等因素而变化的情形。因此，补偿收入不属于"可变对价"的一部分	不适用

（续）

公司名称及审核状态	类型	是否作为可变对价认定的判断	会计处理
泰恩康 2022年1月注册生效	涉及第三方的特殊可变对价	根据发行人子公司山东华铂凯盛与上海凯茂注射用多西他赛聚合物胶束签署的《项目转让合同》，上海凯茂负责产品后续临床开发、生产批文申报、产品生产及销售，并承担相关环节的费用；上海凯茂按照首期付款＋里程碑付款＋销售提成的方式给予山东华铂凯盛回报。同时，在《项目转让合同》中，发行人与上海凯茂约定了产品在临床开发周期内转让给第三方时的收益处理情况（即"项目转让收益"）："如果产品在临床开发周期内转让给第三方，则需要双方协商并共同确认转让价格，共同签署转让合同。对于项目转让收益（项目转让收入—甲方（即上海凯茂）已经支付乙方（即山东华铂凯盛）价格—乙方研发投入成本—甲方临床开发投入），双方约定按照 5∶5 的比例进行分配（以下简称"项目再转让条款"）。"结合《项目转让合同》约定的产品在临床开发周期内转让给第三方时的收益处理情况，发行人基于整个合同所收取的对价是可变的	项目再转让条款中，再转让对价金额要受上海凯茂产品研发进度的影响，以及上海凯茂的转让意向、上海凯茂的投入和意向价格等发行人影响范围之外的因素的影响。同时，一般医药技术转让是一个长期、多方、多次沟通的结果，再转让对价金额的不确定性预计在较长时间内无法消除，且发行人在此之前没有对外转让二类新药的经验。因此，包含再转让回的可能对价的收入确认可能性较强，且相关不确定性在未实现真正再转让时难以消除，不能将再转让的可变对价对计入交易价格

资料来源：新天地第二轮审核问询函的回复、瑞晨环保第二轮审核问询函的回复、北方长龙首次审核问询函的回复、联盛化学审核中心意见落实函的回复、亚德林首次审核问询函的回复、泰恩康第三轮审核问询函的回复，详见深圳证券交易所网站 https://www.szse.cn 和上海证券交易所网站 https://www.sse.com.cn。

2）关注合同涉及的可变对价调整的时点。

在实务操作中，企业与客户签订的销售合同可能因遵循特定行业的交易惯例而包含可变对价调整的条款。企业需要准确判断这些可变对价是在产品或服务控制权转移之前还是之后发生。不同的判断结果将对企业会计处理的准确性产生显著影响。例如，在表 5-4 中提到的瑞晨环保和北方长龙两个案例，它们本质上都属于暂定价格合同。合同中约定的交易对价实际上可能会调整，但调整的时间点存在差异。在瑞晨环保案例中，涉及的是买断业务的价格调整。合同约定，企业交付的产品的交易对价需要与产品性能指标挂钩，如果在验收前的测试环节未达到标准，则会相应扣减交易对价。因此，这被认为属于可变对价的范畴。但由于产品控制权转移时交易对价的不确定性已经消除，企业便直接按照"调整后"的价格确认收入。北方长龙案例则属于暂定价格合同，这种情况常见于客户内部采购审批流程较长的军工等行业。与本书"第 5 章—5.1 识别与客户订立的合同"描述的不同，双方虽然已签署合同，但约定了暂定的交易对价条款，该对价后续可能会进行调整。在这个案例中，由于在控制权转移时企业无法对可变对价的金额进行合理估计，企业便在后续确定了价格，并在签订补充协议的当期，对暂定价格与确定价格之间的差额进行了调整。

3）关注合同对价调整的业务实质。

在实务操作中，企业与客户签订的销售合同中约定交易对价条款形式多样，有些条款看似是在满足特定条件的情况下对交易对价进行调整，但实际上并不符合企业会计准则中关于"可变对价"的规定，拟申报 IPO 企业应当准确识别、判断并正确进行会计处理。如表 5-4 中的联盛化学和亚德林两个案例，虽然合同中约定了调整价格条款，但实际上均属于特定条件下的确定交易对价。例如，联盛化学案例中约定了未来阶梯定价，即当客户累计采购量达到某个阶梯数量时，超出部分的采购量将执行下一档采购价格，但阶梯数量内的采购价格不会进行重新调整，故实际在企业交付产品控制权转移时即已确定交易对价，价格调整只适用于未来的购买交易事项，因此，联盛化学认为其销售合同中不存在可变对价。该案例实际上与瑞晨环保案例类似，均属于控制权转移时即已确定交易对价，两家企业对于是否属于可变对价的判断并不相同，但最终的会计处理无差异，均是按照控制权转移时点的确定对价确认收入。亚德林案例中的自动调价机制与不受控制的价格指数相关，值得注意的是，该案例与《监管规则适用指引——会计类第 2 号》中的"暂定价格销售合同中可变对价的判断"的案例类似，但两者存在区别。相同点在于交易对价调整均与原材料价格指数相关，该调整因素与市场环境相关，不受企业和客户的影响，无论亚德林案例还是《监管规则适用指引——会计类第 2 号》中提及的案例，均被认为不属于"可变对价"。差异在于亚德林调整交易对价所依据的原材料价格指数是企业控制权转移前一段时间的价格指数变动，在企业控制权转移时可以计算出确定的对价，因此，亚德林认为其销售合同中不存在可变对价，而监管案例中调整交易对价所依据的原材料价格指数，则是企业控制权转移后一段时间内的价格指数变动，因此企业应将其视为合同对价中嵌入的一项衍生金融工具进行会计处理，两者的会计处理有所不同。

《监管规则适用指引——会计类第 2 号》中"暂定价格销售合同中可变对价的判断"，监管部门认为部分企业对暂定价格销售合同中可变对价的判断存在理解上的偏差和分歧，形成指导意见如下："暂定价格销售合同通常是指在商品控制权转移时，销售价格尚未最终确定的合同。例如，大宗商品贸易中的点价交易，即以约定时点的期货价格为基准加减双方协商的升贴水来确定双方买卖现货商品的价格；金属加工业务中，双方约定合同对价以控制权转移之后某个时点的金属市价加上加工费来确定；某些金属矿的贸易价格将根据产品验收后的品相检验结果进行调整等。

"暂定销售价格的交易安排中，企业应分析导致应收合同对价发生变动的具体原因。其中，与交易双方履约情况相关的变动（如基于商品交付数量、质量等进行的价格调整），通常属于可变对价，企业应按照可变对价原则进行会计处理；与定价挂钩的商品或原材料价值相关的变动（如定价挂钩不受双方控制的商品或原材料价格指数，因指数变动导致的价款变化），不属于可变对价，企业应将其视为合同对价中嵌入的一项衍生金融工具进行会计处理，通常应按所挂钩商品或原材料在客户取得相关商品控制权日的价格计算确认收入，客户取得相关商品控制权后上述所挂钩商品或原材料价格后续变动对企业可收取款项的影响，应按照新金融工具准则有关规定进行处理，不应计入交易对价。"

4）关注特殊可变对价的影响。

在新收入准则应用指南列举的"可变对价"常见的情形基础上，《监管规则适用指引——会计类第 2 号》进一步明确："企业有权收取的对价金额，将根据一项或多项或有事项的发生有所不同的情况，也属于可变对价的情形。"因此，拟申报 IPO 企业除了需要关注销售合同中常见的可变对价，如返利和销售折扣，还应留意其他特殊可变对价条款的存在，以避免对财务报告造成不利影响。以表 5-4 中的泰恩康案例为例，合同中规定如果客户向第三方转让产品，需要将转让收益的一部分分给发行人。由于发行人基于整个合同所收取的对价是可变的，因此认定存在"可变对价"。然而，由于在客户向第三方转让产品前无法准确估计可变对价的金额，发行人并未将此金额计入交易价格。通常情况下，如果企业已向客户转让了商品控制权，那么客户后续对该产品继续使用还是另行转让享有自主决定权，并不需要向企业进一步分享处置收益。该案例中存在这种看似不符合常规商业逻辑的条款，是因为发行人与客户签订的合同包含三个单项履约义务。发行人在反馈回复中称："再转让条款约定的内容是发行人基于可变对价的自我保护措施而对上海凯茂的部分约束和限制条款，以避免后续批件可能通过转让而出现损害发行人后续里程碑金等收益的情形，并不影响上海凯茂对相关技术的法定所有权和实质控制权。"实务中，当企业与客户签订的合同存在类似保护性条款而使得符合"可变对价"规定时，企业应当准确识别并进行会计处理。

5.4　将交易价格分摊至各项履约义务

根据新收入准则应用指南的相关规定，当合同中包含两项或多项履约义务时，需要将交易价格分摊至各单项履约义务，以使企业分摊至各单项履约义务（或可明确区分的商品）的交易价格能够反映其因向客户转让已承诺的相关商品而预期有权收取的对价金额。在价格分摊上应当按照各单项履约义务所承诺的单独售价比例，将交易价格分摊至各单项履约义务。单独售价无法直接观察的，企业可以采取市场调整法、成本加成法、余值法等合理方法。企业应当最大限度地采用可观察的输入值，并对类似情况采用一致的估计方法。

有些企业与客户签订的包含多项履约义务的合同只约定了整体售价，而未对合同中单项履约义务的单独售价进行明确约定。在实务操作中，拟申报 IPO 企业在确定交易价格分摊时使用的可观察的输入值的方法上，可能会遇到一定的判断困难。笔者梳理了相关案例，具体如表 5-5 所示。

如表 5-5 所示，在联软科技案例中，发行人的合同交易价格是基于标准指导价格，并根据双方协商确定的折扣比例来最终确定的。然而，在将交易价格分摊至多项履约义务时，其分摊方法为"合同中有明确标价区分的，按标价分摊至各产品品类；无标价的，则按公司标准指导价格的比例分摊至各产品品类"，并未说明是否考虑了合同折扣情况。值得注意的是，会计准则委员会在解释"如何将交易价格分摊至各单项履约义务"时提到，"单独售价，是指企业向客户单独销售商品的价格。企业在类似环境下向类似客户单独销售某商品的价格，应作为确定该商品单独售价的最佳证据。合同或价目表上的标价可能是商品的单独售价，但不能默认其一定是该商品的单独售价。例如，企业为其销售的产品制定了标准价格，但是，实务中经常以低于该标准价格的折扣价格对外销售，此时，企业在估计该产品的单独售价时，应当考虑这一因素"。因此，拟申报 IPO 企业在采用标准指导价作为交易价格分摊的基础时，应根据历史经验充分考虑合同折扣因素，以避免因分摊原则错误而对收入确认造成影响。

表 5-5

公司名称及审核状态	可观察输入值确定方法	交易价格具体分摊方法
经纬股份 2023 年 3 月注册生效	按合同规定的阶段结算比例分摊	公司节点类业务并未对各个阶段的具体价格做出明确约定，单独售价无法直接观察。根据新收入准则应用指南的规定：企业应当最大限度地采用可观察的输入值，并对类似的情况采用一致的估计方法。在单独售价无法直接观察的情况下，由于各个设计项目具有较强的定制化属性，不同合同的金额、成本及毛利波动较大，难以采用可观察、客观和合理的方式，采用市场调整法、成本加成法、余值法等方法进行价格分摊。由于合同条款的各个阶段结算比例，系合同双方对各阶段价值的认可，系显性、客观的指标，属于新收入准则应用指南中所规定的"可观察的输入值"
联软科技 2022 年 1 月撤回材料终止	合同无标价情况下按标准指导价格分摊	公司现有产品均有标准指导价格，在销售环节的商务谈判中，通过协商确定标准指导价格的折扣比例，最终确定交易价格。公司在与客户签订销售合同时，通常在合同正文或附件中列示具体的销售产品模块功能配置、授权许可数量及对应价格。公司将合同销售金额合理分摊至端点安全、边界安全和云安全的方法如下：①按照合同中注明的功能模块归属的产品类别划分收入具体归属于端点安全、边界安全和云安全；②在一份合同中，涉及的功能模块包含两类以上产品的、合同中有明确标价区分的，按标价分摊至各产品品类，无标价的，则按公司标准指导价格的比例分摊至各产品品类。公司根据上述方式确认的不同产品的价格来确认不同产品的销售收入

注：表中联软科技案例撤回申请，与该部分论证内容不具有必然关系，可能其他原因导致。

资料来源：经纬股份发行注册环节反馈意见落实函的回复、联软科技首次审核问询函的回复，详见深圳证券交易所网站 https://www.szse.cn 和上海证券交易所网站 https://www.sse.com.cn。

5.5 履行每一单项履约义务时确认收入

收入确认是企业编制财务报表中最重要的环节之一。在实务中，拟申报 IPO 企业往往会遇到一些困难情形，这使得收入确认的时点选择变得复杂且具有挑战性。例如，对于执行周期较长的合同，可能涉及多个阶段或里程碑。在这种情况下，确认收入的时点是根据实际完成的工作量或阶段性成果来确定，还是根据最终交付的成果来确定，会因合同条款和业务实质的不同而形成不同的结论。此外，有些合同的履约可能需要经过一系列步骤或阶段，如果企业无法准确评估每个阶段的履约进度，那么确认每个阶段的收入将会变得困难。在实务中，拟申报 IPO 企业在"履行每一单项履约义务时确认收入"方面可能面临情形判断，主要情形如下。

1. 区分履约义务属于"时段履行"还是"时点履行"

对于定制化项目，尽管判断其履约义务是属于时段履行还是时点履行在实务中存在一定的困难，但拟申报 IPO 企业可以逐一对照《企业会计准则第 14 号——收入》及其应用指南的相关条文进行判断。企业应首先根据相关规定判断是否符合时段履行履约义务的条件，如果不符合，那么该履约义务则属于时点履行。

根据《企业会计准则第 14 号——收入》，满足"某一时段履行的履约义务"的情形主要有以下三种。

情形一：客户在企业履约的同时即取得并消耗企业履约所带来的经济利益。服务类履约义务多属于此种情形。实务中，拟申报 IPO 企业应结合自身业务特点进行判断，避免一概而论。判断原则应基于客观性，并从客户角度进行充分论证。

情形二：客户能够控制企业履约过程中在建的商品。此种情形下，企业履约义务的履行通常发生在客户现场。实务中的判断原则通常是，企业可以假设在项目终止的情况下，客户是否能在企业未最终完成履约内容的基础上自行或委托他人继续完成剩余工作。如果客户无须"从头再来"，则通常表明企业已部分执行的履约内容对客户具有经济价值，符合时段履行的履约义务。

情形三：企业履约过程中所产出的商品具有不可替代用途，且该企业在整个合同期间内有权就累计至今已完成的履约部分收取款项。此种情形通常出现在定制化产品或服务中，需要同时满足两个条件，其中第二个条件较为严格。①商品具有不可替代用途，是指因合同限制或实际可行性限制，企业不能轻易地将商品用于其他用途。②企业有权就累计至今已完成的履约部分收取款项，可以理解为合格收款权，是指在由于客户或其他方原因终止合同的情况下，企业有权就累计至今已完成的履约部分收取能够补偿其已发生成本和合理利润的款项，并且该权利具有法律约束力。

上述三种情形中，前两种相对容易判断，而第三种情形作为符合"某一时段履行的履约义务"的情况之一，需要同时满足商品具有"不可替代用途"和企业有"合格收款权"两个条件，且必须综合判断，不可或缺，如表5-6所示。

表　5-6

不可替代用途	合格收款权
（1）判断时点是合同开始日 （2）考虑合同限制。该限制条款应当具有实质性，即考虑企业试图把合同中约定的商品用于其他用途时，客户是否可以根据这些限制条款，主张其对该特定商品的权利，如果可以，那么这些限制条款就是实质性的 （3）考虑实际可行性限制。如果企业将合同中约定的商品用于其他用途，需要发生重大的改造成本，表明企业将该商品用于其他用途的能力受到实际可行性的限制 （4）基于最终转移给客户的商品的特征判断。如果商品在生产的前若干个生产步骤是标准化的，只是从某一时点（或者某一流程）才进入定制化生产，那么在此之前商品不具有"不可替代用途"，之后阶段才具有	（1）企业有权收取的该款项应当大致相当于累计至今已经转移给客户的商品的售价，即该金额应当能够补偿企业已经发生的成本和合理利润。企业有权收取的款项为保证金或仅是补偿企业已经发生的成本或可能损失的利润的，不满足这一条件 （2）该规定并不意味着企业拥有现时可行使的无条件收款权。企业通常会在与客户的合同中约定，只有在达到某一重要时点、某重要事项完成后或者整个合同完成之后，企业才拥有无条件的收取相应款项的权利 （3）当客户只有在某些特定时点才有权终止合同，或者根本无权终止合同时，客户终止了合同（包括客户没有按照合同约定履行其义务），但是，合同条款或法律法规要求，企业应继续向客户转移合同中承诺的商品并因此有权要求客户支付对价，此种情况也符合"企业有权就累计至今已完成的履约部分收取款项"的要求 （4）企业在进行判断时，既要考虑合同条款的约定，还应当充分考虑适用的法律法规、补充条款或者凌驾于合同条款之上的以往司法实践以及类似案例的结果等 （5）企业和客户在合同中约定了付款时间进度表，不一定就表明企业有权就累计至今已完成的履约部分收取款项，这是因为合同约定的付款进度和企业的履约进度可能并不匹配

关于"不可替代用途",实务中,企业应当根据上述因素进一步分析判断。一方面,企业应当判断所提供的产品或服务是否具有高度定制化特征。例如,企业与客户签订的系统集成业务合同中,约定企业提供相关硬件设备建设和系统软件开发服务等工作,以满足客户的个性化需求,属于深度定制化项目,其他客户一般无法直接使用,或者需要耗费重大改造成本才能使用,则该产品或服务用于其他客户用途的实际可行性较低。另一方面,企业应当判断合同中是否明确约定了客户具有知识产权等法定权利。若合同中约定客户享有该法定权利,这在一定程度上限制了企业将该产品或服务销售给其他客户,属于实质性条款。除非相关法律框架支撑企业在合同开始日即做出判断,如客户主动违约,企业可不再继续遵循合同约定的知识产权保护等条款。在满足上述主要条件的情况下,除非存在特殊情况,一般情况下企业可认定该产品具有不可替代用途。

实务中,系统集成化项目或客户定制化项目,通常能够满足"不可替代用途",但企业未必能够满足"合格收款权"。基于一般的商业逻辑考虑,当客户无法取得定制化项目的最终成果时,通常客户不会向企业支付全额交易对价。即使出于经济补偿的目的,客户通常只会支付合同保证金或补偿企业已经发生的成本。对于企业因客户违约而预期得到的成本补偿金和合理利润,通常合同中未能明确约定,因此实务中"企业在整个合同期间内有权就累计至今已完成的履约部分收取款项"的条件较难满足,可能更符合"某一时点履行的履约义务"。值得注意的是,如果合同条款存在进一步的明确约定,使得上述"某一时段履行的履约义务"中的若干关键判断条件能够满足,则企业应当谨慎判断该项目所适用的收入确认方法,不能一概而论。除了结合具体合同条款进行判断,拟申报 IPO 企业还应当基于可比性原则梳理同行业可比企业同类业务的收入确认方法,并提前做好充分的举证准备。

2. 选择计量履约进度的方法

在确定业务属于"某一时段履行的履约义务"后,企业应当进一步判断履约进度所应当使用的计量方法以及会计处理。《企业会计准则第14号——收入》第十二条规定："对于在某一时段内履行的履约义务，企业应当在该段时间内按照履约进度确认收入，但是，履约进度不能合理确定的除外。企业应当考虑商品的性质，采用产出法或投入法确定恰当的履约进度。其中，产出法是根据已转移给客户的商品对于客户的价值确定履约进度；投入法是根据企业为履行履约义务的投入确定履约进度。对于类似情况下的类似履约义务，企业应当采用相同的方法确定履约进度。当履约进度不能合理确定时，企业已经发生的成本预计能够得到补偿的，应当按照已经发生的成本金额确认收入，直到履约进度能够合理确定为止。"

经检索相关案例，不同企业确认履约进度的方法有所不同，如表5-7所示。

表5-7中的诺康达案例审核不通过，与该部分论证内容不具有必然关系，可能其他原因导致。然而，根据上市委审议会议现场对其提出的主要询问问题，包括业绩大幅波动的问题、收入与主要客户的问题、MAH客户的问题、浙江佰奥（被投资单位）问题以及前次申报的问题。在"收入和主要客户的问题"部分，提到了："报告期内发行人药学研究服务按照履约进度确认收入并设置四个里程碑，其中实验室小试、工艺交接阶段以客户盖章确认函作为收入确认的外部证据。请发行人：①说明报告期内营业收入大幅增长的原因及合理性；②说明前五大客户盖章确认函取得时间与项目进度是否匹配，与总结报告、工时记录、实验室记录等是否存在时间差异，是否存在调节收入或虚增收入的情形。"

根据表5-7中的相关实务案例，企业应当注意投入法或产出法对具体业务确认履约进度的适用性。同时，企业应注意所选用的具体方法在每个资产负债表日的可计量性。企业应重点关注以下几个方面。

表 5-7

公司名称及审核状态	总体计量方法	具体计量方法	计量方法判断依据
情形一：履约进度可以合理计量			
中机认检 2023 年 7 月 注册生效	产出法		发行人与客户签订的汽车设计业务合同中，明确约定了各阶段环节的收款金额、比例，该等阶段环节的收款比例、该等相应的履约进度（产出法），比例真实反映了各阶段环节对于客户的价值含量以及相应的履约进度（产出法）。发行人在向客户提交各阶段设计工作成果完成合同约定的各阶段工作后，会与客户召开项目阶段性验收会议，客户会出具该阶段的验收报告或验收会议纪要。汽车设计业务各阶段性成果可识别、可计量、并经双方方认可，因此发行人以合同约定的对应履约阶段（产出法）确定履约进度
苏州规划 2023 年 5 月 注册生效		阶段合同比例法	发行人规划设计业务、工程设计业务以合同比例法确定履约进度、设计业务收入确认方法与合同行业可比公司或类似业态的公司一致，均采用时段法、产出法。在履约进度的具体确认方法上，绝大部分可比公司采用合同比例法，与发行人一致，少量公司采用固定比例法（即设计业务各阶段按照合同比例确认收入。发行人按照设计业务各阶段即为合同约定的付款结算阶段合同比例法确认收入，发行人各阶段确认收入的金额为合同约定的付款结算比例，是合同双方参考行业指导意见，结合项目的具体特点，各阶段工作难度与工作量等因素，通过招投标及其他政府采购模式，商务谈判等方式最终确定的，客观反映了业务实际，具有合理性。报告期内，发行人以外部证据收单，外部评审意见，政府相关主管部门批复文件依据，外部证据主要包括客户签收单，外部评审意见，该等外部证据具有较强的支撑效力

（续）

公司名称及审核状态	总体计量方法	具体计量方法	计量方法判断依据
国地科技 2023年3月上市委会议通过		阶段合同比例法	鉴于自然资源管理技术服务业务具有高度定制化特点，不同项目具体实施要求及各阶段的工作任务、工作成果，任任存在一定的差异，进而不同项目合同各节点约定的工作量及其相应的合同收款金额亦存在一定的差异。按照阶段合同比例确认收入，能够更加客观公允地反映发行人各项目的完工进度以及合同履约进度。在日常经营中，发行人根据合同收款节点，向客户提交合同约定的阶段性成果，取得经客户签署的成果确认文件
万邦医药 2023年6月注册生效	产出法	阶段固定比例法（里程碑法）	由于合同双方对药学研发学流程均有一定的认知，发行人参照历史经验和行业惯例，使用到达里程碑节点所累计完成的工作量占预计总工作量的比例相对客观且易理解，可接受。发行人查阅了阳光诺和、百诚医药、百花村等同行业可比公司以及与发行人存在相似业务的美迪西公司的收入确认政策，该等公司确认的各里程碑履约进度均采用固定节点比例。发行人所制定的里程碑节点及相应履约进度合理，能够准确反映已履行的履约义务对于客户的价值程度
华蓝集团 2021年5月注册生效		阶段固定比例法（里程碑法）	①公司工程设计业务合同条款一般约定多个阶段，相关各阶段均具有明确的里程碑节点证据，公司完成特定阶段的成果并交付给客户能够如实反映履约进度；②公司采用的阶段固定比例系参考国家发展计划委员会与建设部发布的《工程勘察设计收费标准》（2002年修订本），结合同行业惯例，综合考虑各个阶段的主要工作内容、投入人员成本占比以及公司与主要客户签订付款节点等因素确定的阶段固定比例，制定该阶段固定比例依据充分，具有合理性；③采用产出法确定履约进度为行业惯例，同行业可比上市公司如华阳国际、筑博设计、新城市、中衡设计等，均以阶段固定比例法确认履约进度。综上所述，公司将经客户验收的阶段成果以"已达到的里程碑"作为履约进度

（续）

公司名称及审核状态	总体计量方法	具体计量方法	计量方法判断依据
六合宁远 2023 年 11 月上市委会议通过	产出法	已提供的定额服务方法	FTE 结算模式下，公司客户签署的合同一般约定研究周期、FTE 数量和 FTE 单价。公司按照产出法确认履约进度，具体方法为：按月（或约定期限）根据提供服务所耗用的 FTE 数量和合同中约定收费金额，得到客户认可后确认收入
惠通科技 2023 年 3 月上市委会议通过	投入法	编制预算＋动态调整	公司建立了健全的预算管理制度和合同成本核算管理体系，对 EPC 工程总承包业务实施分项目管理。在项目开始执行前，公司会与客户充分交流技术要求、施工范围，在此基础上制定设计图纸及项目施工方案。公司通过严格的项目预计成本编制及审核流程对各个项目的总成本进行预计，并根据项目实际状况进行必要动态调整，以确保预计总成本的准确。预计总成本的具体确认方式及内部控制流程如下：①项目开始执行时初始预计总成本的确认……以上结果形成项目的《项目预算表》，由预算专员发起预算内部审批流程，预算内部审批单经由预算专员实施预计总成本经理审批，并交财务部按项目收集归档，以进行后续账务处理；②项目日常执行阶段预计总成本的动态调整。在项目整体实施过程中，预算专员定期复核预计总成本，并根据业主设计变更要求、采购价格变化等情况而动态调整预计总成本，以确保预计总成本的准确。报告期内，发行人每月获取客户或监理单位确认的形象进度表作为履约进度确认的佐证，发行人按照投入法计算的履约进度与客户或监理单位确认的形象进度基本一致，主要 EPC 项目差异率在 2%以内

（续）

公司名称及审核状态	总体计量方法	具体计量方法	计量方法判断依据
情形二：履约进度不能合理计量			
诺康达 2023年7月 上市委审议未通过	产出法	阶段固定比例法（里程碑法）	公司主要依据合同各节点的平均结算比例，并参考过往项目到达各个里程碑时完成的工作量占总工作量的比例和行业情况，确定了统一的里程碑。公司针对药学研究服务项目（适用于自主立项研发服务与受托的药学研究服务）设置了四个里程碑，分别是实验室小试、工艺交接、注册受理和通过审批。各里程碑的履约进度采用固定节点比例。对于期末未完工项目，即期末处于里程碑节点之间的项目，公司按照履约进度能够合理确定成本金额确认收入并结转相应成本，直到履约进度能够合理确定为止。对于预计不能够得到补偿的，按照已经发生的成本结转当期成本，不确认收入
利和兴 2021年5月 注册生效	投入法	已发生的成本	鉴于公司调试服务涉及的具体工作内容差异较大且工作总量比较多，不同调试项目进行整体验收，因此客户也仅对调试项目进行整体验收，因此在资产负债表日，调试服务项目已完成的成本难以可靠计量。对于公司提供的调试服务，依据历史经验，已经发生的劳务成本能够得到补偿，因此公司按照已经发生的劳务成本金额结转调试服务成本。若各期结转调试服务成本可覆盖已发生的劳务成本，则按当期验收确认收入；若当期结算金额确认收入，单的结算金额已发生的劳务成本，则按照劳务成本相同的收入金额并在以后期间同验收订单的结算金额中扣除前期确认已确认的收入金额

资料来源：中粮认检首次审核问询函的回复，苏州规划首次审核中心意见落实函的回复，华蓝集团审核中心意见落实函的回复，国地科技首次审核问询函的回复，万帮医药首次审核中心意见落实函的回复，六合宁远首次审核问询函的回复，惠通科技首次审核问询函的回复，详见深圳证券交易所网站 https://www.szse.cn 和上海证券交易诺康达首次审核问询函的回复，利和兴首次审核问询函的回复，详见深圳证券交易所网站 https://www.sse.com.cn。

（1）选择方法的客观性和可验证性。

产出法是站在客户角度，判断已转移给客户的商品价值相对于客户整体价值的比例。投入法是站在企业自身角度，判断企业为履约发生的成本投入相对于预计履约总成本的比例。产出法相比投入法更加客观，但在实务操作中，如果无法获取有效的产出信息，可能就无法使用产出法。例如，如果获取产出信息的成本过高，或者选定的产出指标无法准确计量已转移给客户的商品的价值，那么就不能采用产出法。投入法的履约进度相对容易获取，但需要考虑成本进度是否能够真实反映履约进度，以及是否涉及重大的会计判断和收入确认的可控性问题。因此，拟申报 IPO 企业在选择投入法还是产出法来确认履约进度时，应当结合实际业务情况进行分析和判断。如果合同中明确约定了里程碑等阶段节点，或者在实务操作中可以明确区分进度节点，并且这些节点能够客观反映实际履约进度，那么选择产出法可能更为合适；反之，如果这些条件都不能满足，则应选用投入法。

关于产出法，在实务操作中，企业一般可以选择的具体方法主要包括阶段合同比例法和阶段固定比例法等。其中，阶段合同比例法是企业针对具体业务与客户协商，在单个合同中约定里程碑等关键节点的方法；阶段固定比例法则是企业针对同类业务，均按照固定比例确认各阶段收入的方法。这两种方法各有优势：阶段固定比例法操作相对简便，且不易被人为操控，但要求企业能够论证所制定的节点安排可以客观、合理地反映实际履约进度。相比之下，阶段合同比例法更加灵活，但由于合同节点安排的多样化，对企业财务核算的准确性也带来了一定的挑战。无论选择哪种具体的产出法，企业都应注意以下两点：①选择的方法应与同行业可比公司具备可比性，若存在差异，应能够合理说明；②完工进度需要经客户或第三方确认，即无论何种情形，所有的收入确认均需要取得"经客户或第三方确认和认可"的外部依据，而非仅根据历史惯例或其他内部依据。同时，企业还应注意获取这类支持性文件的及时性和频率，特别是对于资产负债表日处于里程碑节点之间的项目，这类支持性文件对于避免跨期入账具有重要意义。

关于投入法，企业应确保合同总成本的初始金额、变更金额及合同履约成本的计量准确性和变更及时性，以保证合同履约进度的计算及收入确认的准确性。具体而言，企业应建立合同预算和动态调整的内部控制管理流程，确保预计总成本的计量可靠性以及归集实际发生成本的及时性和准确性。在实务中，审核机构可能关注企业预计成本与实际发生成本的差异率，以验证预计总成本的可靠性。拟申报 IPO 企业应当及时分析差异原因，并加强管理。

（2）阶段节点比例和收款比例之间的关系。

在实务中，企业与客户签订的合同可能同时约定阶段节点（如里程碑等）比例和收款比例，但也可能将这两者合二为一。合同中约定的阶段节点比例通常反映了客户认可的、转移给客户的商品或服务的价值，而收款比例，受双方的商业地位、交易背景、谈判技巧以及客户信用状况等因素的影响，导致每个合同约定的收款比例存在个体差异。企业需要判断两者之间是否存在必然的联系，是否能客观反映实际的履约进度。例如，有些企业为了提前收回款项，可能会在合同中约定在早期阶段收取大部分款项，但这与实际的履约进度并不一致。

中国证监会发布的《上市公司执行企业会计准则案例解析（2024）》中，列举了"按时点法或时段法确认收入的判断"的案例（见案例 6-4），案例解析指出："A 公司应当采用恰当的方法确定该合同的履约进度，并且在履行合同的过程中按照履约进度确认收入。A 公司不应简单按照合同约定的付款里程碑作为履约进度的确定方式，这是因为，如果在达到合同约定的里程碑时才确认收入，且在各个里程碑之间产生了重大的未向客户转移的合同履约成本，这与该合同下 A 公司的履约义务满足在某一时段内确认收入的条件，即 A 公司将其在履约过程中形成的产出的控制权持续转移给客户的结论是相悖的。"因此，对于采用阶段合同比例法的企业来说，在销售合同中对于阶段节点比例的约定应当慎重考虑，所约定的阶段节点比例应当能够合理地代表客户对履约进度的认可，以避免对收入确认造成重大影响。

（3）谨慎评估无法合理计量履约进度的合同。

新收入准则规定："当履约进度不能合理确定时，企业已经发生的成本预计能够得到补偿的，应当按照已经发生的成本金额确认收入，直到履约进度能够合理确定为止。"在实务操作中，企业应谨慎评估无法合理计量履约进度的情况，考虑其是否符合实际业务的特点，以及是否与同行业可比企业的情况一致，以避免造成收入跨期的影响。

3. 区分时点履行的收入确认方式

在确定业务属于"某一时点履行的履约义务"后，企业应当进一步判断完成履约义务的标志性时点。常见的情形是根据签收或验收时点来确认收入，而验收方式根据合同约定可能分为初验或终验。实际上，根据具体合同条款以及特定业务情况，企业可能面临多种特定情形，需要进行具体分析和判断。

签收作为一种常见的收入确认方式，强调的是产品或服务成果的实际交付。当产品或服务成果交付给客户时，相关产品或服务成果的控制权同时转移至客户。然而，并不是所有情况都适用签收时点确认收入的方式。对于一些具有较高价值、对质量或内容有更高要求的产品或服务成果来说，合同通常会约定验收条款。通过客户全面地检查和确认产品或服务的质量，可以防止潜在纠纷的发生，避免对收入确认造成影响。签收时点确认收入通常适用于常规的产品或服务，这类产品或服务具有高度标准化、单位价值较低且交付数量较多的特点，一般无须经过特殊的检查和质量测试流程。

对于需要经过验收的产品或服务成果，企业应当谨慎判断收入确认的时点。在实务操作中，部分合同条款同时约定了"初验"和"终验"，这会导致企业在账务处理上存在判断困难。一方面，合同中虽然明确约定了终验条款，但初验和终验之间的时间间隔可能较长。例如，产品运行满一段时间（如半年或一年）无质量问题后才进行最终验收，这导致企业在判断应以初验还是终验作为收入确认时点时遇到困难。另一方面，验收单据是证明"某一时点履行的履约义务"的重要支持性证据，但在实务中，由于客户可能滞后验收，获取验收单据存在困难，这会进一步对企业账务处理造成影响。

经检索相关案例，关于合同中同时规定"初验"和"终验"条款的，不同案例对于收入确认方法应当采用"初验法"还是"终验法"的判断理由有所不同，如表 5-8 所示。

表 5-8 所示的案例中，君逸数码和中邮科技采用初验法作为收入确认的时点，而宏工科技和创志科技则采用终验法作为收入确认的时点，两种方法均得到了审核机构的认可。拟申报 IPO 企业在决定采用何种时点进行收入确认时，至少应基于以下几个因素综合考虑：①初验和终验的重要性，即初验是否代表客户已经对产品或服务的质量基本认可。一般情况下，如果终验的重要性越高，则以终验时点确认收入可能更为谨慎。②初验和终验之间的时间间隔长短。一般情况下，如果时间间隔较短，则以终验时点确认收入可能是更为谨慎的方式；如果间隔时间较长（如超过半年或一年以上），则应结合合同和实际情况分析初验和终验的验收内容是否存在本质区别，从而判断终验条款是否仅是对客户的保护性条款，以及以初验通过作为确认收入时点是否更符合业务实质。③产品的标准化程度以及历史经验是否表明存在初验后，终验前因质量问题发生退货、变更或取消合同等情形。如果从初验至终验阶段的产品或服务质量的不确定性较高，或可能继续发生的成本较多，则以终验时点确认收入可能是更为谨慎的方法。因此，尽管 IPO 案例中存在以"初验"或"终验"两种方法确认收入均得到审核机构认可的情形，但每家企业的实际业务情况并不一致，应当区分对待。

在实务操作中，对于合同中约定的初验和终验时间跨度较长的情况，企业需要与客户协商合同条款的合理性。对于部分项目，如果终验时间跨度较长仅仅是出于客户延期付款的目的，企业可以协商增加延长信用期或支付履约保证金等条款，但这些条款通常不会影响收入确认的时点。对于部分客户要求较高的项目，企业应当履行管理层审批手续，并重视合同条款的约定。此外，大部分合同在验收环节执行上存在困难，实际上与企业的管理流程密切相关。企业应积极与客户进行协调，及时协助客户完成验收，并获取验收报告。

表　5-8

公司名称及审核状态	收入确认方法	企业判断依据
君逸数码 2023 年 6 月注册生效	初验法	从合同验收条款来看，初验主要取得经甲方确认的验收单据，确定项目已完工交付并初步验收合格；终验则依据合同约定组织验收后取得终验报告。终验与初验的验收主要内容基本一致，终验主要系对初验结果的进一步确认，对项目整体服务和系统试运行稳定性核查后，整理项目过程文档，形成终验项目文档和总结报告的过程。从项目实施过程来看，对于同时存在初验和终验的系统集成服务项目，发行人按照设计方案实施，安装调试完毕、经业主方初验合格后，一般情况下不会再对项目本身的技术规格进行修改，仅在试运行过程对相关参数进行调试，剩余的合同义务主要为根据客户要求按时提交竣工验收资料、配合客户办理项目竣工验收流程，后续发生成本较少。从 2019 年和 2020 年同时存在初验和终验项目的具体情况来看，项目初验通过之后，已达到可运行状态，均未再发生项目成本。因此，初验合格表明客户很可能已对项目的可接受性做出了认定，终验仅是一项例行程序，发行人以初验报告确认收入符合公司收入确认政策，也符合企业会计准则的相关规定。因此，对于同时存在初验和终验的系统集成服务项目，相比终验法，按照初验法确认收入更符合发行人的业务实质
中邮科技 2023 年 4 月注册生效	初验法	公司智能物流系统项目通过客户初验后，相关系统已达到预定可使用状态，试运行过程中虽然部分项目存在整改优化需求，但客户不会再对系统设计方案、设备规格型号等做出重大调整或修改；试运行和终验主要是客户各相关部门流程性工作，旨在更长时间维度内验证智能物流系统运行效率和稳定性，相关验收标准和事项与初验之间不存在差异，符合行业惯例。报告期内，公司交付的智能物流系统经客户初验通过，表明客户在初验时已对产品的可接受性做出认定，试运行和终验对客户接受商品而言主要系一项例行程序，初验后即已完成智能物流系统交付并投入运营，试运行已不再构成产品交付及投运的关键环节，主要目的在于项目结算以及质保期起算。针对需要区分终验和初验的项目，公司自客户处取得初验文件时确认收入

（续）

公司名称及 审核状态	收入确 认方法	企业判断依据
宏工科技 2023 年 5 月 上市委会议通过	终验法	根据合同条款，公司的产线及设备验收主要分为出厂检验、安装点检和终验。公司的产线及需要安装调试的设备在经过出厂检验后，在客户项目现场开展安装调试工作，对调试过程中出现的问题及时进行优化整改，直至产线及设备达到合同约定的初验要求，客户对产线和设备进行设备功能点检。安装点检完成后，客户对产线和设备进行带料试产，确认设备的性能指标是否符合合同或技术协议约定的，在产线及设备正常试运行一段时间后，客户会对产线和设备进行最终验收，出具验收单 　　随着公司的技术实力和项目经验的不断积累，公司承接的项目逐步大型化，大型项目的主体设备及辅助设备的数量比小型项目增加较多，且项目的复杂程度也增加较多。公司的产线和设备在初步验收后的试产环节需要联动调试的工作量及复杂程度都大幅增加，在此期间发生的成本难以合理预计。随着业务的发展，公司的产线和设备在送抵客户指定地点安装完成并经客户初验合格后，仍有合同工作内容尚未完成，后续发生的成本无法可靠计量。由此公司根据业务发展的特点并结合企业会计准则相关规定，将收入确认时点由初验改为终验，在产品交付客户并经客户终验合格时才确认销售收入
创志科技 2023 年 3 月 上市委会议通过	终验法	发行人制药设备产品交付验收主要流程包括工厂验收测试、设备包装发运、安装调试及现场验收测试。其中，现场验收测试环节为实质验收环节，公司在完成现场验收并收到客户最终确认的验收单时确认销售收入。虽然工厂验收测试环节会对设备配置、运行功能等基本情况进行确认及测试，但设备并未达到可使用状态，客户亦未取得设备控制权。客户通常在现场验收合格后才能够主导使用制药设备并从中获得几乎全部的经济利益，制药设备的风险报酬在此时发生转移

资料来源：君逸数码第二轮审核问询函的回复、中邮科技第二轮审核问询函的回复、宏工科技首次审核问询函的回复、创志科技首次审核问询函的回复，详见深圳证券交易所网站 https://www.szse.cn 和上海证券交易所网站 https://www.sse.com.cn。

4. 区分总额法或净额法的收入确认方法

（1）关于总额法或净额法的相关规定。

根据《企业会计准则第 14 号——收入》第三十四条规定："企业应

当根据其在向客户转让商品前是否拥有对该商品的控制权，来判断其从事交易时的身份是主要责任人还是代理人。企业在向客户转让商品前能够控制该商品的，该企业为主要责任人，应当按照已收或应收对价总额确认收入；否则，该企业为代理人，应当按照预期有权收取的佣金或手续费的金额确认收入，该金额应当按照已收或应收对价总额扣除应支付给其他相关方的价款后的净额，或者按照既定的佣金金额或比例等确定。"

基于《企业会计准则第 14 号——收入》的相关规定，在实务操作中，企业判断是采用总额法还是净额法来确认收入时，至少应当关注如表 5-9 所示的几个方面。

表 5-9

关注点	实务中企业基本判断原则
企业在向客户转让商品前能够控制该商品的，该企业为主要责任人，应当按照已收或应收对价总额确认收入；否则，该企业为代理人，应当按照预期有权收取的佣金或手续费的金额确认收入	企业是否符合主要责任人的认定，通常考虑以下因素： （1）企业对于向客户或其指定的供应商处采购的原材料是否拥有控制权，是否能够主导其使用并获得其几乎全部经济利益，是否能够承担原材料相关的毁损风险和市场价格波动风险 （2）企业生产过程中，是否负责物料的管控，对产品相关的质量问题对客户承担责任
企业是否承担向客户转让商品的主要责任	企业与客户或其指定的供应商签署的合同是否为产品购销合同，而非委托加工合同。根据所签订的合同条款，企业是否为首要的义务人，负有向顾客或用户提供商品或服务的首要责任
企业在转让商品之前或之后是否承担了该商品的存货风险	采购的原材料是否进入企业仓库后由企业进行保管，企业自原材料接收后是否就承担货物的毁损风险以及生产中的耗损等其他风险 形成产成品之后：企业在交易过程中是否承担了一般存货风险，即存货所有权上的主要风险，例如标的商品或服务的价格变动风险、滞销积压风险等
企业是否有权自主决定所交易商品的价格	企业是否掌握着最终产品的控制权，基于物料的整体材料价格以及人工、费用等成本因素，并结合市场情况对产品进行报价，且会随着市场价格变化、汇率波动及生产情况进行价格调整，企业是否有权自主决定所交易商品的价格

　　基于《监管规则适用指引——会计类第1号》的相关规定，实务中企业判断采用总额法或净额法确认收入，至少应当关注如表5-10所示的几个方面。

表　5-10

关注点	实务中企业基本判断原则
原材料的性质是否为委托方的产品所特有	企业向客户或其指定的供应商采购的原材料，企业是否有权决定用于生产其他客户的产品。企业应当结合合同条款和实际合作惯例判断是否存在实质性约束
加工方是否有权按照自身意愿使用或处置该原材料	企业对向客户采购的原材料或其指定采购的原材料的使用或处置是否出于企业自身意愿，企业是否有权自行决定
是否承担除因其保管不善之外的原因导致的该原材料毁损灭失的风险	企业采购原材料进入仓库后是否由企业进行保管，企业自原材料接收后是否就承担货物的毁损风险以及生产中的耗损等其他风险。客户或其指定供应商是否仅承担未及时交货或交付原材料存在质量问题导致的损失。企业承担的风险是否包含但不限于因保管不善所造成的原材料毁损与灭失
是否承担该原材料价格变动的风险	企业销售业务是否按照最终产成品定价，向客户或其指定采购的原材料与企业自行采购的其他原材料共同构成企业产成品价值的一部分，该部分原材料的价格波动是否直接影响企业的最终毛利率、毛利润，企业是否承担该原材料价格变动的风险
是否能够取得与该原材料所有权有关的报酬	企业是否掌握着最终产品的控制权，报价一般基于产成品的整体材料价格以及人工、费用等成本因素，并结合市场情况进行报价，且会随着市场价格变动、汇率波动及生产情况进行价格调整，企业是否具备对最终产品的完整销售定价。同时，企业向客户或其指定采购的部分原材料，是否可由企业根据自身业务情况生产并向其他客户进行销售，以取得与该原材料所有权有关的报酬

　　（2）关于总额法或净额法判断的案例。

　　2023年6月15日，深交所召开了2023年第43次上市委审议会议，在会议中对上海建发致新医疗科技集团股份有限公司（简称"建发致新"）

的 IPO 申请进行了审议，审议结果为"暂缓审议"。上市委审议会议问询
的主要问题包括：发行人是否符合创业板的定位，委外研发是否存在突击
确认研发费用的情况，以及寄售式直销业务采用总额法确认收入是否符合
企业会计准则。虽然无法确切知道导致建发致新被暂缓审议的具体原因，
但审议结果文件中明确指出这三个问题都是需要进一步落实的事项。由此
可知，"总额法确认收入"的问题并没有消除上市委的疑虑。该问题在建
发致新的第一轮反馈意见和审核中心意见落实函中均有提及，建发致新在
回复文件中对此进行了说明，具体内容见案例 5-3。

♣ 案例 5-3　建发致新（2023 年 11 月创业板上市委会议通过案例）

【上市委审议现场问询的问题】

收入确认问题。根据发行人申报材料，报告期内发行人直销业务收入
占主营业务收入比例分别为 81.77%、75.05%、65.71%，其中寄售式直销
业务占直销业务收入的比例分别为 89.60%、81.32%、78.28%。发行人寄
售式直销业务采用总额法确认收入且期末无存货。请发行人：①**说明发行
人对寄售式直销业务下的存货是否具有控制权**；②**说明寄售式直销业务期
末无存货的原因与合理性**；③**结合业务模式、合同约定、存货管理责任等
情况，说明寄售式直销业务采用总额法确认收入的依据及合理性，是否符
合《企业会计准则》相关规定**。

【审核中心意见落实函回复部分摘录】

**寄售式直销业务存货存放地点、管理方式、存货结转及存货余额变动
情况，具体说明发行人在货物转让给下游客户前是否能够对存货进行控制。**

寄售式直销业务下，发行人通过业务系统及财务系统对寄售式采购存
货进行全流程管控。供应商按照与发行人确认的商品信息发货，将货物发
至发行人指定地点，通常为发行人的自有仓库；发行人则根据医院等终端
客户的需求，将部分货物寄放至医院客户的手术室、器械科室。供应商将
货物交付给发行人后，由发行人承担货物毁损与灭失风险，并负责货物的
管理。发行人每月对自有仓库的货物进行全面盘点，不定期对寄放在医院

客户的货物进行全面盘点。对于寄放在医院客户处的存货,仅可由发行人授权的人员管理、盘点并调整。发行人在产品厂家直接或间接的销售授权范围内,可自主调配在医院客户处的存货品类及数量。未经发行人同意,供应商不得自主调动,由此产生的一切责任,给发行人造成损失的,由供应商赔偿。在该项业务中,发行人主要的销售管理政策为以销定采,在医院客户处实现消耗时,发行人即向供应商采购并实现终端销售。发行人通过以销定采的运营方式,压缩采购与销售的时间差,能够有效实现账面零库存,这是当前医疗器械流通行业为降低经营成本常见的经营管理方法。**根据《上市公司执行企业会计准则案例解析》(2020)案例 6-12 收入应该按照总额还是净额确认之"大宗商品贸易收入净额法案例":"以销定采、零存货是贸易公司的内部管理手段,也是当前技术条件下企业降低成本的先进管理方法,不能将其作为判断总额法和净额法的依据。如果合同明确表明公司与客户和供应商单独签订合同,就货物质量向客户承担责任,很难仅依据毛利较低、购货合同与销货合同数量相同、与客户和供应商交割时间几乎一致,否认公司在向客户转让特定商品之前控制特定商品。"**综上所述,发行人在将货物转让给下游客户前对存货享有控制权。

资料来源:建发致新首次审核问询函的回复、审核中心意见落实函的回复、上市审核委员会审议意见的落实函的回复、深交所上市审核委员会 2023 年第 43 次审议会议结果公告、深交所上市审核委员会 2023 年第 83 次审议会议结果公告,详见深圳证券交易所网站 https://www.szse.cn。

在建发致新案例中,发行人在第一轮反馈回复中模拟测算了"采用净额法对财务数据的影响"。若采用净额法核算,将导致发行人在报告期内的营业收入分别减少 54.97 亿元、56.98 亿元、57.44 亿元和 27.59 亿元。虽然这不影响最终的净利润,但对利润表项目的财务影响是重大的。

发行人从多个角度论证了其在寄售式直销业务中承担主要责任人的角

色，且在将货物转让给下游客户前对存货享有控制权并承担相关风险。同时，发行人列举了多家经营寄售式直销业务的同行业可比公司，这些公司也采用总额法确认收入。值得注意的是，建发致新在反馈回复中引用了《上市公司执行企业会计准则案例解析（2020）》案例 6-12 中的分析，"以销定采、零存货是贸易公司的内部管理手段，也是当前技术条件下企业降低成本的先进管理方法，不能将其作为判断总额法和净额法的依据"，并将其作为公司期末无存货但仍然对存货享有控制权的判断理由之一。但从上市委审议会议的问询问题来看，委员们可能认为建发致新对寄售式直销业务下的存货具有控制权与该业务期末无存货的情况存在矛盾，进而对其采用总额法确认收入的合理性产生疑虑，这可能是导致暂缓审议的原因。

2023 年 11 月 15 日，深交所召开了 2023 年第 83 次上市委审议会议，建发致新第二次上会并获审议通过。在该次会议中，上市委仅针对研发费用进行了问询，未再重新问询"总额法确认收入"的问题。在发行人回复上市委意见落实函中，其披露了多名我国知名院校相关会计专家出具的"上海建发致新医疗科技集团股份有限公司关于寄售式采购下的直销业务适用总额法的会计专家咨询意见"。或许是因通过利用外部专家意见的方式，这一争议问题得到了解决。

（3）实务中常见的总额法 / 净额法适用情形。

在实务中，企业与客户和供应商之间的合作方式多种多样，常见的情形主要包括 Buy&Sell 模式、客供物料模式、客指物料模式和独立销售采购模式等，如表 5-11 所示。由于不同合作方式下双方签订的合同条款的具体约定不同，企业在判断应采用总额法还是净额法确认收入时存在一定的困难。这个问题也是企业 IPO 过程中审核机构重点关注的问题之一。企业应当正确判断，以避免对收入确认造成重大影响。

表 5-11

客商重叠情况	合作方式	具体操作	异同点	总额法/净额法的采用
既是客户又是供应商	Buy&Sell模式	客户向第三方采购原材料后直接销售给企业，企业进行加工制造，然后将产成品销售给客户	（1）Buy&Sell模式和客供物料模式都涉及企业和客户之间的交易，但它们的运作方式和责任范围周存在一定的差异。在Buy&Sell模式下，双方一般需要在销售合同中约定物料采购条款或单独签订物料采购合同，企业是否拥有对物料的所有权和控制权，取决于合同条款的具体约定。在客供物料模式下，双方通常不需要签订物料采购合同，企业一般拥有客户提供的物料的所有权和控制权，仅承担妥善保管物料的义务	总额法或净额法
	客供物料模式	客户提供部分或全部物料给企业，企业根据客户需求进行生产或加工，然后将产成品销售给客户		通常净额法
客户与供应商不重叠	客指物料模式	它是企业原材料自采模式中的一种。客户指定供应商，企业根据自身的采购制度和流程，直接向客户指定供应商下单采购，生产后再向客户销售产成品	（2）客指物料模式与客供物料模式，都是客户基于产品质量和成本可控性的考虑而选择的合作方式。在客指物料模式下，涉及企业与第三方供应商之间的直接交易，除非合同条款有特殊约定，否则一般情况下商之间风险自担，企业对物料采购和质量控制等存货风险承担主要责任	
大部分情况下客户与供应商不重叠	独立销售采购模式	企业自行负责产品的销售和原材料的采购，通常情况下不依赖于客户指定的供应商或物料	任，客户不会对这部分物料进行集中采购和仓储管理。在客供物料模式下，客户对物料采购和质量控制承担主要责任	总额法为主，特殊情况下采用净额法

第 6 章　成本核算

在企业 IPO 过程中，成本核算是一个必须面对的重要环节，企业需要对此给予充分关注。对于制造型企业来说，成本核算不仅复杂，而且要求具有高度的准确性，其核算质量直接影响企业财务报表的准确性。常见的挑战包括但不限于：未建立完善的信息系统，成本核算的颗粒度过粗，未能有效管理委外加工环节等。这些问题都可能导致成本核算的不准确，进而对企业 IPO 审核造成实质性的影响。

6.1　信息系统与成本核算

信息系统在企业成本核算中扮演着至关重要的角色。它通过自动化和精确的数据处理，极大地提高了成本归集、分配和结转的效率与准确性。首先，成本归集是成本核算的基础，其依赖于信息系统收集和汇总生产过程中的各项成本要素，如直接材料、直接人工和制造费用等，确保所有相关费用都能被准确记录。其次，成本分配涉及将归集的成本按照分配基础（如工时、机时、材料消耗等）进行合理分配，这是衡量不同产品成本的关键步骤。信息系统通过预设的算法和规则，可以自动执行复杂的分配逻辑，将间接成本分配到相应的成本对象（如产品、项目、部门等），从而保证分配的一致性和合理性。最后，在成本结转环节，信息系统通过自动化流程，可以将已归集和分配的成本结转到财务报表的相应项目，如存货、成本费用等，确保成本信息在不同会计期间的连续性和时效性。

信息系统不仅提高了核算的速度，还增强了数据的透明度和可追溯性。相比之下，手工核算通常因其固有的局限性而受到质疑。手工处理不仅效率低下，而且容易出错，尤其是在处理大量数据时，人为错误可能导致成本核算不准确，影响企业财务报告的质量。采用手工核算成本或信息系统建设不完善的企业，通常在 IPO 审核中面临的风险较高。

1. 关于现场检查发现的与成本相关信息系统核算缺陷的案例

♣ 案例 6-1　丰盛光电（2021 年 12 月创业板撤回材料终止案例）

常州丰盛光电科技股份有限公司（简称"丰盛光电"）于 2021 年 6 月受理申报，2021 年 7 月被随机抽取确定为现场检查对象，2021 年 12 月撤回材料终止审核。值得注意的是，虽然该案例中发行人已撤回材料终止审核，但深圳证券交易所仍然于 2022 年下达了关于对丰盛光电的监管函（审核中心监管函〔2022〕4 号），其中提及的违规行为之一为："ERP 系统使用方面，不能及时准确反映存货收发存情况，库存商品明细未设置具体的产品和规格，无法将原材料消耗与产品直接对应；生产成本核算采用手工方式将生产工时、原材料消耗及制造费用与产品明细进行分配。"

资料来源：深交所关于对常州丰盛光电股份有限公司的监管函（审核中心监管函〔2022〕4 号），详见深圳证券交易所网站 https://www.szse.cn。

丰盛光电的案例揭示了信息系统在成本核算中的重要作用。如果 ERP 系统设置粗糙且依赖手工方式核算生产成本，可能无法消除审核机构对企业成本核算真实性和准确性的疑虑。

2. 关于业务系统之间信息化数据连接缺陷的案例

♣ **案例 6-2 迪威尔（2020 年 6 月科创板注册生效案例）**

2020 年 6 月南京迪威尔高端制造股份有限公司（简称"迪威尔"）注册生效。在上市委审议会议提出的三大问题中，针对信息系统问题指出："发行人采购管理、资产管理、生产管理和销售管理等核心业务信息系统尚未连接，核心业务系统数据主要以单据流转为信息传递方式，未能实现业务系统之间进行信息化数据连接的原因是目前国内并无成熟 ERP 系统适合发行人小批量、多工序的非标产品柔性生产特点。请发行人代表说明：①发行人财务人员的具体构成情况、发行人专职成本核算人员的职责分工情况；②上述模式与同行业可比公司及行业通行做法是否一致，相关控制措施是否健全有效。"

资料来源：迪威尔上市委审议意见落实函的回复、科创板上市委 2020 年第 17 次审议会议结果公告，详见上海证券交易所网站 https://www.sse.com.cn。

在迪威尔案例中，发行人因不同业务系统间缺乏信息化数据连接而受到审核机构的关注。然而，发行人在反馈回复中披露，这种情况主要是由其生产特征和当时信息系统行业的发展现状等客观因素造成的。发行人已积极采取措施，持续推进内部信息系统的规范化和一体化建设。其披露的 ERP 系统升级改造计划已取得一定进展，并预计将在审核的近期正式上线使用。最终，该案例顺利通过了 IPO 审核。

值得注意的是，尽管信息系统在成本核算方面相比手工核算具有显著优势，能够提高数据处理的效率和准确性，但同时也伴随着潜在的风险。为了确保成本数据的准确性和完整性，企业必须实施严格的控制措施，以防范未授权访问和数据篡改的风险。

♣ **案例 6-3 威力传动（2023 年 5 月创业板注册生效）**

2023 年 5 月银川威力传动技术股份有限公司（简称"威力传动"）注

册生效。关于直接人工和制造费用核算准确性和完整性方面，交易所指出了现场督导发现的问题："发行人 ERP 系统可靠性存疑，抽查发行人 ERP 系统的上机日志发现，账户'sys-admin'的操作记录包括到货单录入、采购入库单录入、材料出库单录入、产成品入库单录入、销售订单录入、填制凭证和审核凭证等。该账号拥有 ERP 系统各环节全部权限并均有操作记录，且曾在 38 个不同名称的电脑登录并进行操作。相关异常操作记录可能影响 ERP 系统的可靠性。"第二轮审核问询中要求说明："账户'sys-admin'拥有 ERP 系统各环节全部权限并均有操作记录，且曾在 38 个不同名称的电脑登录并进行操作的原因及合理性，发行人 ERP 系统是否可靠，财务报告是否可靠，相关内部控制制度是否建立健全并有效执行。"

资料来源：威力传动第二轮审核问询函的回复，详见深圳证券交易所网站 https://www.szse.cn。

在威力传动案例中，针对现场督导发现的信息系统异常问题，发行人回复称："'sys-admin'在 U8 系统的标准用户类型中属于'普通用户'，而非'管理员用户'，为普通运维账号。通过分析 U8 系统的上机日志，可以确定'sys-admin'账号的所有操作均为基础设置、运维人员处理问题、测试流程及测试功能阶段生成。而且通过数据库分析可以发现，公司 ERP 系统中所有有效的业务单据及财务凭证，并无'sys-admin'生成或修改的记录。账户'sys-admin'拥有 ERP 系统多个环节的测试权限和操作记录但并未生成有效单据，因此 IT 运维管理需要在不同名称的电脑登录并进行操作具有合理性。"威力传动最终顺利通过了 IPO 审核并成功上市。这一案例凸显了信息系统数据的真实性和准确性对于发行人的重要性。企业信息系统的任何异常行为都可能被审核机构怀疑存在数据篡改，从而引发审核机构对财务报告真实性和准确性的质疑。

信息系统的引入不仅是企业技术层面的升级，更是企业数字化转型的体现。它要求企业全员理解并接受数字化思维，了解数据流转的逻辑，确保业务端数据输入的准确性和规范性。这样，财务端才能生成有效的分析结果，真正为企业决策提供支持。如果信息系统数据与实际单据数据不一致，可能引发不必要的麻烦，影响企业的 IPO 审核进度。

6.2　成本核算颗粒度

成本核算颗粒度是指在进行成本核算时，对成本划分的细致程度。细化成本核算颗粒度对于提升企业管理水平和经济效益具有重要意义。企业应根据自身规模、行业特性、产品种类和管理需求等，确定合适的成本核算颗粒度。通常，业务类型复杂的企业需要更精细的成本核算，以满足复杂的管理需求和审核要求。

企业需要对所有成本进行分类，通常包括直接材料费用、直接人工费用、制造费用、燃料和动力费用、外协加工费用等大类。直接材料费用，是指构成产品实体的原材料以及有助于产品形成的主要材料和辅助材料的费用。直接人工费用，是指直接从事产品生产的工人的薪酬。制造费用，是指企业为生产产品和提供劳务而发生的各项间接费用，包括企业生产部门（如生产车间）发生的水电费、固定资产折旧、无形资产摊销、管理人员的薪酬、劳动保护费、国家规定的有关环保费用、季节性和修理期间的停工损失等。燃料和动力费用，是指直接用于产品生产的燃料和动力的费用。

为了进一步细化成本核算的颗粒度，企业通常需要将归集的成本分配到不同的业务类型或项目，并可能按照收入成本配比原则细化为一级、二级、三级等。每个层级逐步增加业务类型或项目，形成层次分明的包含关系。这种做法有助于明确各业务类型或项目的成本差异，提高成本管理的透明度和效率。在实务中，审核机构通常要求发行人分析主要业务毛利率变动的原因及合理性，而细化的成本结构有助于支持这一分析过程。

值得注意的是，企业在 IPO 申报前需要按照细化的成本核算颗粒度进行严格检查，确保不存在成本分配错误，避免在 IPO 审核过程中被发现相关成本数据异常且无法合理解释，从而对审核结果造成实质性影响。

6.3　生产委外加工

生产委外加工作为一种有效的资源整合方式，被广泛应用于多个行业。企业通过将非核心或成本效益较低的生产环节委托给外部专业厂商，不仅可以集中精力于自身的核心业务，还可以提高生产效率、降低成本并增强市场竞争力。然而，如何有效管理委外加工活动，确保其既能满足生产需求又不损害企业的核心竞争力，是采用生产委外加工模式的企业必须面对的挑战。

关于生产委外加工的管理，笔者梳理了上市委审议阶段相关案例，如表 6-1 所示。

结合表 6-1 中的相关实务案例，关于生产委外加工管理，拟申报 IPO 企业应当重点关注以下几个方面。

（1）加强对核心技术的控制能力及降低对委外加工商的依赖。

在 IPO 审核过程中，审核机构通常关注企业生产委外加工是否涉及核心工序，因为这些工序往往决定了企业的市场竞争力。如果企业委外加工活动涉及或过度依赖外部供应商加工核心工序，可能会出现技术秘密泄露、独立性削弱或竞争优势丧失的风险。此外，如果企业过度依赖单一外部供应商加工核心工序，可能会面临供应链中断的风险，尤其是在供应商出现产能问题或要求重新谈判价格时。

在 IPO 审核过程中，针对生产委外加工的风险，企业需要展示其对核心技术的控制能力以及保护知识产权的措施，以证明其商业模式的可持续性。首先，企业应当对委外加工商进行严格筛选，确保委外加工商具备必要的技术能力，但相关工序不涉及或很少涉及企业的核心技术；其次，企业应当与委外加工商签署保密协议，通过法律手段和技术手段保护企业的核心技术和商业秘密；最后，企业应当建立多元化的供应链体系，降低对单一委外加工商的依赖，提高供应链的抗风险能力。

表　6-1

关注类型	公司名称及审核状态	案例情形及主要问询问题
外协加工真实性、成本公允性问题	慧翰股份 2024 年 6 月 注册生效	报告期内发行人车联网智能终端产品主要通过委托外协厂商加工的方式进行生产，外协产量占总产量的比例分别为 86.67%、76.04% 和 74.07%。请结合自产成本、外协成本的对比分析，说明在发行人产能利用率总体不高的情况下，车联网智能终端产品主要通过外协方式进行生产的原因及合理性，采购价格是否公允、是否符合行业惯例
	泓禧科技 2022 年 1 月 注册生效	①结合 2020 年经营状况说明产能利用率情况；②说明采用委外加工模式的合理性；③说明委外加工费占营业成本的比重是否明显高于同行业可比公司及其合理性；④说明委外加工单位成本低于各工序自产成本的原因及其合理性
	佳奇科技 2021 年 10 月 注册生效	发行人各期外协加工成本均低于自产成本，发行人与部分外协厂商交易金额占外协厂商营收比重超过 90%。部分外协厂商成立当年即与发行人合作且采购占发行人采购金额、实缴资本及参保人数为 0。请说明：①外协厂商的生产设备是否归属于发行人所有，外协厂商在发行人生产经营中发挥的实际作用，是否仅提供劳务服务，是否属于劳务外包……②外协加工产品成本和自产产品成本的单位成本比较过程，外协生产成本更低的具体原因
外协加工成本或外购成本较高引申的毛利率、核心竞争力和持续经营能力问题	美信科技 2023 年 12 月 注册生效	报告期内发行人委托加工费用占主营业务成本比例约四成，前五大外协供应商占比较高。请发行人：①说明对前五大外协供应商是否存在重大依赖；②……③结合市场经营环境的变化情况，说明发行人目前的外协采购模式是否具有可持续性，对经营业绩是否产生重大不利影响
	通达海 2022 年 11 月 注册生效	报告期内发行人软件产品开发成本中外购产品及服务成本占比较高，请说明在上述情形下毛利率仍维持较高水平的原因及其合理性
	联迪信息 2022 年 8 月 注册生效	发行人国内电力项目软件开发成本外购采购比例较高，超过成本 80% 以上，个别达到 96.64%。请说明：①发行人国内电力项目软件开发项目软件开发环节外包；②……③发行人对外部供应商是否存在较大依赖，对发行人未来的业务发展和技术需求是否构成实质性障碍

（续）

关注类型	公司名称及审核状态	案例情形及主要问询问题
外协加工成本或外购成本较高引申的毛利率、核心竞争力和持续经营能力问题	瑞晨环保 2022年7月注册生效	报告期内发行人外协及委外加工成本占比较高，毛利率高于同行业可比公司。请发行人：结合定制化产品的技术特性、行业竞争格局等情况，进一步说明主要部件通过委外协作及委外方式加工是否符合行业惯例，以及发行人核心技术能力的具体体现
	宏景科技 2022年6月注册生效	报告期内发行人外购材料成本、劳务分包、技术服务采购成本占比较高。请说明：①上述情形是否符合行业惯例；②发行人核心技术能力的具体体现
	中科江南 2022年1月注册生效	报告期内，发行人通过单一来源采购方式获得合同产生的收入占比较高，且技术服务费占主营业务成本比重较高。请说明：①发行人的核心竞争力；②上述情形是否对发行人的持续经营产生重大不利影响
委托加工方式收回特钢的产品成本核算的准确性	迪威尔 2020年6月注册生效	发行人委托生产钢生产商进行余料加工并其向支付加工费用；发行人将微晶合金化技术作为核心技术之一，调整元素含量比及添加其他微晶合金元素。请说明：①……②余料委托加工模式是否为行业通行做法，如采用同行业可比公司模式对处理委托发行人报告期相关财务指标的影响；③……各月余料发出的数量是否与委托加工数量一致，正常采购特钢与采用余料委托加工方式收回特钢是否构成一揽子交易，是否影响发行人的产品成本核算的准确性

资料来源：慧翰股份科创板上市委2020年第62次审议会议结果公告、泓禧科技北京证券交易所上市委员会2021年第4次审议会议结果公告、佳奇科技创业板上市委2020年第32次审议会议结果公告、美信科技北京证券交易所上市委2022年第78次审议会议结果公告、通达海创业板上市委2022年第36次审议会议结果公告、联迪信息北京证券交易所上市委2022年第24次审议会议结果公告、瑞晨环保创业板上市委2022年第17次审议会议结果公告、宏景科技创业板上市委2022年第17次审议会议结果公告、迪威尔科创板上市委2020年第57次审议会议结果公告，深圳证券交易所网站https://www.szse.cn、中科江南创业板上市委2021年第17次审议会议结果公告，详见上海证券交易所网站https://www.sse.com.cn、和北京证券交易所网站https://www.bse。

（2）举证充分说明生产委外加工的必要性和真实性。

与企业自行生产相比，审核机构通常更加关注企业生产委外加工的必要性和真实性。审核机构需要确认企业的选择是基于真实合理的商业考量，而非为了调节利润。针对这一情况，企业需要明确生产委外加工的原因，例如通过成本效益分析和敏感性分析来证明生产委外加工相比自行生产更具优势。这包括直接成本的比较，如人工、材料和运营成本，以及间接成本的比较，如长期资产投资的回报期、灵活性和响应市场变化的能力等。此外，企业应当建立健全内部控制制度，确保生产委外加工业务的合同、订单、发票等文件的真实性和完整性。

（3）确保生产委外加工交易价格的公允性。

企业需要确保与生产委外加工商之间的交易价格是公允合理的。在 IPO 审核过程中，审核机构通常关注企业生产委外加工是否存在利益输送或关联交易的问题。为了应对这一风险，企业应当建立市场价格监控机制，定期收集和分析同类产品的委外加工价格，以证实交易价格的公允性。同时，在与生产委外加工商沟通和谈判过程中，尽管争取更优惠的价格和服务是符合商业逻辑的，但企业应避免显失公平且无法证明合理性的交易行为。

第7章　股份支付

股份支付作为一种双赢的激励方式，被越来越多的企业采用。从员工的角度来看，通过股份支付，员工可以分享企业成长的好处，在实现股权增值的同时获得投资回报。从企业的角度来看，股份支付不仅能够有效激励员工，充分调动核心员工的工作积极性，促使各方共同关注企业的长远发展，还能够节约企业的现金资源。

虽然企业授予员工股权减轻了支付现金薪酬的资金压力，但根据《企业会计准则第11号——股份支付》（以下简称"股份支付准则"），股份支付本质上是一种企业为获取职工和其他方提供服务而授予权益工具或者承担以权益工具为基础确定的负债的交易，需要在财务报表中确认成本费用。绝大部分企业已认识到股份支付对财务业绩的影响，但在IPO实务中，由于股份支付授予对象、激励方式和具体授予安排等多种因素的影响，企业对于股份支付的确认仍存在一些理解偏差。

股份支付是IPO审核关注的重点，近年来，随着相关监管规定和案例解析的陆续发布，一些存在判断和处理困难的地方得以规范和统一，更好地规范了实务操作。本章梳理了企业在股份支付授予对象和激励方式、股份支付公允价值、股份支付授予日和等待期、股份支付税务等重要方面容易发生理解偏差的地方（见图 7-1）。

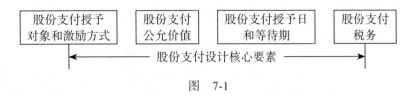

图　7-1

7.1　股份支付授予对象和激励方式

1. 股份支付授予对象

根据股份支付准则的定义，"股份支付，是指企业为获取职工和其他方提供服务而授予权益工具或者承担以权益工具为基础确定的负债的交易"，通常情况下，企业职工是股份支付最常见的授予对象，这最契合企业为获取职工提供服务的目的。但除了企业职工，企业的顾问、客户、供应商及其他利益相关方也有可能成为被授予对象。企业在判断上述人员或主体新增或受让股份的行为是否符合股份支付准则规定时，需要结合具体协议进行分析。

《监管规则适用指引——发行类第 5 号》提供了"增资或转让股份形成的股份支付"的整体指导性原则，如表 7-1 所示。

表　7-1

激励对象	是否涉及股份支付
员工	文件中无特殊规定，按照股份支付准则处理
实际控制人 / 老股东	解决股份代持等规范措施导致股份变动，家族内部财产分割、继承、赠予等非交易行为导致股份变动，资产重组、业务并购、转换持股方式、向老股东同比例配售新股等导致股份变动，有充分证据支持相关股份获取与发行人获得其服务无关的，不适用《企业会计准则第 11 号——股份支付》 为发行人提供服务的实际控制人 / 老股东以低于股份公允价值的价格增资入股，且超过其原持股比例而获得的新增股份，应属于股份支付。如果增资协议约定，所有股东均有权按各自原持股比例获得新增股份，但股东之间转让新增股份受让权且构成集团内股份支付，导致实际控制人 / 老股东超过其原持股比例获得的新增股份，也属于股份支付。实际控制人 / 老股东原持股比例，应按照相关股东直接持有与穿透控股平台后间接持有的股份比例合并计算

（续）

激励对象	是否涉及股份支付
顾问或实际控制人/老股东亲友	发行人的顾问或实际控制人/老股东亲友（以下简称"当事人"）以低于股份公允价值的价格取得股份，应综合考虑发行人是否获取当事人及其关联方的服务
	发行人获取当事人及其关联方服务的，应构成股份支付
	实际控制人/老股东亲友未向发行人提供服务，但通过增资取得发行人股份的，应考虑是否实际构成发行人或其他股东向实际控制人/老股东亲友让予利益，从而构成对实际控制人/老股东的股权激励
客户、供应商	发行人客户、供应商入股的，应综合考虑购销交易公允性、入股价格公允性等因素判断
	购销交易价格与第三方交易价格、同类商品市场价等相比不存在重大差异，且发行人未从此类客户、供应商获取其他利益的，一般不构成股份支付
	购销交易价格显著低于/高于第三方交易价格、同类商品市场价等可比价格的：（1）客户、供应商入股价格未显著低于同期财务投资者入股价格的，一般不构成股份支付；（2）客户、供应商入股价格显著低于同期财务投资者入股价格的，需要考虑此类情形是否构成股份支付；是否显著低于同期财务投资者入股价格，应综合考虑与价格公允性相关的各项因素

虽然《监管规则适用指引——发行类第5号》已针对股份支付的判断提供了整体指导性原则，但实务中由于股份支付的特殊性和复杂性，企业需要针对包括但不限于以下几种情形进行进一步分析判断。

（1）实际控制人受让离职员工股份是否构成股份支付。

在实务中，拟申报IPO企业通常会通过设立合伙企业作为员工持股平台来实施激励计划。持股平台一般由实际控制人或其指定的人员作为普通合伙人，受激励的员工作为有限合伙人。持股平台通过直接增资或低价受让控股股东/实际控制人/其他股东的股份来取得拟申报IPO企业的股份。受激励的员工通过持有持股平台的份额间接持有拟申报IPO企业的股份。一般而言，持股平台的合伙协议中会对员工的服务期限做出明确或隐含的约定。如果员工在服务期限内离职，则由合伙企业的普通合伙人按事先约定的价格回购离职员工持有的股份，该价格通常远低于对应股份的公允价值。那么，实际控制人因员工离职而回购其持有的股份，是否属于《监管规则适用指引——发行类第 5 号》规定的实际控制人以低价获得超过其原持股比例的新增股份的情形，是否构成一项股份支付？

受激励员工因离职而由实际控制人回购其持有的股份，在实务中较为常见。结合财政部 2021 年 5 月发布的《股份支付准则应用案例——实际控制人受让股份是否构成新的股份支付》，企业对于实际控制人受让股份是否属于代持行为的判断通常需要考虑的因素，如表 7-2 所示。

表　7-2

考虑因素	属于代持行为的相关证据
重新授予安排	受让前应当明确约定受让股份将再次授予其他激励对象
重新授予时间	对再次授予其他激励对象有明确合理的时间安排
重新授予前的利益安排	在再次授予其他激励对象之前的持有期间，受让股份所形成合伙份额相关的利益安排（如股利等）与代持未形成明显的冲突

判断实际控制人受让离职员工股份是否属于代持行为的核心因素在于实际控制人回购离职员工股份之后的后续安排，以及这些安排是否表明实际控制人并未从中获益。只有在满足上述条件，即实际控制人并未从受让股份中获得收益，仅以代持身份暂时持有受让股份的情况下，该交易才不符合股份支付的定义，从而不构成对实际控制人的股份支付。在实务中，考虑到股份支付主要是企业为获取员工服务及股权稳定而设立的，拟申报 IPO 企业通常会在合伙协议或与员工签署的股权转让协议中，约定离职回购条款。但大多数企业对于后续安排并没有做出明确约定，而是根据情况逐步调整，这使得回购时点可能不满足代持行为的相关条件，从而无法判断是否应当确认股份支付。

根据实务经验，若截至 IPO 申报期最后一期期末，实际控制人已将回购的股份全部再次授予其他员工，且并未从受让股份中获得持有期间的股利等收益，基于实质重于形式的原则，通常可认为企业将实际控制人回购离职员工股份的行为视为代持。但如果截至申报期最后一期期末，实际控制人仅将部分回购的股份再次授予其他员工，则需要结合持股平台的股份初始来源再次判断剩余未授予部分的股权，是否属于实际控制人超过其原持股比例获得新增股份的情形。如果持股平台初始持有发行人的股份全部或绝大部分来源于实际控制人转让的股权，且剩余未授予部分的股权比例并未超过实际控制人原转让的股权比例，则一般认为实际控制人并未从该股权变动中获得额外经济利益，通常不构成股份支付。但如果剩余未授予部分的股权比例超过了实际控制人原转让的股权比例，即超过部分实际来源于其他股东被稀释的股权比例，这通常构成股份支付，除非有合理理由证明相关安排具有商业合理性且不符合股份支付准则的相关规定。

（2）客户、供应商低价入股是否构成股份支付。

虽然《监管规则适用指引——发行类第 5 号》文件中指出，确认客户、供应商低价入股构成股份支付的前提是发行人与客户、供应商之间的购销交易价格与第三方相比存在显著差异，但在 IPO 实务中，即便购销交易价格公允，许多企业仍基于谨慎性原则，将客户、供应商低价入股的行为确认为股份支付。例如，根据案例 7-1 中鑫信腾披露的审核中心意见落实函，其在回复"关于股份支付处理的合规性"问题时，将客户低价入股确认为股份支付的情况如案例 7-1 所示。

♣ 案例 7-1　鑫信腾（2023 年 5 月创业板上市委会议通过案例）

【问询意见】

2020 年 9 月，发行人实际控制人及其一致行动人郑国荣、黄开锁向上海摩勤智能技术有限公司、珠海睿宸股权投资合伙企业（有限合伙）转让 90 万股股权，转让价格 17.70 元 / 注册资本，低于同期股东增资价格 22.12 元 / 注册资本，发行人确认股份支付费用 398.15 万元。请发行人根据《监管规则适用指引——发行类第 5 号》第 5-1 条、《企业会计准则》等相关规定进一步说明确认股份支付费用的原因及会计处理的合规性。

【问询回复】

节选如下：

（一）根据《监管规则适用指引——发行类第 5 号》第 5-1 条、《企业会计准则》等相关规定进一步说明确认股份支付费用的原因及会计处理的合规性。

2020 年 9 月，发行人实际控制人及其一致行动人郑国荣、黄开锬向上海摩勤智能技术有限公司（简称"摩勤智能"）、珠海睿宸股权投资合伙企业（有限合伙）（简称"珠海睿宸"）转让 90 万股股权，转让价格 17.70 元 / 注册资本，低于同期股东增资价格 22.12 元 / 注册资本。受让方摩勤智能为公司客户华勤技术的全资子公司、珠海睿宸为公司客户闻泰科技的实际控制人张学政控制的闻天下科技集团有限公司担任有限合伙人的合伙企业。

《监管规则适用指引——发行类第 5 号》在《首发业务若干问题解答》的基础上进一步明确了客户、供应商入股需要确认股份支付的具体情形。发行人 2020 年度将华勤技术、闻泰科技的利益相关方摩勤智能、珠海睿宸入股价格与同期其他投资者入股价格的差额一次性确认股份支付的会计处理，系基于发行人与华勤技术和闻泰科技存在长期合作关系，该合作关系可能存在一定的商业价值的考虑，该会计处理符合谨慎性原则，亦不违背《监管规则适用指引——发行类第 5 号》（2023 年 2 月 17 日发布）第 5-1 条的指导精神。

（二）其他上市公司相关会计处理情况。

经检索公开信息，A 股（拟）上市公司存在较多客户、供应商低价入股等类似情形确认股份支付处理的案例，具体情况如下：

公司名称	客户、供应商入股情况	股份支付处理	客户、供应商是否存在低价入股	客户、供应商交易交割是否公允	与发行人情况是否类似
新巨丰（301296.SZ）	客户内蒙古伊利实业集团股份有限公司入股	伊利入股价格和同期外部投资人入股价格的价差部分在2015年一次性确认股份支付费用	客户入股价格低于同期外部投资人入股价格	根据其招股书，反馈意见等描述，其对伊利的销售价格符合公允定价原则	是
灿勤科技（68182.SH）	第一大客户华为技术有限公司的关联公司哈勃投资科技创业投资有限公司入股	哈勃投资入股价格和公允价值之间的价差部分在2020年一次性确认股份支付费用	客户关联方入股价格低于同时期公允价值	根据其招股书，反馈意见等描述，其对华为输送或其他易不存在利益输送或其他利益安排	是
果麦文化（301052.SZ）	签约作家张皓宸（供应商）入股	张皓宸本次入股价格和同期外部投资人入股价格的价差部分在2018年一次性确认股份支付费用	签约作家张皓宸（供应商）入股价格低于同期外部投资人入股价格	根据其招股书，反馈意见等描述，其价格公允，交易价格公允，不存在不当利益输送的情形	是
海目星（688559.SH）	客户蓝思科技股份有限公司所投资公司深圳市国信蓝思壹号投资基金合伙企业（有限合伙）入股	国信蓝思本次入股价格和同期外部投资入股价格的价差部分在2016年一次性确认股份支付费用	客户关联方入股价格低于同期外部投资入股价格	根据其招股书，反馈意见等描述，其对蓝思的交易定价公允	是

（续）

公司名称	客户、供应商入股情况	股份支付处理	客户、供应商是否存在低价入股	客户、供应商交易支割是否公允	与发行人情况是否类似
天正电气（605066.SH）	经销商实际控制人、供应商实际控制人、客户实际控制人入股	相关对象入股价格和同期外部投资人入股价格的价差部分在 2016 年一次性确认股份支付费用	客户、供应商入股价格低于同期外部投资人入股价格	根据其招股书、描述，其对客户、供应商的交易价格公允、合理	是
绿通科技（301322.SZ）	成都绿欣、三亚绿通、东莞鑫泰和云南捷泰等客户入股	申报过程中就相关对象入股价格和同期外部投资人入股价格的价差部分追溯补充一次性确认股份支付费用	客户入股价格低于同期外部投资人入股价格	根据其招股书、反馈意见等描述，其对客户的交易价格合理、公允	是
首航新能（已过会）	供应商宁德时代之全资子公司宁波梅山保税港区同鼎投资有限公司入股	同鼎投资本次入股价格和同期外部投资人股价格的价差部分在 2021 年一次性确认股份支付费用	供应商关联方入股价格低于同期外部投资人入股价格	根据其招股书、反馈意见等描述，其对宁德时代的交易价格公允	是
拓尔微（已问询）	客户中兴通讯的关联方众投港户入股	对客户中兴通讯的关联方众投港户入股价格与同期其他投资者入股价格的差额部分在 2021 年一次性确认股份支付处理	客户关联方入股价格低于同期投资人入股价格	根据其招股书、反馈意见等描述，其对中兴通讯的交易价格公允	是

以上案例均将客户、供应商或其利益相关方入股价格与同期外部投资人入股价格差额部分一次性确认股份支付处理，发行人前述会计处理与上述案例不存在重大差异。

资料来源：鑫信腾审核中心意见落实函的回复，详见深圳证券交易所网站 https://www.szse.cn。

（3）"大股东兜底式"股权激励计划是否构成股份支付。

在实务中，企业实施股份支付主要是为了获取员工提供的服务。当员工以低于公允价值的价格参与股权激励计划时，企业提供经济利益"交换"员工的服务，一般可以确认为股份支付。但是，如果员工以公允价值参与股权激励计划，是否就一定不构成股份支付呢？

财政部在 2021 年 5 月发布的《股份支付准则应用案例——"大股东兜底式"股权激励计划》中，案例背景描述了员工按照授予日的公允价值参与公司的股权激励计划，在公司服务满 3 年后可以一次性解锁所授予的股份。该股权激励计划还约定，公司控股股东对员工因解锁日前股票价格变动产生的损失进行兜底，即股票价格上涨的收益归员工所有，而股票价格下跌的损失由公司控股股东承担，并以现金支付损失。针对这一案例情形，指导文件认为："公司控股股东承担了公司员工因股票价格下跌而产生的损失，属于企业集团与职工之间发生的交易；该交易安排要求员工为获得收益（享有股票增值收益且不承担贬值损失）连续 3 年为公司提供服务，因此该交易以获取员工服务为目的；该交易的对价与公司股票未来价值密切相关。综上，该交易符合股份支付的定义，适用股份支付准则。"

从上述案例可知，即使员工以公允价值购买股份，也未必就不存在股份支付。拟申报 IPO 企业除了应当关注员工取得股份的价格条件，还应当关注员工在股权激励方案中，获得的与股权相关的利益是否与其他普通股股东相当。如果股权激励方案的设计使得企业实际上为接受员工提供的服务而让渡了经济利益，则该交易仍然构成股份支付。

2. 股权激励方式

（1）限制性股票和股票期权。

《上市公司股权激励管理办法》第二十二条规定，"限制性股票是指激励对象按照股权激励计划规定的条件，获得的转让等部分权利受到限制的本公司股票"；第二十八条规定："股票期权是指上市公司授予激励对象在未来一定期限内以预先确定的条件购买本公司一定数量股份的权利。"限制性股票通常是"先行权，后考核"，即公司先将股票登记至受激励对象名下，若受激励对象未满足股权激励方案设定的考核条件（包括业绩考核和服务期限考核等），则通常需要进行回购股份处理。而股票期权则是"先考核，后行权"，受激励对象满足股权激励方案设定的考核条件后，可以按照约定的条件行权获取相应的股份；若不满足考核条件，则一般无法行权。

此外，需要注意的是，《上海证券交易所科创板股票上市规则》和《深圳证券交易所创业板股票上市规则》均规定："上市公司授予激励对象限制性股票，包括下列类型：（一）激励对象按照股权激励计划规定的条件，获得的转让等部分权利受到限制的本公司股票；（二）符合股权激励计划授予条件的激励对象，在满足相应获益条件后分次获得并登记的本公司股票。"上述两种类型在《科创板上市公司自律监管指南第 4 号——股权激励信息披露》中分别被定义为"第一类限制性股票"和"第二类限制性股票"，但根据定义，第二类限制性股票实际上是与股票期权类似的。财政部发布的《股份支付准则应用案例——授予限制性股票》也明确指出："第二类限制性股票的实质是公司赋予员工在满足可行权条件后以约定价格（授予价格）购买公司股票的权利，员工可获取行权日股票价格高于授予价格的上行收益，但不承担股价下行风险，与第一类限制性股票存在差异，为一项股票期权，属于以权益结算的股份支付交易。"因此，第二类限制性股票虽然名称为股票，但本质上为一项股票期权。企业应当准确判断并区别两种权益工具公允价值的确定方法。

第一类 / 第二类限制性股票的异同点，如表 7-3 所示。

表 7-3

类型	第一类限制性股票	第二类限制性股票
是否属于以权益结算的股份支付	是	是
权益工具类型	限制性股票	股票期权
权益工具公允价值确定方法	授予日授予股份的公允价值应当以其当日的市场价格为基础，同时考虑授予股份所依据的条款和条件（不包括市场条件之外的可行权条件）进行调整，但不应考虑在等待期内转让的限制	采用期权定价模型确定授予日股票期权的公允价值的，该公允价值包括期权的内在价值和时间价值，通常高于同等条件下第一类限制性股票对应股份的公允价值
会计处理	在等待期内的每个资产负债表日，企业应当以对可行权的股权 / 股票期权数量的最佳估计为基础，按照授予日授予股权 / 股票期权的公允价值，计算当期需要确认的股份支付费用，计入相关成本费用和资本公积	

除了限制性股票之外，若存在上市前制订并已实施的期权激励计划（常见于红筹回归 A 股的企业），根据原《深圳证券交易所创业板股票首次公开发行上市审核问答》及《上海证券交易所科创板股票发行上市审核问答》（这两份文件在 2023 年 2 月 17 日全面注册制相关文件发布后被废止，而在《证券期货法律适用意见第 17 号》中重新被提及）中的在审期间不得新增股东、不得新增期权激励计划、激励对象不得行权等要求，一般应在 IPO 申报前行权完毕或加速行权完毕，或者在 IPO 申报前提前终止（一般作为加速可行权的会计处理）。

根据 2023 年全面注册制下的《证券期货法律适用意见第 17 号》文件，企业上市前制订、上市后实施的期权激励计划应符合的要求，如表 7-4 所示。

表　7-4

关注要点	文件规定			
	激励对象应当符合上市板块相关规定			
	《上海证券交易所科创板股票上市规则》《深圳证券交易所创业板股票上市规则》和《上市公司股权激励管理办法》相关规定：			
	人员	科创板	创业板	主板
	上市公司的董事、高级管理人员、核心技术人员或者核心业务人员，以及公司认为应当激励的对公司经营业绩和未来发展有直接影响的其他员工	√	√	√
	独立董事和监事	×	×	×
1. 激励对象	单独或合计持有上市公司 5% 以上股份的股东、上市公司实际控制人及其配偶、父母、子女	√	√	×
	外籍员工	√	√	√
	激励对象相关板块的规定 （一）最近 12 个月内被证券交易所认定为不适当人选 （二）最近 12 个月内被中国证监会及其派出机构认定为不适当人选 （三）最近 12 个月内因重大违法违规行为被中国证监会及其派出机构行政处罚或者采取市场禁入措施 （四）具有《公司法》规定的不得担任公司董事、高级管理人员情形的 （五）法律法规规定不得参与上市公司股权激励的 （六）中国证监会认定的其他情形	×		×

（续）

关注要点	文件规定
2. 激励计划内容	激励计划的必备内容与基本要求、激励工具的定义与权利限制、行权安排、回购或者终止行权、实施程序等内容，应当参考《上市公司股权激励管理办法》的相关规定执行
3. 行权价格	期权的行权价格由股东自行商定确定，但原则上不应低于最近一年经审计的净资产或者评估值
4. 激励数量	发行人全部在有效期内的期权激励计划所对应期权激励计划所对应股票数量占上市前总股本的比例原则上不得超过 15%，且不得设置预留权益
5. 上市前行权限制	在审期间，发行人不应新增期权激励计划，相关激励对象不得行权；最近一期末资产负债表日后行权的，申报前须增加一期审计
6. 控制权稳定	在制订期权激励计划时应当充分考虑实际控制人稳定，避免上市后期权行权导致实际控制人发生变化
7. 锁定期	激励对象在发行人上市后行权认购的股票，应当承诺自行权日起三十六个月内不减持，同时承诺上述期限届满后比照董事、监事及高级管理人员的相关减持规定执行

注：期权激励计划的制订和执行情况除了应当符合上述《证券期货法律适用意见第 17 号》规定的要求外，根据交易所的审核关注要点要求，还应当于招股说明书中充分披露期权激励计划的相关信息，同时核查相关激励股份支付相关的计量方法的计量方法及结果是否合理、股份支付相关处理是否符合《企业会计准则》相关规定。

（2）员工持股计划。

《关于上市公司实施员工持股计划试点的指导意见》规定："员工持股计划是指上市公司根据员工意愿，通过合法方式使员工获得本公司股票并长期持有，股份权益按约定分配给员工的制度安排。员工持股计划的参加对象为公司员工，包括管理层人员。"从广义上看，员工持股计划与限制性股票等股权激励方式都是企业促进员工和股东利益一致的途径。"员工持股计划"与"限制性股票等股权激励"虽然有共通之处，但存在一定的区别。两者最大的区别在于适用对象：员工持股计划具有普惠性质，通常面向上市公司全体员工，基于员工自愿参与原则，实际并非全员参与持股计划。限制性股票等股权激励则一般侧重于企业的管理层和核心技术 / 业务人员等，激励对象数量可能相对较少。此外，员工持股计划的适用对象仅限于员工层面，而限制性股票等股权激励方式的激励对象还包括客户、供应商等。

在实务操作中，员工持股计划适用于已进入成熟期、稳定发展的较大规模企业，在许多大型企业的成功过程中发挥了积极作用；而限制性股票等股权激励方式则适用于企业发展的各个阶段，但各个阶段激励目标的偏重与激励范围的选择可能有所不同。

《证券期货法律适用意见第 17 号》对员工持股计划的合规性提出了要求，同时文件中指出："考虑到发行条件对发行人股权清晰、控制权稳定的要求，发行人控股股东或者实际控制人存在职工持股会或者工会持股情形的，应当予以清理。对于间接股东存在职工持股会或者工会持股情形的，如不涉及发行人实际控制人控制的各级主体，发行人不需要清理，但应当予以充分披露。"如果拟申报 IPO 企业涉及员工持股计划的激励方式，应当注意激励计划的设计和实施必须具备合规性。

（3）虚拟股权。

在法律上，"虚拟股权"并非一个规范术语，我国现行法律法规中也未对此做出明确规定，但在企业经营实践中却较为常见。在实务中，虚拟股权实质上是企业及其股东与激励对象之间的一种内部合约安排。持有虚拟股的员工可以根据激励方案享有分红、增值收益权等经济性利益。由于虚拟股权并非《公司法》规定的公司股权,员工无须办理工商登记,也不具备《公司法》和公司章程规定的公司股东所享有的表决权、提名权、决策权等股东权利。

虚拟股权的常见操作方式是,实际控制人或其他股东以无偿或有偿方式将一定数量或比例的虚拟股权授予激励对象,激励对象根据获授的虚拟股权数量或比例享有经济收益权。实际控制人或其他股东在收到公司分红后,会按照激励对象持有的虚拟股权数量或比例,将相应的分红支付给激励对象。

经查询相关案例,历史上存在虚拟股权的企业针对虚拟股的会计处理方式及申报前的处理方案,如表 7-5 所示。

如表 7-5 所示的案例中,针对虚拟股权的会计处理,实务中存在不同的做法,但大部分案例基于谨慎性原则,将企业授予员工的虚拟股权视为股份支付进行处理。此外,案例中的所有企业都在上市申报前终止了虚拟股权的激励方式,终止方式主要包括:①加速行权;②取消并回购尚未归属的虚拟股权;③将未归属的虚拟股权变更为新的股权激励计划,通过员工持股平台等方式,使员工实际持有企业股权。

根据《首次公开发行股票注册管理办法》中的规定,"发行人的股份权属清晰,不存在导致控制权可能变更的重大权属纠纷",虚拟股权的激励方式可能无法满足 IPO 的审核要求。虚拟股权通常由实际控制人或其他股东代激励对象持有,激励对象的出资(若需要)由实际控制人或其他股东收取,形式上与股权代持较为相似,可能存在权属不清晰的风险。此外,虚拟股权的持有和流转都不需要办理工商(变更)登记手续,具有隐蔽性,在法律层面缺乏相应的支持依据,容易形成争议,也可能为利益输送提供空间。因此,上述案例中的企业都在 IPO 申报前终止了虚拟股权的激励方式。

综上所述,拟申报 IPO 企业应结合自身的发展阶段,选择合适的股权激励方式,并根据发展阶段的变化进行相应的调整。对于处于 IPO 申报期内的企业,考虑到股权的清晰性和稳定性,通常采用限制性股票作为激励方式更为稳妥,且在 IPO 申报前不应存在预留股份的情况。由于虚拟股权的激励方式存在一定的审核风险,拟申报 IPO 企业应谨慎选择虚拟股权作为激励方式。

表　7-5

虚拟股权案例	虚拟股是否作为股份支付处理	申报前处理方案
信安世纪 2021 年 3 月 注册生效	虚拟股权的收益来源于股东对相应收益的渡让，可视同为向被激励对象授予对应股权的收益和增值权，即股东代公司承担了未来向员工结算相应收益的义务，是一种权益性交易，公司比照以权益结算的股份进行了会计处理	发行人子公司华耀科技存在虚拟股权激励计划，《虚拟股权激励计划方案》共分四期，已发放的第一期和第二期按原方案进行归属，第三期、第四期虚拟股权激励停止发放，后续不再发放
通达海 2022 年 11 月 注册生效	公司对报告期前的虚拟股权授予事项进行模拟测算股份支付，但其认为根据《首发业务若干问题解答（2020 年 6 月修订）》的规定，虚拟股权激励对期初未分配利润未造成重大影响，可不确认股份支付	发行人股东以 31.13 元/股权的价格回购虚拟股权原持有虚拟股权 13 名激励对象后出资至南京持股平台南京置益
凌云光 2022 年 4 月 注册生效	公司认为历史上的虚拟股权激励计划系公司薪酬体系的重要组成部分，实质系一种现金奖励，将其计入应付职工薪酬	公司自通过股东会审议之日起终止虚拟受限股激励计划并废止《受限股激励计划管理办法》相关配套文件
联影医疗 2022 年 7 月 注册生效	未具体披露	虚拟股份持有人将其持有的虚拟股份按照 1：1 的比例转为员工持股计划份额
华勤技术 2023 年 6 月 注册生效	历史上，公司创始股东自设立起始向激励对象授予虚拟股份，目的为获取职工提供服务，除 2015 年授予虚拟股权的认购单价为 12.05 元/股，高于公司经评估的 2014 年每股净资产 11.82 元不涉及股份支付外，其他激励情况均作为股份支付处理	激励对象原基于虚拟股激励而获授的虚拟股数量按照 1：1 的比例折算为员工持股平台为员工间接持有的公司股权数量，激励对象此后均通过员工持股平台间接持有激励股权，目前激励对象本人股东工商变更登记之日起，原持有公司股权完成相应工商变更登记之日起，原持有虚拟股全部予以注销

（续）

虚拟股权案例	虚拟股是否作为股份支付处理	申报前处理方案
矽电股份 2023年4月上市委会议通过	未具体披露	参与虚拟股权的员工签署《终止协议书》，5名实际控制人退还员工参与虚拟股权的投资款。发行人在终止虚拟股权计划后，搭建员工持股平台，通过间接持股的员工持股计划的方式实施员工股权激励
康希通信 2023年8月注册生效	按照公允价格计量授予股份公允价值，并根据服务期/隐含服务期及回购条款等具体约定分摊确认费用	发行人就《员工股权激励协议》项下剩余期权的加速行权事宜，与激励对象分别签署了《员工股权激励之补充协议》。该等期权均全部加速行权完毕。激励对象通过新入伙员工持股平台成为其有限合伙人，间接持有公司股权
贝普医疗 2023年8月撤回材料终止	虚拟股东通过员工持股平台低价间接入股公司，公司将入股人股价差确认为股份支付费用	公司同意终止实施"虚拟股东权益计划"，主要股东与各授予对象分别签署了《虚拟股东权益计划解除协议》，考虑虚拟股持有人权益合理增值确定解除对价，由主要股东向虚拟股持有人支付解除价款

注：上表中审核状态统计截至2024年8月15日。上表中部分案例撤回材料终止，与该部分论证内容不具有必然关系，可能由其他原因导致。

资料来源：信安世纪首次审核问询函的回复、通达海第三轮审核问询函的回复、凌云光首次审核问询函的回复、联影医疗首次审核问询函的回复、矽电股份首次审核问询函的回复、华勤技术首次审核问询函的回复、康希通信首次审核问询函的回复、贝普医疗第二轮审核问询函的回复，详见上海证券交易所网站https://www.sse.com.cn 和深圳证券交易所网站https://www.szse.cn。

7.2　股份支付公允价值

根据《监管规则适用指引——发行类第 5 号》等相关规定，确定股份支付公允价值时应考虑的因素包括："（1）入股时期，业绩基础与变动预期，市场环境变化；（2）行业特点，同行业并购重组市盈率、市净率水平；（3）股份支付实施或发生当年市盈率、市净率等指标；（4）熟悉情况并按公平原则自愿交易的各方最近达成的入股价格或股权转让价格，如近期合理的外部投资者入股价，但要避免采用难以证明公允性的外部投资者入股价；（5）采用恰当的估值技术确定公允价值，但要避免采取有争议的、结果显失公平的估值技术或公允价值确定方法，如明显增长预期下按照成本法评估的净资产或账面净资产。判断价格是否公允应考虑与某次交易价格是否一致，是否处于股权公允价值的合理区间范围内。"

实务中，企业确定股份支付公允价值的通常做法，如表 7-6 所示。

表　7-6

企业类型	通常公允价值确定依据	
	股权	股票期权
拟申报 IPO 的非上市公司	（1）若股份支付实施时点与外部投资者入股时点接近（通常为前后 6 个月或 1 年），则通常以外部投资者每股入股价格作为确认股份支付费用公允价值的依据 （2）若就近时点无外部投资者入股，则通常以具备证券期货相关业务评估资格的评估机构出具的企业净资产价值评估报告作为确认股份支付费用的公允价值依据 （3）参考同行业市盈率等指标确认公允价值	通常采用"布莱克－斯科尔斯模型"（简称"BS 模型"）或二叉树等期权定价模型来确定期权的公允价值。期权的价值主要与以下因素相关：（1）期权的行权价格；（2）期权期限；（3）基础股份的现行价格；（4）股价的预计波动率；（5）股份的预计股利率；（6）期权期限内的无风险利率
红筹回归 A 股企业或境内转板企业	（1）若股份支付实施时点存在现行股价等公开市场价格，则一般以股价作为确认股份支付费用的公允价值依据 （2）若股份支付实施时点已退市，则参考"拟申报 IPO 的非上市公司"做法作为确认股份支付费用的公允价值依据	

除了已上市企业股价能够直接反映其股权公允价值，无论采用外部投

资者入股价还是采用评估价值，都需要充分举证公允价值的公允性。具体考虑因素主要包括以下几个方面。

（1）如果有充分证据证明外部投资者与拟申报 IPO 企业、实际控制人或其他董事、监事、高级管理人员等不存在关联方关系，且该外部投资者的入股价格与相近时点其他外部投资者的入股价格对比不存在明显异常，则外部投资者的入股价值一般能够反映企业股权的公允价值。

（2）对于采用评估方法确定公允价值的情况，在 IPO 审核过程中，审核机构通常要求中介机构对股东权益评估报告中的估值方法选择、重要参数确定、估值测算过程的准确性等进行详细分析和论证。企业价值评估可以采用的方法通常包括收益法、市场法和资产基础法，不同方法适用于不同的场景，评估机构选择的评估方法应具备合理性。在此基础上，评估机构选择的具体评估方法下的相关参数和预测过程也应符合谨慎性原则，例如收益法下的预测期和收益期、折现率的确定及企业自由现金流量的预测等，不得明显背离实际情况。

（3）即使股权公允价值以外部投资者入股价或评估价值确定，但根据实务经验，若每股市盈率倍数明显偏低（如低于 8 倍），拟申报 IPO 企业也可能会被要求以同行业可比公司的平均市盈率或同时期可比交易的平均市盈率补充测算股份支付对报告期内财务的影响。若以同行业可比公司的平均市盈率进行测算，由于可比公司均为上市公司，其股份通常具有较强的市场流动性，而拟申报 IPO 企业的市场流动性相对较差，因此需要考虑市场流动性折扣。若以同时期可比交易的平均市盈率进行测算，根据实务经验，交易案例选取一般遵循以下原则：①优先选取同行业可比公司同时期的并购交易作为可比交易；②选取 A 股市场中标的资产主营业务与公司相同或相似的并购交易；③如果按照上述原则均无相关交易案例可选取，则从业务可比性角度出发，选取标的资产所属行业（可参照《上市公司行业分类指引》）与公司相同的并购交易作为可比交易。在上述选定的可比交易的市盈率倍数的基础上（以此作为公允价值的确认下限），测算股份支付的财务影响。

7.3 股份支付授予日和等待期

1. 股份支付授予日

企业股份支付授予日通常受多个因素影响。一方面，股权激励方案本身较为复杂，需要考虑激励对象、激励方式、授予权益工具的数量和价格以及行权条件等细节。这些细节需要企业和员工反复讨论和协商，并确保得到企业权力机构的批准。在实务中，企业还需要结合整体股权结构进行调整。另一方面，股权激励方案也受员工参与意愿的影响。对于一些拟申报 IPO 企业，在早期阶段，由于企业发展前景和价值尚未完全体现，存在一定的不确定性，员工需要实际出资参与激励方案，较长的等待期可能会降低其参与意愿。然而，当临近申报期时，员工的参与意愿往往会增强。

随着企业业务规模的扩大，企业的净资产公允价值通常会逐步提高，外部投资机构可能表达投资意向。如果企业计划实施股权激励方案，通常在 IPO 申报期的早期阶段实施较为适宜，以避免后期因参照外部投资者较高的入股价定价而增加员工的出资压力，或虽然员工入股价定价较低，但企业仍需按公允价值差额确认较高的股份支付费用，进而对申报期的财务报表产生较大影响。

2023 年 3 月，财政部企业会计准则实施典型案例编委会出版了《企业会计准则实施典型案例集》（以下简称"典型案例集"），其中第 2 章关于股份支付准则中"股份支付授予日的确定"的案例提供了具体指导，如案例 7-2 所示。

♣ 案例 7-2 准则及监管部门文件相关案例

【案例背景】

甲公司于 2×16 年 3 月设立，实际控制人兼总经理 A 持有 100% 股权。2×16 年 4 月，A 设立了乙企业（有限合伙企业），将甲公司 14% 的股权转让给乙企业，将乙企业作为甲公司员工的股权激励持股平台，并制订了股权激励计划。2×17 ～ 2×18 年，A 陆续将其持有的乙企业股份转让给实际激励对象，实际激励对象缴款后，乙企业办理了工商变更登记。甲公司股权激励事项的流程如下：①乙企业取得甲公司股份的决议经甲公司股东会审议通过，相关工商登记手续等已办妥；②股权激励方案的详细内容、具体激励名单及数量，经甲公司总经理和股东会审批通过；③持股平台（乙企业）与激励对象签订股权激励协议；④激励对象缴款；⑤乙企业办妥工商变更登记。甲公司将股权激励方案通过股东会审议日作为股份支付的授予日。问题：甲公司关于股份支付授予日的确定是否恰当？

【案例指导意见】

案例中，上述股权激励事项流程①和②的完成，仅代表该协议获得甲公司股东大会或类似机构的批准，甲公司接受了股权激励方案及名单，但不代表激励对象已经接受这些条款和条件。只有持股平台（乙企业）与激励对象签订了股权激励协议，才代表甲公司与激励对象就股份支付的协议条款和条件已达成一致，因此，甲公司应将流程①②③均完成的孰晚时点，确定为股份支付授予日。实务中，股份支付协议条款和条件涉及多个方面，包括被授予方的确定、激励模式的确定、授予权益工具数量的确定、授予价格的确定、行权条件的确定等，企业与职工或其他方往往对协议中的某些条款和条件一时无法达成一致。例如，对于预留的股份类别、激励对象名单、激励对象能够获取的股份数量或者价格等未能确定，这些情形均表明双方未就股份支付的协议条款和条件达成一致。实务中，股份支付协议批准和企业与职工或其他方就股份支付协议达成一致通常不同步，也没有严格的先后顺序。企业应当将协议批准日和协议达成一致日的孰晚日期确定为股份支付的授予日。

典型案例集中指出，授予日的确定需要同时满足两个条件：①企业与职工或其他方就股份支付的协议条款和条件已达成一致；②该协议获得股东大会或类似机构的批准。因此，企业应将上述两个条件均完成的孰晚时点确定为股份支付授予日。

《企业会计准则讲解（2010）》规定："授予日是指股份支付协议获得

批准的日期。其中'获得批准'，是指企业与职工或其他方就股份支付的协议条款和条件已达成一致，该协议获得股东大会或类似机构的批准。这里的'达成一致'是指，双方在对该计划或协议内容充分形成一致理解的基础上，均接受其条款和条件。如果按照相关法规的规定，在提交股东大会或类似机构之前存在必要程序或要求，则应履行该程序或满足该要求。"尽管企业会计准则中已对"授予日"应满足的条件做出明确规定，但实务中仍存在部分拟申报 IPO 企业简单地将股权激励方案获得股东大会批准通过的日期或员工签署股份支付相关协议的日期作为授予日的情形。典型案例集中关于"授予日"的指导意见，是对企业会计准则规定的进一步明确。

由于不同授予日股权的公允价值可能存在较大差异，企业正确确定授予日对于股份支付费用确认的准确性具有重要影响。企业需要结合企业会计准则中授予日应满足的两个必要条件进行判断，并以孰晚原则最终确定。在实务中，对于企业和被激励对象就股份支付协议达成"一致意见"的时点，需要根据双方签署股权激励方案相关协议的具体日期进行判断。

2. 股份支付等待期

在 2021 年 5 月之前，对于拟申报 IPO 企业在股权激励方案中设置的离职回购等条款是否构成等待期，实务中存在不同的理解。有的观点认为，离职回购等限制性条款相当于设定了可行权条件，因此需要对企业可能的上市时点进行估计，以确定等待期，并分期摊销确认股份支付费用。另有观点认为，股权激励方案中的锁定期并不等同于等待期。《首次公开发行股票并上市管理办法》中要求"发行人最近 3 年内主营业务和董事、高级管理人员没有发生重大变化，实际控制人没有发生变更"，该文件现已废止，全面注册制下在《首次公开发行股票注册管理办法》中重新要求，"首次公开发行股票并在主板上市的，最近三年内主营业务和董事、高级管理人员均没有发生重大不利变化；首次公开发行股票并在科创板、创业板上市的，最近二年内主营业务和董事、高级管理人员均没有发生重大不利变化；首次公开发行股票并在科创板上市的，核心技术人员应当稳定且最近二年内没有发生重大不利变化",政策层面上仍是要求拟申报 IPO 企业"主营业务、控制权和管理团队稳定"。企业股权激励方案中设置离职回购等限制性条款主要是为了避免主要激励对象在上市前离职,进而可能影响发行条件,并非用于约束激励对象的服务期限。因此,大部分拟申报 IPO 企业将其作为立即可行权的股份支付处理,一次性在授予日确认股份支付费用。

2021 年 5 月 18 日,财政部发布了《股份支付准则应用案例——以首次公开募股成功为可行权条件》,进一步明确规定,针对以首次公开募股成功为可行权条件的股份支付,拟上市公司应合理估计未来成功完成首次公开募股的可能性及完成时点,将授予日至该时点的期间作为等待期,并在等待期内每个资产负债表日对预计可行权数量做出估计,确认相应的股份支付费用。案例发布后,大部分企业选择了对分期摊销股份支付费用的会计差错更正处理。

根据实务经验,拟申报 IPO 企业在设计股权激励方案时,应结合对当前及未来企业员工离职率的预估,判断是否应在股权激励方案或相关协议中设定服务期限。通常情况下,除非企业员工忠诚度很高且股权激励授予人数相对较少,企业能够预估未来受激励对象离职率极低,而同意在股权激励方案中接受离职员工继续持有股份,或者即便员工离职也可按公允价值(非员工出资原价或原价加一定利息)予以回购,否则一般认为存在服务期限或隐含服务期限,应分期确认股份支付费用。拟申报 IPO 企业应合理估计等待期的长度,并分期摊销确认股份支付费用。

典型案例集第 2 章关于股份支付准则中"附有市场业绩条件的以权益结算股份支付的等待期判断"的案例也提供了具体指导,如案例 7-3 所示。

♣ 案例 7-3 准则及监管部门文件相关案例

【案例背景】

甲公司为上市公司,2×21 年 2 月 1 日,按照 5 元 / 股的价格回购了本公司股份 1 000 万股,并将回购的股份全部授予职工。甲公司在股份授予日的股票收盘价为 5 元 / 股。该股票期权的行权方案为：被授予期权的职工，自 2×21 年 2 月 1 日起在该公司连续服务满 1 年，且甲公司股价较授予日增长 50%，则享有按照授予日 5 元 / 股的价格向甲公司行权的权利。在确定行权等待期时，甲公司根据市场情况研判，认为其股价将在一年半以后较授予日上涨 50%，因此将该期权在授予日的公允价值在一年半的等待期内确认股份支付费用。

问题：甲公司对职工股份支付等待期的确定是否恰当？

【案例指导意见】

案例中，甲公司职工股票期权要同时满足的两项行权条件中，"自 2×21 年 2 月 1 日起在该公司连续服务满 1 年"为服务期限条件，"甲公司股价较授予日增长 50%"为业绩市场条件。本案例中的等待期是指以上两项可行权条件得到满足的期间，而业绩市场条件不影响企业对预计可行权情况的估计，即市场条件不会影响等待期的确定，因此等待期应当仅以服务期限来确定。无论 1 年后股价是否增长 50%，甲公司均应以 1 年的服务期限作为等待期确认股份支付相关成本或费用。

《企业会计准则第 11 号——股份支付》第六条规定："等待期，是指可行权条件得到满足的期间。对于可行权条件为规定服务期间的股份支付，等待期为授予日至可行权日的期间；对于可行权条件为规定业绩的股份支付，应当在授予日根据最可能的业绩结果预计等待期的长度。"另外，根据《企业会计准则第 11 号——股份支付》应用指南的规定："等待期长度确定后，业绩条件为非市场条件的，如果后续信息表明需要调整等待期长度，应对前期确定的等待期长度进行修改；业绩条件为市场条件的，不应因此改变等待期长度。"

在实务中，拟申报 IPO 企业通常以营业收入、净利润等非市场业绩条件作为考核条件，但也存在部分企业以市场条件作为考核条件的情况。上述股份支付准则规定，"对于可行权条件为规定业绩的股份支付，应当在授予日根据最可能的业绩结果预计等待期的长度"，实务中部分企业误认为该规定的"业绩"包含市场业绩条件，因此以所有业绩条件达成的时间来确定等待期。但是，实际上《企业会计准则第 11 号——股份支付》应用指南已规定市场业绩条件对等待期长度不产生影响，典型案例集中再次通过案例对此进行了明确。

值得注意的是，虽然市场条件不影响等待期长度，但根据股份支付准则，在确定授予日权益工具的公允价值时，应考虑市场条件的影响，而对于非市场条件则不应予以考虑，如图 7-2 所示。

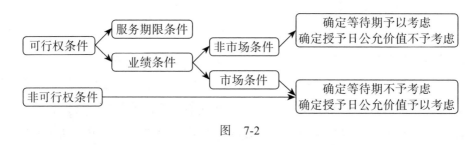

图　7-2

根据《企业会计准则解释第 3 号》，可行权条件是指能够确定企业是否得到职工或其他方提供的服务，且该服务使职工或其他方具有获取股份支付协议规定的权益工具或现金等权利的条件；反之，为非可行权条件。可行权条件包括服务期限条件或业绩条件。服务期限条件是指职工或其他方完成规定服务期限才可行权的条件。业绩条件是指职工或其他方完成规定服务期限且企业已经达到特定业绩目标才可行权的条件，具体包括市场条件和非市场条件。企业在确定权益工具授予日的公允价值时，应当考虑股份支付协议规定的可行权条件中的市场条件和非可行权条件的影响。股份支付存在非可行权条件的，只要职工或其他方满足了所有可行权条件中的非市场条件（如服务期限等），企业应当确认已得到服务相对应的成本费用。在实务中，常见的非可行权条件包括解锁后的股权限售、要求保留股份等。

此外，企业应考虑股份支付对非经常性损益认定的影响。根据《监管规则适用指引——发行类第 5 号》关于股份支付是否作为非经常性损益列报的规定："股份立即授予或转让完成且没有明确约定等待期等限制条件的，股份支付费用原则上应一次性计入发生当期，并作为偶发事项计入非经常性损益。设定等待期的股份支付，股份支付费用应采用恰当方法在等待期内分摊，并计入经常性损益。"

在《股份支付准则应用案例——以首次公开募股成功为可行权条件》发布前，大部分拟申报 IPO 企业并未将隐含的服务期限作为等待期考虑，因此一次性确认股份支付费用并将其认定为非经常性损益，错误地认为这不会对发行条件产生实质影响。结合上述监管规定，存在服务期限或隐含服务期限而需要分期确认的股份支付，应作为经常性损益列报。因此，拟申报 IPO 企业应测算并考虑相关股权激励方案约定对企业扣非后净利润的影响，避免影响发行条件。

7.4　股份支付税务

拟申报 IPO 企业在实施股份支付计划时，涉及的税务考虑主要包括：①大股东转让股权所得如何缴纳个人所得税；②员工基于股份支付所获得的收益如何缴纳个人所得税；③实施股权激励方案产生的股份支付费用如何影响企业所得税。对于第一项，大股东直接转让或通过设立的持股平台转让股权，须按照"财产转让所得"项目缴纳个人所得税，这一点无可非议；但对于第二项和第三项，结合税法的相关规定，实务中存在不同的解读和操作方式。

股份支付涉及的个人所得税和企业所得税的主要相关政策，如表 7-7 所示。

对于员工基于股份支付所获得的收益而产生的个人所得税，部分企业在员工获益时直接按照"工资、薪金所得"缴纳了个人所得税，最高税率可达 45%。然而，出于减轻员工税负的考虑，凡是激励对象符合财税〔2016〕101 号文件相关规定的，大部分企业会向当地税务局提交纳税递延的备案，在员工实际行权时按照"财产转让所得"以 20% 的税率缴纳个人所得税。

表 7-7

类型	法律法规文件	内容
个人所得税	《关于个人非货币性资产投资有关个人所得税政策的通知》(财税〔2015〕41 号)、《中华人民共和国个人所得税法》	个人以非货币性资产投资，属于个人转让非货币性资产和投资同时发生。对个人转让非货币性资产的所得，应按照"财产转让所得"项目，依法计算缴纳个人所得税 对"符合条件的非上市公司"股票期权、股权期权、限制性股票、股权奖励实行递延纳税政策：非上市公司授予本公司员工的股票期权、股权期权、限制性股票和股权激励，符合规定条件的，经向主管税务机关备案，即员工在取得股权激励时可暂不纳税，递延至股权转让时，按照股权转让所得减除股权取得成本以及合理税费后的差额，适用"财产转让所得"项目，按照 20% 的税率计算缴纳个人所得税。股权转让时，股票(权)期权取得成本按行权价确定，限制性股票取得成本按实际出资额确定，股权奖励取得成本为零
	利息、股息、红利所得，财产租赁所得，财产转让所得和偶然所得，适用比例税率，税率为百分之二十	
	《关于完善股权激励和技术入股有关所得税政策的通知》(财税〔2016〕101 号)	对"不符合条件的上市公司"：个人从任职受雇企业以低于公平市场价格取得股票(权)的，凡不符合递延纳税条件，应在获得股票(权)时，对实际出资额低于公平市场价格的差额，按照"工资、薪金所得"项目，参照《关于个人股票期权所得征收个人所得税问题的通知》(财税〔2005〕35 号)有关规定计算纳个人所得税
	《关于个人股票期权所得征收个人所得税问题的通知》(财税〔2005〕35 号)	(一)员工直接受受实施股票期权计划企业授予的股票期权时，除另有规定外，一般不作为应税所得征税 (二)员工行权时，其从企业取得股票的实际购买价(施权价)低于购买日公平市场价(指该股票当日的收盘价，下同)的差额，是因员工在企业的表现和业绩情况而取得的与任职、受雇有关的所得，应按"工资、薪金所得"适用的规定计算纳缴纳个人所得税

（续）

类型	法律法规文件	内容
个人所得税	《关于个人股票期权所得征收个人所得税问题的通知》（财税〔2005〕35号）	对因特殊情况，员工在行权日之前将股票期权转让的，以股票期权的转让净收入，作为工资薪金所得征收个人所得税 员工行权时所得的工资薪金形式的工资薪金应纳税所得额，应按下列公式计算工资薪金应纳税所得额： 股票期权形式的工资薪金应纳税所得额＝（行权股票的每股市场价－员工取得该股票期权支付的每股施权价）× 股票数量 （三）员工将行权后的股票再转让时获得的高于购买日公平市场价的差额，是因个人在证券二级市场上转让股票等有价证券而获得的所得，应按照"财产转让所得"适用的征免规定计算缴纳个人所得税 （四）员工因拥有股权而参与企业税后利润分配取得的所得，应按照"利息、股息、红利所得"适用的规定计算缴纳个人所得税
企业所得税	《关于我国居民企业实行股权激励计划有关企业所得税处理问题的公告》（国家税务总局公告 2012 年第 18 号，以下简称"18 号文"）	第二条规定，上市公司"建立职工股权激励计划，其企业所得税的处理，按以下规定执行：（一）对股权激励计划实行后立即可以行权的，上市公司可以根据实际行权时该股票的公允价格与激励对象实际支付价格的差额和数量，计算确定作为当年上市公司工资薪金支出，依照税法规定进行税前扣除。（二）对股权激励计划实行后，需待一定服务年限或者达到规定业绩条件（以下简称等待期）方可行权的。上市公司等待期内会计上计算确认的相关成本费用，不得在对应年度计算扣除。在股权激励计划可行权后，上市公司方可根据该股票实际行权时的公允价格与当年激励对象实际行权支付价格的差额及数量，计算确定作为当年上市公司工资薪金支出，依照税法规定进行税前扣除。（三）本条所指股票实际行权时的公允价格，以实际行权日该股票的收盘价格确定" 第三条规定，"在我国境外上市的居民企业和非上市公司，凡比照《管理办法》的规定建立职工股权激励计划，且企业会计处理上，也按我国会计准则的有关规定处理的，其股权激励计划有关企业所得税处理问题，可以按照上述规定执行"

对于拟申报 IPO 企业因实施股权激励方案而确认的股份支付费用能否在企业所得税前扣除的问题，18 号文虽然主要针对上市公司的股份支付而制定，但第三条明确指出非上市公司可以参照执行。由于拟申报 IPO 企业的股份支付实际操作与上市公司有所不同，18 号文中非上市公司适用条款缺乏具体的操作指引，导致实务中对于能否将股份支付费用在企业所得税前扣除存在判断困难。

但是，若激励对象按照"工资、薪金所得"缴纳了个人所得税（通常情况下，由于取得成本与公允价值差异较大，适用 45% 的税率），企业在没有实际现金流出的情况下，将确认的股份支付费用按照 25% 的税率在税前扣除，从综合个人所得税和企业所得税来看，税务机关实际对股份支付征收的税率约为 20%。但如果激励对象按照财税〔2016〕101 号文件规定，选择递延至财产转让时缴纳个人所得税，则激励对象实际按照"财产转让所得"以 20% 的税率缴纳个人所得税，在这种情况下，一般认为不存在企业层面的利益让渡，而是股东层面的利益让渡，因此不能将股份支付费用在企业层面确认税前扣除。从税务机关整体的税收来看，两种方式下的最终征收结果基本相当。因此，除非激励对象已按照"工资、薪金所得"缴纳了个人所得税，拟申报 IPO 企业在未取得当地主管税务部门明确文件批复的情况下，一般不得将确认的股份支付费用在企业所得税前扣除。

总体来看，上市前的股权激励方案设计和实施是一项系统性和综合性的工程。除了满足合规性要求，拟申报 IPO 企业还需要考虑不同股权激励方案下产生的股份支付费用对企业申报财务报表的影响以及税负影响等因素。因此，拟申报 IPO 企业应提前做好统筹安排，以确保股权激励方案产生最佳激励效果，同时避免因股权激励方案设计不当而对企业未来申报上市造成不利影响。

第8章 研发费用

研发费用在科创板和创业板上市审核中的重要性不容忽视。作为核心财务指标之一，研发费用的真实性和准确性直接关系到企业是否符合上市条件。对于拟申报 IPO 企业而言，合规及准确地核算研发费用不仅是满足监管要求的必要条件，也是展示企业科技创新实力和市场竞争力的重要依据。

2024 年 4 月，上海证券交易所和深圳证券交易所分别修订了科创板和创业板的《企业发行上市申报及推荐暂行规定》，进一步提高了研发费用指标的标准。此外，上海证券交易所还对《上海证券交易所科创板股票上市规则》中的研发费用指标进行了修订，以适应市场发展和监管需求，具体政策如表 8-1 所示。

在实务操作中，研发费用核算的重点内容主要包括：定制化业务中研发费用和成本的区分、研发人员薪酬核算、研发材料领用核算，以及研发支出资本化等。正确核算研发费用是确保财务报表准确性的关键环节，因此，拟申报 IPO 企业应对此予以充分重视。

表 8-1

板块	关于研发投入的规定
科创板	1.《上海证券交易所科创板股票上市规则（2024 年 4 月修订）》 科创板将研发费用作为上市标准之一，其中第二项标准要求"预计市值不低于人民币 15 亿元，最近一年营业收入不低于人民币 2 亿元，且最近三年累计研发投入占最近三年累计营业收入的比例不低于 15%"（详见本书第 23 章） 2.《上海证券交易所科创板企业发行上市申报及推荐暂行规定（2024 年 4 月修订）》《科创属性评价指引（试行）》（2024 年修正） 支持和鼓励科创板定位规定的相关行业领域中，同时符合下列 4 项指标的企业申报科创板发行上市： （1）最近三年研发投入占营业收入比例 5% 以上，或最近三年研发投入金额累计在 8 000 万元以上 （2）研发人员占当年员工总数的比例不低于 10% （3）应用于公司主营业务并能够产业化的发明专利 7 项以上 （4）最近三年营业收入复合增长率达到 25%，或者最近一年营业收入金额达到 3 亿元
创业板	《深圳证券交易所创业板企业发行上市申报及推荐暂行规定（2024 年修订）》 支持和鼓励符合下列标准之一的成长型创新创业企业申报在创业板发行上市： （1）最近三年研发投入复合增长率不低于 15%，最近一年投入金额不低于 1 000 万元，且最近三年营业收入复合增长率不低于 25% （2）最近三年累计研发投入金额不低于 5 000 万元，且最近三年营业收入复合增长率不低于 25% （3）属于制造业优化升级、现代服务业或者数字经济等现代产业体系领域，且最近三年营业收入复合增长率不低于 30% 最近一年营业收入金额达到 3 亿元的企业，或者按照《关于开展创新企业境内发行股票或存托凭证试点的若干意见》等相关规则申报创业板的已境外上市红筹企业，不适用前款规定的营业收入复合增长率要求
证监会	根据《公开发行证券的公司信息披露内容与格式准则第 57 号——招股说明书》要求，招股说明书中需要披露报告期销售费用、管理费用、研发费用、财务费用的主要构成及变动原因；与同行业可比公司存在显著差异的，应结合业务特点和经营模式分析原因。对于研发费用，还应按重要性原则披露研发费用对应研发项目的整体预算、费用支出、实施进度等情况

8.1 定制化业务

对于非标定制化设备生产企业，在实务操作中，定制化业务可能涉及基础技术的研究。这部分技术可能并非专用于某一项目，而是广泛应用于企业的某类业务。因此，如何区分该项研发支出应计入合同履约成本还是研发费用，以及如何避免研发费用与成本混同的情形，成为定制化业务中的难点。

根据《监管规则适用指引——会计类第 2 号》的相关规定："企业与客户签订合同，为客户研发、生产定制化产品。客户向企业提出产品研发需求，企业按照客户需求进行产品设计与研发。产品研发成功后，企业按合同约定采购量为客户生产定制化产品。对于履行前述定制化产品客户合同过程中发生的研发支出，若企业无法控制相关研发成果，如研发成果仅可用于该合同、无法用于其他合同，企业应按照收入准则中合同履约成本的规定进行处理，最终计入营业成本。若综合考虑历史经验、行业惯例、法律法规等因素后，企业有充分证据表明能够控制相关研发成果，并且预期能够带来经济利益流入，企业应按照无形资产准则相关规定将符合条件的研发支出予以资本化。"

经检索相关案例，部分企业对于定制化业务的处理方式如表 8-2 所示。

如表 8-2 所示的案例中，虽然不同企业的产品或业务具有定制化特征，但不同企业对于相关研发活动是否符合定制化特征所考虑的因素有所不同，因而会计处理也有所差别。拟申报 IPO 企业应当至少从业务流程和合同约定两个方面对以下几点进行重点考虑。

（1）企业应当在业务流程设计中明确区分项目属性。

通常情况下，一个项目可能涉及一个或多个关键技术。企业在业务流程设计中需要识别定制化业务各环节可能涉及的研发技术，分析每个合同项目涉及的关键技术是属于前瞻性、通用性和基础性技术，在此基础上仅针对客户某些特定的要求进行简单适配和设计，还是属于客户特定项目的专用技术。这两种情况需要明确区分。针对前者，企业应当判断该技术是否属于企业现有技术或已存在的研发项目的立项范围。对于尚未立项但属于可用于后续项目的前瞻性、通用性和基础性技术，应考虑立项。对于符合企业研发项目立项条件的技术开发，应单独立项并单独归集该研发项目的研发支出。针对后者，企业应当结合以下其他条件进一步分析该专用技术是否属于成本项目。

表 8-2

公司名称及审核状态	适用情形	定制化业务的相关判断	会计处理
海创光电 2023 年审核问询中	情形一：产品具有定制化特征，但研发不具有定制化特征	（1）公司的研发活动不属于定制化研发 根据研发活动的目的，公司研发可以分为产品开发及工艺开发或改进两大类。工艺开发或改进主要是解决企业生产过程中遇到的问题，属于自主改进，以提高生产效率为目的，完全自主进行，不面向具体客户。产品开发主要是公司根据市场调研了解行业发展趋势及业内主要客户需求，根据自身技术特长，选取需求良好、市场容量大的产品作为开发方向，以具体客户需求为落脚点进行。公司的产品具有定制化特征，但公司的研发不具有定制化特征。客户产品的定制化是客户告知公司需要实现的功能目标，比如具体的参数、性能、成本等，但如何实现产品的功能目标需要公司自主开发、研发路径、方法完全由公司基于自身的技术积累，研发设施等条件自主选择和实施，因此公司的研发不具有定制化特征 （2）公司自行承担研发自担研发风险，研发投入独立于具体的产品 研发过程中公司自担研发失败和成功的结果，客户并不承担公司研发成本。同时，公司研发形成的专利或专有技术成果均归公司所有，不存在与客户共享的情形，并可在开发其他客户产品时使用。因此，公司的研发投入独立于某一客户的具体产品，应纳入研发费用归集，无须在具体产品成本或研发费用中进行分摊 综上，公司研发活动系自主开展，不存在定制化研发的情形，不存在具体定制化产品成本需要在具体产品的成本和费用间分摊的情形	计入研发费用

（续）

公司名称及审核状态	适用情形	定制化业务的相关判断	会计处理
节卡股份 2023 年审核问询中	情形二：区分前瞻性、通用性、基础性的研究开发和定制化开发两大类活动	公司机器人系统集成业务具有定制化特征。针对机器人系统集成业务，公司的研发活动分为与销售合同无关的前瞻性、通用性、基础性的研究开发，以及与具体客户项目相关的定制化开发活动 （1）前瞻性、通用性、基础性的研究开发 前瞻性、通用性、基础性的应用研究开发主要针对机器人应用端的研究开发工作。机器人的应用研究开发要求研发人员对不同行业的技术及需求痛点有比较深入的理解和实践经验。公司通过在应用研发过程中的反复实践验证，实现技术、产品、系统集成的有机结合，打通从机器人整到机产品到应用的最后一公里。该类研发活动的成果为新技术工艺或通用性技术方案，而非向客户交付的具体产品。上述研发活动与具体签订的销售合同无关，公司将研发过程中的投入计入研发费用 （2）定制化开发 定制化开发主要为针对客户具体系统集成业务合同需求而开展的研究开发活动。公司在与客户签署系统集成业务合同后，相关研发人员会深入了解客户的生产流程和工艺细节，进而开展相关的电气设计，机械结构设计，软件算法开发、装配方案规划等，并最终形成集成设备或自动化产线交付客户 由上，公司研发人员针对具体签订合同所开展的研究开发活动属于定制化开发，目标成的相关技术成果能否应用于其他合同具有不确定性，因此，针对该类活动，公司将研发人员定制化开发的相关成本计入生产成本，在存货科目核算，在产品验收后确认收入并结转营业成本	前瞻性、通用性、基础性的研究开发计入研发费用，客户定制化开发计入营业成本

（续）

公司名称及审核状态	适用情形	定制化业务的相关判断	会计处理
安乃达 2024年3月注册生效	情形三：按业务流程详细区分研发阶段和成本阶段	在定制化合作开发设计模式下，公司通过各部门的团队合作，有计划地进行可行性分析、方案设计、样品生产及提交、生产线调试、小批量生产及提交等，最终形成整体解决方案及成本。公司在定制化合作开发设计中，因进行产品及技术的创意等而需要试生产研发样品，后续能否研发成功并实现销售需要通过公司内部及客户的测试认证等多项环节，存在高度不确定性。因此公司对定制化研发项目进行全流程管理，从决策阶段、设计阶段、样机试制阶段、生产试制阶段，在规范定制化研发流程的基础上，公司对销售部门、技术部门产生的相关费用进行严格按费用归集到样品研发费用。若定制化研发活动中的样品对外销售的，公司分别确认相关的收入和成本，将样机试制阶段中该项目在技术中心/技术部的支出确认为样机试制成本，期末在存货科目核算，待实现销售时结转销售成本	对部分部门产生的费用按项目归集到项目及样机试制阶段及生产试制阶段能够满足客户定制化需求且对外销售的，分别确认相关收入和成本
日联科技 2023年2月注册生效	情形四：产品具有高度定制化特征	公司的定制化设备系根据客户在检测精度、检测穿透力和检测效率等方面的具体需求在标准化设备的基础上开展定制化研发，包括选取适合电压、功率以及合适数量的X射线源和探测器，设计和产品开发，根据客户的检测节拍、检测物体大小等需求完成X射线源检测设备中运动源的设计、定制化开发、完成X射线影像软件系统的编程等，公司定制化设备的设计方案与客户具体需求高度相关，一般不能直接用于其他客户的合同，因此，公司定制化设备相关的料、工、费均作为合同履约成本进行处理，计入营业成本	计入营业成本

注：上表中审核状态统计截至2024年8月15日。

资料来源：海创光电首次审核问询函的回复，节卡股份首次审核问询函的回复，安乃达首次审核问询函的回复，日联科技发行注册环节反馈意见落实函的回复，详见上海证券交易所网站 https://www.sse.com.cn。

（2）定制化业务的投入是否可由客户承担。

在定制化业务模式下，客户通常仅对研发成功后的单个或批量产品承担购买责任。如果合同明确约定项目研发失败后，客户无须支付或仅支付明显低于合理金额的款项，则企业承担了项目研发失败的主要风险，通常研发支出应计入研发费用。如果合同约定项目研发失败后客户仍需支付合理费用，则研发可能构成履约义务或履约义务的一部分，通常研发支出应计入合同履约成本。企业应根据具体合同条款进行判断。

（3）研发成果是否可以广泛应用于其他项目。

在定制化业务模式下，如果研发支出是针对特定项目产生的，且该特定项目的研发成果无法广泛应用于其他项目，则研发支出属于合同履约成本，应计入营业成本。如果研发成果可以广泛应用于其他项目，通常研发支出属于企业的研发费用。但企业应能够充分论证该定制化项目所使用的关键技术属于通用性、基础性技术。

（4）研发成果专利归属。

企业在开展定制化业务过程中进行的研发活动所获取的专利、技术等研发成果，如果合同明确约定归属于客户，则研发支出属于合同履约成本，应计入营业成本。如果合同明确约定归属于企业，通常研发支出应视为企业的研发费用。在合同无明确约定的情况下，企业需要结合历史经验、行业惯例和法律法规等因素进行判断。对于涉及金额重大的合同，必要时应咨询律师意见以再次确认。

针对每个定制化业务获取的合同，拟申报 IPO 企业可以考虑设计相应的"判断表单"。首先，由具体研发项目的负责人根据上述四个判断因素对项目逐一进行准确识别，然后由研发部门负责人进行复核并签字确认。最后，财务部负责人、法务部负责人和企业负责人应根据相关资料发表意见。企业应从源头开始，对每个项目的研发属性或成本属性进行识别。若项目同时涉及两种属性，则财务部门在进行会计核算时应予以特别关注。

8.2　研发人员薪酬

在核算研发费用中的研发人员薪酬时，企业应当特别注意以下两个方面：一方面，企业应当加强工时统计工作，确保能够准确追踪研发人员的具体工时，并将工时合理地分配至相应的研发项目；另一方面，企业应当加强对特殊工作内容的判断与认定，例如判断研发人员参与客户现场指导是否可以认定为研发活动，从而确定这部分工时对应的薪酬是否应当计入研发费用。

1. 工时统计对于研发费用核算准确性的作用 [⊖]

赛赫智能是一家从事汽车车身成型系统、总装系统的研发、生产和销售的公司，于 2019 年 12 月首次申报科创板 IPO。在 2020 年 5 月提交第一轮反馈回复后，该公司接受了现场督导。2020 年 8 月，赛赫智能撤回了申请材料，同年 9 月，该公司第二次申报，再次接受了上交所的现场督导，2021 年 7 月上市委会议未通过。根据上海证券交易所《关于终止赛赫智能设备（上海）股份有限公司首次公开发行股票并在科创板上市审核的决定》："审核问询中重点关注了以下事项：……二是发行人研发投入中研发领料和研发人工工时核算的准确性。科创板上市委员会审议认为：……发行人有关研发投入核算的信息披露不符合《上海证券交易所科创板股票发行上市审核规则》第二十八条的规定。"上交所审核问询函中提及的关于研发人工的现场督导发现，具体内容如表 8-3 所示。

赛赫智能的案例对其他拟申报 IPO 企业具有重要的警示意义，研发人员工时核算的准确性对企业财务报表的列报和披露的影响较大。因此，工时填报的准确性尤为重要，特别是在非标定制化业务中，可能同时涉及通用研发和专用研发两种类型的研发活动，这可能导致研发费用和成本的区

⊖ 本节相关表述和分析所依据的资料来源于赛赫智能第四轮审核问询函的回复、《关于终止赛赫智能设备（上海）股份有限公司首次公开发行股票并在科创板上市审核的决定》，详见上海证券交易所网站 https://www.sse.com.cn。

分问题。这两种研发活动类型的工时区分准确性对企业财务核算质量的影响很大。此外，即使企业没有非标定制化业务的问题，工时区分的准确性对企业不同研发项目的分配核算准确性也有很大影响，具体内容可参照本书第 13 章。

表　8-3

序号	赛赫智能关于研发人工的现场督导发现
1	发行人境内公司各研发项目研发人员薪酬的会计核算，主要依据每月汇总的研发工时考勤表。保荐业务现场督导发现，**2017 ~ 2019 年，境内主体研发项目未执行工时统计制度，研发工时为后补资料，系发行人于 2020 年 5 月及之后，基于研发人工费用归集原则，通过研发人员回忆、邮件往来、立项等过程文件回溯**。另外，现场督导抽查结果发现：（1）同一部门中，存在常备研发人员与其他人员岗位相同的情况；（2）发行人常备研发人员并非固定。2019 ~ 2020 年，分别有 12 人、0 人从常备研发人员名单中调出，有 16 人、20 人调入常备研发人员名单。除了督导期间提供了 2019 ~ 2020 年 8 位常备研发人员的 52 份工作周报及项目立项中列示的常备研发人员以外，**保荐机构未能提供常备研发人员各月薪酬计入研发费用比例的有效依据。对于非因样机生产而计入研发投入的人工费用未能提供基础资料**
2	保荐机构说明，2020 年 5 月起发行人开始建立研发工时统计系统。针对 2020 年研发工时数据的准确性，保荐业务现场督导发现：（1）2020 年非常备研发人员为 74 人，涉及研发人工费用 526.04 万元，对于督导组抽查的研发人工费用合计为 42.30 万元的 5 位人员，保荐机构补充进行了询问及合理性分析，但**未能提供相关的基础资料**；（2）2020 年 11 月之前，11 位研发人员于月中离职后，当月剩余日期仍于考勤表中全勤记录了研发工时，保荐机构经询问发行人后说明系误填；（3）**部分研发人员未于立项文件中列示，但出现在相应项目的研发工时考勤表中**，涉及研发人工费用 1 225.98 万元，保荐机构未能提供上述人员后续参与研发的审批资料

2. 研发人员参与客户现场指导是否可认定为研发活动

在实务操作中，部分企业研发人员的工作职责包括参与客户现场的指导和调试，特别是在定制化业务中，这类工作尤为常见。企业需要准确判断研发人员所从事的这部分工作是否属于研发活动，以提高会计核算的准确性。

2023 年 6 月 1 日，深圳证券交易所上市审核委员会召开了 2023 年第

37 次审议会议。会议在审议苏州嘉诺环境科技股份有限公司的上市申请时,问询了发行人关于研发投入的问题,摘录如下:"报告期内发行人研发领料金额分别为 506.12 万元、543.76 万元、516.28 万元;部分研发人员参与成套装备项目现场调研、设计实施等与项目实施相关的工作。请发行人:结合研发人员参与生产经营、项目现场验收情况,说明是否存在将生产经营活动与研发活动混同情形,研发费用是否真实、准确。"除了该案例外,其他案例中也存在研发人员参与客户现场活动的情形,具体的处理方式如表 8-4 所示。

如表 8-4 所示的案例,不同企业对于研发人员参与客户现场活动是否属于研发活动的认定并不完全一致,因此会计处理也有所区别。拟申报 IPO 企业应当结合所在行业的特征、业务模式,充分了解企业的组织架构及部门设置,以确保研发部门及研发人员的认定准确无误。企业还应当从内部控制制度上着手,对每个部门的岗位职责进行充分说明,包括是否需要前往客户现场提供技术指导和调试等工作内容。此外,根据表 8-4 中情形二所列的案例,尽管这些企业的研发人员参与了客户现场工作,但发行人均明确指出,委派至客户现场工作的工程师并非研发人员,并详细论述了研发人员与委派至客户现场工作的工程师在工作内容上的差异,分别将相关费用计入研发费用和销售费用。因此,对于研发人员参与客户现场进行技术指导和调试的情况,拟申报 IPO 企业应当充分论证这类工作内容的主要目的是不是对企业的共性技术或前瞻性技术进行优化和改进,而非仅仅履行某一项合同义务。企业还应当进一步确认,是否已在人员配备和工作内容安排上对参与客户现场安装调试工作的人员进行了严格区分,以便在 IPO 审核时能够充分论述研发人员的专职性。无法满足这些要求的企业可以考虑参照表 8-4 中情形一的案例,做好工时统计工作,并严格区分研发费用和合同履约成本。

表 8-4

公司名称及审核状态	适用情形	研发人员参与客户现场活动的认定情况
嘉诺科技 2023 年 6 月上市委会议通过	情形一：按照工时分研发费用和合同履约成本	公司研发流程主要由设计研究院管理部主导，单机产品部、成套装备部、电气部协作实施，公司该部分员工为研发人员。在日常经营活动中，公司存在部分研发人员参与成套装备项目现场调研、设计实施等与项目实施相关的工作，因此兼任了技术人员的职能，公司严格执行工时统计工作，若研发人员从事了项目的具体设计、实施工作，则相应的工时成本计入对应项目的合同履约成本
天承科技 2023 年 5 月注册生效	情形二：研发人员参与客户现场活动认定为研发活动	报告期，公司根据岗位职责区分研发人员，委派在客户现场工作的工程师的工作，将其薪酬分别计入研发费用和销售费用，区分研发费用和销售费用的具体方法如下：公司研发人员专职从事研发活动，进行技术研究和产品开发，研发人员产线技术开发项目中，根据需要在客户现场产线对测试板进行测试，针对测试板结果存在相关性，公司将其薪酬计入研发费用；委派在客户现场工作的工程师职位与责负产品售后服务，为公司内容的售后服务，工作内容与客户密切相关，并不从事研发工作，未作为研发人员认定，公司将其薪酬计入销售费用
三孚新科 2021 年 4 月注册生效		公司派驻客户现场的技术服务工程师主要从事 PCB 水平沉铜专用化学品、PCB 化学镍金专用化学品等产品的售后服务工作，不属于研发人员，其薪酬计入销售费用。公司派驻客户现场的技术服务工程师主要从事 PCB 水平沉铜专用化学品的加注，浓度配比等产品应用技术指导服务，并不从事研发工作。研发人员不存在为客户提供生产现场技术服务的情况。公司研发中心下设产品开发部和工艺研究部，产品开发部专注于产品配方的开发和研究，产品功能及技术参数的实现；工艺研究部专注于公司产品在客户生产工艺过程中批量化，连续化生产的应用研究。研发人员专职从事新工艺和工艺研究工作。研发人员在研究过程中，会根据需要到客户现场对产品进行改进和优化，以针对相关问题对配方进行改进和优化，但不为客户提供生产现场的售后服务工作等进行调研

注：上表中审核状态统计截至 2024 年 8 月 15 日。

资料来源：嘉诺科技首次审核问询函的回复，天承科技首次审核问询函的回复，三孚新科首次发行注册环节反馈意见落实函及上海证券交易所网站 https://www.sse.com.cn，深圳证券交易所网站 https://www.szse.cn。

8.3　研发材料

如"第 8 章—8.2—1. 工时统计对于研发费用核算准确性的作用"中提到的赛赫智能被否案例，上交所的审核问询函中对该企业同时提及了关于研发领料的现场督导发现。具体内容如表 8-5 所示。

表　8-5

序号	赛赫智能关于研发领料的现场督导发现
1	关于境内研发领料，2018 ~ 2020 年，发行人境内主体研发领料合计 6 733.26 万元，金额较高。其中，形成研发样机 / 资本化项目领料合计 6 342.66 万元，占比 93.64%；未形成研发样机项目领料合计 430.60 万元，占比 6.36%。保荐业务现场督导发现，对于形成研发样机 / 资本化项目领料，保荐机构获取的研发领料单已经过发行人事后整理，且未获取发行人生产仓储部门原始单据并进行核对。督导期间，保荐机构补充核查了 LT002 项目，但核查比例较低，且领料单上的签字系仓储管理员王娟代签。对于未形成研发样机项目领料，保荐业务现场督导发现，发行人由研发人员以邮件形式请购，财务部根据采购发票直接计入研发费用，没有相应的领料流程。此外，请购单上未对应至研发项目的相关信息

从赛赫智能的案例可以看出，研发领料是研发费用核算的重要环节，研发领料和生产领料的准确区分是审核机构关注的重点。研发领料的人员应当为研发人员，生产领料的人员应当为生产人员，通常以领料单上签字人员的归属部门来区分。在用料过程中，企业应当保存使用记录，各个研发项目的材料使用应当有明确的进、销、存记录，即领料多少、使用多少、结余多少。

此外，根据实务经验，审核机构对研发费用可能还会重点关注以下方面：项目的主要材料用途是否与项目研发方向相关；研发费用中材料费的占比与研发实际需求是否对应，领料耗用量是否明显过高，研发人员、项目、能耗与领料数量的一致性；是否存在单次大额计提入账的情况；研发费用是否勉强满足发行条件；研发费用是否存在异常波动；企业内部是否有明确的领料管理内部控制系统等。

8.4　研发支出资本化

在企业会计准则的原则指导下，对于研究阶段和开发阶段的划分以及研发支出资本化的时点确认，由于大部分行业涉及的资本化外部证据较少，需要较多依赖管理层的主观判断。这使得部分企业存在利用会计准则进行利润调节的动机，尤其是对于选择盈利指标上市的拟申报 IPO 企业。这些企业可能通过研发支出资本化，将本应计入当期费用的研发支出确认为资产，使其能够在以后期间摊销，从而平滑当期利润。因此，在 IPO 审核过程中，审核机构对于研发支出资本化的问题尤为关注。

在注册制实施之前，市场上倾向于接受拟申报 IPO 企业将所有研发支出都计入申报期当期损益。这么做的主要目的是减少企业上市后业绩变脸及财务造假的可能性，降低审核风险并保护投资者。早期除了某些特大型企业，很少有成功 IPO 的企业存在研发支出资本化的情形。

近年来，我国在人工智能、新能源、新材料、集成电路、半导体、智能制造装备和创新医药等领域取得了一些重要的科研成果和技术突破，但与欧美日韩等发达国家相比，我国在某些高端科技领域仍然存在一定的差距。随着国内市场竞争的加剧以及国际贸易摩擦的不断升级，我国急需依靠技术创新来提升产业竞争力并降低对外依存度。因此，企业进一步加大研发投入成为推动高端科技发展的必要途径。然而，市场上倾向于接受将研发支出全部费用化处理的做法，这给企业的短期利润和融资安排等方面带来了一定的压力。为了更好地适应我国的发展需求，2019 年科创板注册制启动时，上交所发布了《上海证券交易所科创板股票发行上市审核问答》，对研发支出资本化提出了指导意见，并在后续审核中得到了贯彻落实。这一举措旨在促进我国科技创新和高端科技发展，推动我国科技水平的不断提升。

1. IPO 企业整体研发支出资本化情况

（1）各上市板块整体研发支出资本化情况。

经统计，各上市板块整体研发支出资本化情况如表 8-6 所示。

整体来看，自实施全面注册制以来，截至 2023 年 9 月 30 日，各上市板块累计已上市企业共 1 217 家。其中，2022 年度存在研发支出资本化情形的企业共有 90 家，整体研发支出资本化的数量比例为 7.40%，金额比例为 2.22%。无论从数量还是金额来看，占比均相对较低，绝大多数 IPO 企业仅存在研发支出费用化的情况。

表　8-6

上市板块	截至 2023 年 9 月 30 日注册制已上市企业数量 A	截至 2023 年 9 月 30 日注册制已上市企业 2022 年度存在研发支出资本化情况的企业数量 B	2022 年度资本化的研发支出 C（万元）	注册制所有企业 2022 年度研发支出费用化 + 资本化合计 D（万元）	研发支出资本化企业数量比例 E=B/A	研发支出资本化金额比例 F=C/D
科创板	555	72	366 707	13 505 019	12.97%	2.72%
创业板	501	16	23 820	3 151 453	3.19%	0.76%
北交所	143	2	518	360 229	1.40%	0.14%
主板	18	—	—	586 428	—	—
总计	1 217	90	391 045	17 603 129	7.40%	2.22%

资料来源：Wind，笔者自行整理。

从上市板块来看，科创板在 2022 年度存在研发支出资本化情况的 IPO 企业数量达到 72 家，远高于创业板的 16 家和北交所的 2 家，这符合其"硬科技"的板块定位属性。

（2）研发支出资本化企业的行业分布情况。

经统计，存在研发支出资本化情况的行业分布情况如表 8-7 所示。

从行业分布来看，2022 年度存在研发支出资本化情况的 IPO 企业中，"制药、生物科技与生命科学"类企业数量最多，达到 25 家。其中，该部分企业在 IPO 申报期内存在研发支出资本化情况的为 19 家，占比 76%。在"资本货物""医疗保健设备与服务""技术硬件与设备""半导体与半导体生产设备"这四类企业中，在 IPO 申报期内存在研发支出资本化情况的数量及占比均为上市后数量及占比的一半左右。"软件与服务"类企业，虽然上市后存在研发支出资本化情况的企业数量为 14 家，也相对较多，但值得注意的是，大部分该类企业在 IPO 申报期内将研发支出直接费用化处理，仅有 1 家企业在申报期内存在研发支出资本化情况，占比 7%，相对较低。

表　8-7

Wind 行业分类	截至 2023 年 9 月 30 日注册制已上市企业 2022 年度存在研发支出资本化情况的企业		A 相应企业 IPO 申报期内存在研发支出资本化情况		2022 年度资本化的研发支出（万元）	平均研发支出资本化金额（万元）
	数量 A	占比	数量 B	占比 C=B/A		
制药、生物科技与生命科学	25	28%	19	76%	85 221	3 409
软件与服务	14	16%	1	7%	37 553	2 682
资本货物	11	12%	6	55%	61 564	5 597
医疗保健设备与服务	10	11%	7	70%	32 656	3 266
技术硬件与设备	9	10%	5	56%	45 406	5 045
半导体与半导体生产设备	8	9%	4	50%	121 770	15 221
商业和专业服务	7	8%	2	29%	3 503	500
材料 II	4	4%	1	25%	997	249
家庭与个人用品	1	1%	——	——	2 352	2 352
运输	1	1%	——	——	24	24
总计	90	100%	45	50%	391 045	4 345

注：上表中 Wind 行业分类中的"资本货物"类企业，对应证监会行业分类中的铁路、船舶、航空航天和其他运输设备制造业、通用设备制造业、专用设备制造业、电气机械和器材制造业等行业的企业。

资料来源：Wind，笔者自行整理。

上述企业中，"半导体与半导体生产设备"类企业平均研发支出资本化金额为 15 221 万元，远高于其他行业。"资本货物""技术硬件与设备""制药、生物科技与生命科学"类企业平均研发支出资本化金额次之。整体来看，研发支出资本化情况符合行业特征。

2. 各细分行业研发支出资本化的具体情况

由表 8-7 可见，存在研发支出资本化情况的 IPO 企业主要集中在制药、生物科技与生命科学，资本货物，医疗保健设备与服务，技术硬件与设备，半导体与半导体生产设备以及软件与服务这六大领域。这些细分行业下的具体企业在 IPO 申报期内的研发支出资本化情况具体如下。

（1）制药、生物科技与生命科学行业。

1）创新药资本化情况。

2022 年度存在研发支出资本化情况的 IPO 企业中，经梳理其在 IPO 申报期内披露的研发支出资本化开始时点主要分为三种情形，具体如表 8-8 所示。

表 8-8

资本化开始时点	资本化依据	研发支出资本化企业
时点 1：实质开展Ⅲ期临床试验或Ⅱ期临床试验（最后一期）	Ⅲ期临床试验批件或Ⅱ/Ⅲ期联合批件	微芯生物、欧林生物、成大生物、神州细胞、特宝生物、凯因科技、诺泰生物、艾迪药业、百克生物、三生国健、康希诺、迈普医学、南新制药、华兰疫苗
时点 2：完成Ⅲ期临床试验	Ⅲ期临床研究总结报告	金迪克
时点 3：取得药品注册证书/批件	药品注册证书/批件	康希诺、复旦张江

注：上表中"康希诺"对于一类生物制品采用时点 3 作为研发进入开发阶段的时点；对于非一类生物制品采用时点 1 作为研发进入开发阶段的时点。一类生物制品系《药品注册管理办法》(2007) 规定的预防用生物制品类（指未在国内外上市销售的疫苗）以及治疗用生物制品一类（指未在国内外上市销售的生物制品），即国内外均未上市的创新疫苗或其他生物制品。非一类生物制品系除一类生物制品以外的其他注册类别生物制品。

资料来源：微芯生物第二轮审核问询函的回复、欧林生物第二轮审核问询函的回复、成大生物首次审核问询函的回复、神州细胞第二轮审核问询函的回复、特宝生物首次审核问询函的回复、凯因科技发行注册环节反馈意见落实函的回复、诺泰生物发行注册环节反馈意见落实函的回复、艾迪药业首次审核问询函的回复、百克生物首次审核问询函的回复、三生国健首次审核问询函的回复、康希诺第二轮审核问询函的回复、迈普医学首次审核问询函的回复、南新制药首次审核问询函的回复、华兰疫苗发行注册环节反馈意见落实函的回复、金迪克首次审核问询函的回复、复旦张江首次审核问询函的回复，详见上海证券交易所网站 https://www.sse.com.cn 和深圳证券交易所网站 https://www.szse.cn。

创新药物的临床研究通常遵循传统的分期临床试验模式，即 I 期临床试验是初步的临床药理学及人体安全性评价试验，观察人体对药物的耐受程度和药代动力学；II 期临床试验是治疗作用初步评价阶段，初步评价药物对目标适应症患者的治疗作用和安全性；III 期临床试验是治疗作用确证阶段，通过足够的样本量进一步验证药物对目标适应症患者的治疗作用和安全性。在 I 期、II 期临床试验期间，药品的整体成药性尚不明确，但进入 III 期临床后，药品的整体成药性和商业化前景均相对可控。基于此，如表 8-8 所示，大多数企业以取得 III 期临床试验批件并实质开展 III 期临床试验作为研发支出资本化的开始时点（即时点 1），并以获得新药证书或生产批件作为研发支出资本化的结束时点，将在此开发阶段发生的研发支出予以归集并进行资本化处理。

虽然上述大部分企业研发支出资本化的原则基本一致，但部分企业基于自身研发产品的特点对制定的具体资本化政策有所区别，具体表现在四个方面。

a）临床试验通常按照 I 期、II 期、III 期的传统分期模式依次开展研究。但随着创新药物研发技术的日趋成熟，考虑到患者对于能够尝试使用具有"变革性"的创新药物治疗的强烈需求，无论是制药行业还是政府监管部门或是其他学术组织，都迫切希望在评价新药疗效时尽可能地提高效率、降低成本，同时又兼顾时效性和伦理问题。因此，适应性 II / III 期无缝试验作为一种创新性的临床试验设计方法，受到越来越多研究者的青睐。无缝试验不进行传统的 I 期、II 期、III 期试验，在获得被测试药物的基本安全性和药代动力学特征后，一般从一个小样本的临床试验开始，设计不同亚组并相继入组开展扩展队列试验。在药物试验过程中发现某一亚组的初步疗效指标有显著提升，则可在尚未完成原有临床试验的情况下，进行方案调整和队列扩展，额外纳入更多患者，以取得有统计学意义的临床数据，递交给监管部门审批上市。这样就可以通过一个连续试验实现需要传统多个分期试验才能实现的目标。因此，无缝试验不需要套用临床试验的分期概念逐段实施和申报。

表 8-8 中的微芯生物案例披露了西达本胺（治疗非小细胞肺癌）的临床试验方案设计，发行人认为方案不存在明显的 II 期与 III 期临床试验的划分，无法客观划分 II 期与 III 期临床试验。首次申报时，微芯生物披露"开发阶段的起点为在药品上市前取得最后一次临床试验批件"，即该项目以取得 II／III 期临床联合批件作为资本化起点。但在注册环节两轮问询中，审核机构均要求发行人说明 II 期和 III 期临床试验能否客观划分，并合理确定研发支出资本化时点。最终，微芯生物从谨慎性角度出发，全部予以费用化调整，据此对申报财务报表进行了会计差错更正，并在招股说明书中补充披露了具体的研发支出资本化政策："公司取得 III 期注册性临床试验批件（最后一期）；或取得 II／III 期联合批件且有足够外部证据证明实质开展 II 期注册性临床试验（最后一期）；或取得 II／III 期联合批件且有足够外部证据证明实质开展 III 期注册性临床试验（最后一期）的，在同时满足确认为无形资产的五个条件的情况下进行资本化。对于不符合上述条件的（如取得 II／III 期联合批件并拟开展 II／III 期临床试验）则全部费用化。"因此，对于临床试验获取 II／III 期联合批件的情形，拟申报 IPO 企业应结合自身研发项目情况判断 II 期、III 期临床试验是否可明确划分，是否已实质性开展最后一期临床试验（II 期或 III 期），相关研发支出资本化政策与同行业可比公司相比是否谨慎，避免直接以获取 II／III 期联合批件作为开始资本化的时点所带来的审核风险。

b）大部分企业直接将上述开发阶段发生的研发支出进行资本化处理，但欧林生物基于谨慎性原则，仅将与临床试验直接相关的费用（如临床试验费、临床试验生产样本的相关费用、临床试验研究与监查费等直接与具体临床试验相关的其他费用）资本化。而在取得 III 期临床批件至取得生产批件时间段内发生的与临床试验无直接关系的费用（如工艺验证、放大生产试验、为通过现场检查进行产品试生产等耗用的或分摊的人员工资、材料、燃料动力、折旧等费用）则计入当期费用，不予资本化。

c）成大生物和华兰疫苗在考虑部分研发项目时未予以资本化，其对于 1 类创新型疫苗的研发投入均计入研发费用，不予资本化。仅对于 2 类改良型疫苗和 3 类境内或境外已上市的疫苗，在符合资本化条件时予以资本化。

d）百克生物基于谨慎性原则，根据风险程度分别将开发阶段的研发支出计入当期损益或开发支出。其在相关政策中披露："开发阶段发生的支出，应根据其风险程度分别计入当期损益或开发支出。根据研发进展，在财务账务处理前，召开专家评估会，判断风险程度。风险大于 30% 的项目支出计入当期损益，风险小于 30% 的项目支出计入开发支出。凡已计入开发支出的项目，在每个开发阶段结束之后，请专家再次评估确认风险程度，风险大于 30% 的项目支出应调整计入当期损益，风险小于 30% 的项目支出继续计入开发支出。"

除上述时点 1 以外，少数企业以完成Ⅲ期临床试验或取得药品注册证书 / 批件作为研发支出资本化的开始时点（时点 2 和时点 3）。该资本化时点相比时点 1 更晚，这种相对谨慎的研发支出资本化政策降低了 IPO 的审核风险。

2）仿制药资本化情况。

a）仿制药资本化开始时点。⊖制药企业研发的不同仿制药所需的临床试验或生物等效性（BE）试验要求各有不同，因而，不同企业的具体研发支出资本化政策也存在差异，具体详情如表 8-9 所示。

表 8-9

项目	资本化时点	研发支出资本化企业
需要临床试验	时点 1：取得Ⅲ期临床试验批件	欧林生物、艾迪药业、圣诺生物
	时点 2：完成生物等效性试验备案	泰恩康、悦康药业
不需要临床试验	时点 1：全部费用化	圣诺生物
	时点 2：中试开始或中试完成时	悦康药业、复旦张江
	时点 3：取得药品注册受理通知书	诺泰生物

注：上表中"悦康药业"口服制剂类需进行 BE 试验，注射剂类不需要进行 BE 试验。BE 试验即为生物等效性试验。

⊖ 本小节相关表述和分析所依据的资料来源于欧林生物第二轮审核问询函的回复、艾迪药业审核问询函的回复、圣诺生物第二轮审核问询函的回复、泰恩康第三轮审核问询函的回复、悦康药业审核中心意见落实函的回复、复旦张江首次审核问询函的回复、诺泰生物发行注册环节反馈意见落实函的回复，详见上海证券交易所网站 https://www.sse.com.cn 和深圳证券交易所网站 https://www.szse.cn。

如表 8-9 所示的案例，对于需要进行临床试验的仿制药物，通过不分期的验证性临床试验或生物等效性试验后即可申报生产。申报企业选择以取得Ⅲ期临床试验批件或完成生物等效性试验备案作为研发支出资本化的开始时点。对于不需要临床试验的仿制药物，由于研发对标的原研药已上市，研发技术及产品工艺相对成熟，因此在研发过程中面临的不确定性较小。申报企业一般以中试开始或中试完成，或者相对更晚的取得药品注册受理通知书作为研发支出资本化的开始时点。仅有"圣诺生物"披露："对于无须进行临床试验的药品研究开发项目，由于公司在取得药品注册申请受理通知书时，无法判断该项目是否需要临床试验，基于谨慎性原则，将无须临床试验的仿制药研发项目，在获取生产批件之前作为研究阶段，相应研发支出全部予以费用化。"

b）仿制药一致性评价支出资本化情况。仿制药一致性评价，是指对已经批准上市的仿制药，按照与原研药品质量和疗效一致的原则，分期分批进行质量一致性评价，即仿制药需要在质量与药效上达到与原研药一致的水平。

中国证券监督管理委员会会计司出版的《上市公司执行企业会计准则案例解析（2024）》中，关于"仿制药'一致性评价'费用能否资本化的问题"形成的监管意见如案例 8-1 所示。

♣ 案例 8-1　准则及监管部门文件相关案例

【案例背景】

2016 年 2 月 6 日，国务院办公厅印发《关于开展仿制药质量和疗效一致性评价的意见》（国办发〔2016〕8 号）（以下简称《意见》），《意见》规定，列入国家基本药物目录（2012 年版）中 2007 年 10 月 1 日前批准上市的化学药品仿制药口服固体制剂，应在 2018 年底前完成一致性评价，其中需开展临床有效性试验和存在特殊情形的品种，应在 2021 年底前完成一致性评价；逾期未完成的，不予再注册。化学药品新注册分类实施前批准上市的其他仿制药，自首家品种通过一致性评价后，其他药品生产企业的相同品种原则上应在 3 年内完成一致性评价；逾期未完成的，不予再注册。

【监管意见】

根据《关于开展仿制药质量和疗效一致性评价的意见》，对于医药企业已经取得生产许可证、正在生产销售的药品，如果不进行一致性评价，将在某个时间点失去继续生产的条件，即做一致性评价将为医药企业带来新的生产能力，将产生扩大其未来经济利益流入的能力。另外，一致性评价一定程度上会提高药效、增加药品销量或延长医药企业生产该药品技术的经济寿命，也可为企业带来经济利益。**因此，应将一致性评价视同一项新的研发，根据无形资产研发的资本化条件判断是否可以资本化。** 同时，该一致性评价相关品种已经资本化的无形资产要进行减值测试。

（2）医疗保健设备与服务行业。

我国对医疗器械行业实行严格的监督管理。医疗器械按照风险程度分为三类：第一类风险程度低；第二类具有中度风险；第三类具有较高风险。根据《医疗器械注册与备案管理办法》（国家市场监督管理总局令第 47 号）的规定，我国对第一类医疗器械实行产品备案管理，对第二类、第三类医疗器械实行产品注册管理。通常情况下，第一类医疗器械不需要临床试验；第二类、第三类医疗器械应当进行临床试验，但符合条件的可以免于临床试验。

不同医疗器械企业[⊖]的研发方向和产品差异较大。例如，心脉医疗的产品为主动脉介入医疗器械；爱博医疗的产品为眼科医疗器械；微电生理的产品为电生理介入诊疗与消融治疗领域创新的医疗器械；山外山的产品为血液净化设备等。这些产品风险程度和监管要求较高，需要经过临床试验。而有的企业的部分产品风险程度较低，则无须经过临床试验。不同企业具体的研发支出资本化政策详见表 8-10。

⊖ 本小节相关表述和分析所依据的资料来源于心脉医疗第二轮审核问询函的回复、爱博医疗首次审核问询函的回复、微电生理招股说明书、山外山第三轮审核问询函的回复、赛诺医疗第三轮审核问询函的回复、联影医疗首次审核问询函的回复、辰光医疗招股说明书，详见上海证券交易所网站 https://www.sse.com.cn 和深圳证券交易所网站 https://www.szse.cn。

表　8-10

项目	资本化时点	资本化依据	研发支出资本化企业
需要临床试验	时点 1：完成首例临床试验入组	伦理批件、临床试验备案文件（如需）、首例手术记录表	心脉医疗、爱博医疗、微电生理、山外山
	时点 2： 需要临床批件：取得临床批件 不需要临床批件：主中心医院伦理委员会通过并取得伦理批件	临床批件 / 伦理批件	赛诺医疗
	时点 3：医疗器械监督管理部门完成临床试验备案	临床试验备案文件	联影医疗、辰光医疗
不需要临床试验	时点 1：第三方检测机构 / 医疗器械质量监督检验机构检测合格	检测合格报告	赛诺医疗、联影医疗
	时点 2：样机或其核心模块（射频）通过性能测试	—	辰光医疗

如表 8-10 所示，由于医疗器械行业的强监管特性，绝大部分企业的产品研发支出资本化都需要通过获取外部证据来佐证。对于通常需要经过临床试验的第二类和第三类医疗器械，成功完成首例临床试验入组，在一定程度上验证了产品的安全性和有效性。因此，大多数企业基于谨慎性原则，选择该时点作为研发支出资本化的开始时点。部分企业则选择以临床试验备案通过或获取临床批件 / 伦理批件等更早的时点开始资本化。在 IPO 审核过程中，审核机构对这些由国家监管部门授予的外部证据予以认可。对于不需要经过临床试验的医疗器械，虽然对人体的安全风险相对较低，但大部分企业还是通过第三方检测机构对产品进行检测，并获取检测合格报告，以此佐证研发支出资本化的合理性。

（3）半导体与半导体生产设备、资本货物、技术硬件与设备行业。

半导体技术作为现代电子技术的基础，其发展和进步对电子产品性能和功能的提升起着重要作用。半导体材料的研发、半导体设备的制造以及半导体芯片的设计和生产，都是硬科技领域的主要内容。技术硬件与设备和资本货物这两个行业存在一定的交叉性，包括但不限于计算机硬件、通信设备、大型工程机械设备、电力设备、工业自动化设备等。这些产品通常涉及复杂的科技和工程技术，并且在现代产业中扮演着关键角色。

不同行业的具体产品或业务差异较大，因此其研发流程也存在差异。但经过梳理，上述几种行业 IPO 企业的研发支出资本化政策具有一定的共通性，具体如表 8-11 所示。

如表 8-11 所示的案例，对于半导体与半导体生产设备、资本货物、技术硬件与设备这三个行业的研发项目，通常由企业科研管理部门召集并组织专家组对项目研究阶段的成果进行评审。评审内容包括从项目的技术可行性、商业用途、预计能否形成无形资产、无形资产的可用性、技术及财务支持、项目内部管理和费用核算等角度进行评估。这些评估旨在判断项目是否满足转入开发阶段并开始资本化的要求。虽然每家企业的立项评审内容和流程有所区别，但绝大多数申报企业都是以立项方案经内部专家或内外部专家集体评审通过，作为研发支出资本化的开始时点的。上述研发支出资本化政策形成的资本化依据通常为内部证据。为了加强研发支出资本化时点关键支持性证据的客观性和可靠性，部分企业选择在集体评审中引入外部专家的决策机制。例如，海光信息、龙芯中科和科德数控披露，参与资本化评审的技术专家中至少包含一名外部专家，且外部专家需签署相关评审报告。但也有部分企业考虑到所处行业具有技术密集、更新迭代速度快、研发投入大等特点，为避免泄露商业秘密而未聘请外部专家参与企业内部产品评审工作。

除以立项方案通过集体评审作为研发支出资本化开始时点外，其他资本化时点主要包括：例如，中微公司和时代电气的部分研发项目以样机试制成功并完成测试，作为研发支出资本化的开始时点。由于样机是实际形成的研发成果，因此该研发活动是否符合《企业会计准则》研发支出资本化规定的"技术可行性"和"经济可行性"相对容易论证。国盾量子参照国家标准将研发项目的技术成熟度划分为 9 个等级，并将达到一定等级的项目进行研发支出资本化。由于相关技术认定符合行业通行标准，因此是否符合企业会计准则研发支出资本化规定的"技术可行性"相对容易论证。亿华通以签订课题任务书时间为资本化时点，存在明显的外部证据。

表 8-11

Wind 行业分类	研发支出资本化企业	产品或业务	资本化时点（摘录）	资本化依据	
				内部证据	外部证据
半导体与半导体生产设备	海光信息	高端处理器	公司在立项评审后，对于开发类项目，组织评审专家组进行资本化评审，形成《资本化评审报告》。公司以《资本化评审报告》显示项目通过资本化评审作为资本化时点开始条件	√	√
	复旦微电	集成电路设计与测试业务	立项申请通过立项论证和立项评审，按公司项目审批流程批准后，形成《项目任务书》，发布同意立项决议，启动设计开发	√	×
	中微公司	高端半导体设备	Alpha 机初步试制成功，机台的技术测试基本完成，取得"模拟生产线寿命测试"报告	√	×
	龙芯中科	处理器及配套芯片	科研管理部门召集并组织专家组对项目研究阶段的成果进行评审，判断是否满足转开发阶段并经专家组评审通过，形成《研发项目转阶段评审确认表》并经专家组评审通过。通过后，相关项目即进入开发阶段	√	√
资本货物	科德数控	高端五轴联动数控机床及其关键功能部件、高档数控系统	公司基于关键零组件或已有测试平台实物上所开展的充分模拟测试得到的数据结果，完成了包括部件装配图、总装配图、机械零件图，装配作业指导书、精度检测作业指导书等在内的设计制造方案，再经由公司组织的内外部专家进行论证评审，评审通过后进入人开发阶段	√	√

（续）

Wind 行业分类	研发支出资本化企业	产品或业务	资本化时点（摘录）	资本化依据	
				内部证据	外部证据
资本货物	时代电气	轨道交通装备产品	①确定性较高的项目，立项审批完成提交资本化申请；②基于原有项目的变形改造升级项目，于方案设计或施工设计完成后提交资本化申请；③新型项目，在完成样机试制后提交资本化申请，如项目技术开发难度巨大或存在重大不确定性，会于开展试验验证并获得相应验证结果后再提交资本化申请。上述研发项目的资本化申请需要由技术相关负责人及财务相关负责人审批通过才可进行资本化处理	√	×
	亿华通	氢燃料电池发动机系统	对于符合资本化条件的研发项目，发行人明确国家项目以签订课题任务书时间为资本化时点	√	√
	观典防务	无人机系统及智能防务装备	公司研发支出开始资本化的具体依据为取得由技术、产品等专家组成的评审委员会评审通过的《专家评审报告》	√	×
	威腾电气	输配电及控制设备制造行业中母线细分行业	以项目正式立项作为资本化的时间起点	√	×
技术硬件与设备	和辉光电	AMOLED 半导体显示面板制造商	研发支出资本化的起点是通过商机评估阶段中新产品开案开案评审委员会的时点；研发支出资本化的终点是通过新产品设计与制程验证跨关会议时点	√	×
	国盾量子	量子通信产品	公司将技术成熟度设置了 9 个等级，将被评定为 5 级以上（含 5 级、演示样机通过模拟使用环境验证）项目界定为开发阶段。9 个等级依参照国家标准《科学技术研究项目评价通则》所附"技术就绪水平量表"中的 9 级分级，结合公司研发情况制定，符合通行标准	√	×

（续）

Wind 行业分类	研发支出资本化企业	产品或业务	资本化时点（摘录）	资本化依据	
				内部证据	外部证据
技术硬件与设备	道通科技	汽车智能诊断、检测分析系统及汽车电子零部件	公司研发项目在通过计划 DCP 评审后开始资本化。计划 DCP 评审（DCP 是指计划决策评审点）和转量产评审需要经项目组召开评审会议，形成计划 DCP 评审纪要和转量产会议纪要	√	×
	兴图新科	基于网络通信的军队专用视频指挥控制系统	设立专项研发小组：该时点即资本化开始时点。公司以红头文件形式设立专项研发工作组，安排研发人员针对用户特定需求开展研发，故相关研发支出自设立专项研发工作组、研发活动正式开展后归集至项目研发成本	√	×
	工大高科	工业铁路信号控制与智能调度产品	公司内部研发项目在进入开发阶段前应由研发项目经理组织召集专家人员对现有的技术可行性要求进行评价，符合《研发支资本化管理规定》第五条的相关资本化要求方可进入开发阶段，并进行资本化处理；形成研发项目资本化评审报告，提请公司管理层批准	√	×

资料来源：海光信息上市委意见落实函的回复、复旦微电发行注册环节反馈意见落实函的回复、中微公司发行注册环节反馈意见落实函的回复、龙芯中科首次审核问询函的回复、科德数控第三轮审核问询函的回复、时代电气第二轮审核问询函的回复、亿华通首次审核问询函的回复、观典防务精选层挂牌申请文件的审查问询函的回复、威腾电气发行注册环节反馈意见落实函的回复、和辉光电第三轮审核问询函的回复、国盾量子第三轮审核问询函的回复、道通科技首次审核问询函的回复、兴图新科第二轮审核问询函的回复 https://www.sse.com.cn 和深圳证券交易所网站问询函的回复、工大高科首次审核问询函的回复，详见上海证券交易所网站 https://www.szse.cn。

（4）软件与服务行业。

根据表 8-7，"软件与服务"类企业中，虽然有 14 家 IPO 企业上市后存在研发支出资本化的情况，但大部分该类企业在 IPO 申报期内选择将研发支出直接费用化处理。仅有软通动力 1 家企业在申报期内存在研发支出资本化的情况。该公司披露的研发支出资本化政策为，"根据公司《研发类项目管理制度》，研发项目立项时需要提交研发项目可行性研究报告、研发任务合同书等资料由公司项目管理部评审，评审通过后方可进入开发阶段"，由此形成的资本化依据为内部证据。

3. 研发支出资本化的相关考虑

通过对上述申报期内存在研发支出资本化情况的注册制上市企业的研发特征和资本化依据进行分析，对于研发支出资本化，拟申报 IPO 企业应当重点关注以下几个方面。

（1）应当符合行业特征和"硬科技"属性。

从表 8-7 统计数据来看，申报期内存在研发支出资本化情况的 IPO 企业呈现出较为明显的行业特征。制药、生物科技与生命科学企业和医疗保健设备与服务企业合计占比超过一半以上，半导体与半导体生产设备、技术硬件与设备、资本货物等具有硬科技属性的先进制造型企业也占据了一定的比重。其他行业则仅有个别企业存在研发支出资本化情况。

药品和医疗器械直接关系到人类的生命健康，因此需要国家相关监管部门通过强有力的监管措施，来确保制药企业和医疗器械企业的研发符合严格的质量和安全标准。这些企业在研发药品和医疗器械的过程中必须遵守严格的法规和规范，包括确保药品研发过程的标准化、文件的完备性和必要的临床试验等。同时，药品和医疗器械研发的最终目的，是将研发成果转化为实际的产品，提供给患者使用。行业的监管可以促使研发成果符合市场需求和临床实践的要求，并最终实现市场化。基于制药企业和医疗器械企业强监管性的行业特征，当研发活动达到关键节点时，需要获取监管部门的临床试验批件或药品注册证书等外部证据，研究阶段和开发阶段的划分较为清晰，因此这两类行业的企业研发支出资本化在 IPO 审核过程中更容易被审核机构认可和接受，也符合行业惯例做法。

半导体与半导体生产设备、技术硬件与设备、资本货物等几种类别的行业都是国家重点扶持发展的"硬科技"领域的重要代表。产品的研发过程需要大量的资金和技术投入，科技创新和工程技术的发展可以推动社会的科技进步和经济发展。因此，这些行业类型的企业研发支出资本化，在 IPO 审核过程中容易被审核机构认可和接受。但是，由于这些行业缺乏统一、权威和可参照的行业标准，大部分企业研发支出资本化的依据仅为内部证据。因此，拟申报 IPO 企业应当结合自身产品科技含量和同行业可比公司情况，基于谨慎性原则判断是否满足研发支出资本化条件。

相较于上述其他行业，软件与服务行业的企业在 IPO 申报期内较少选择研发支出资本化处理。与传统的制造业相比，软件行业的盈利模式较为复杂，软件产品的盈利主要依靠授权、订阅、广告和增值服务等非实物性的模式。这些盈利模式的实施和变现需要一定的市场份额和用户基础，这使得软件开发的投资回报周期相对较长。而且，软件技术的快速迭代增加了软件研发获取回报的不确定性。软件行业的技术发展迅速，新的技术和方法层出不穷，导致软件行业的研发工作需要持续不断地适应并应对新的技术挑战。此外，虽然软件可以通过专利或版权等方式进行保护，但实务中保护软件知识产权仍然存在一定的难度。因此，上述原因以及其他因素导致在软件与服务行业中，研发支出资本化条件中的"技术可行性"和"经济可行性"较难论证。大多数企业选择将研发支出费用化处理，但不同企业的软件产品差异较大。实务中，拟申报 IPO 企业应当结合自身软件产品技术含量、市场需求、市场竞争情况和盈利模式等因素综合分析判断。如果存在较大不确定性，则考虑费用化处理，以降低 IPO 审核风险。

（2）内部控制与研发支出资本化。

根据《企业会计准则第 6 号——无形资产》，企业研发项目要确认为无形资产，需要进入开发阶段并同时满足五个条件，具体如表 8-12 所示。

但是，企业能够提供的满足这五个条件的支持性证据通常为内部证据。因此，企业需要通过设计恰当的内部控制流程，将必要的内部工作提前执行，以降低后期 IPO 规范成本和审核风险。

表　8-12

资本化条件	拟申报 IPO 企业可考虑执行的工作
（一）完成该无形资产以使其能够使用或出售在技术上具有可行性	"技术可行性"通常被认为是区分研究阶段和开发阶段的重要条件之一。除了少数存在明显可获取外部证据以佐证相关技术具备可行性的行业，其他行业可以通过编制研发项目立项报告并进行集体评审等方式进行证明 在项目立项阶段，企业应当针对具体研发项目制定清晰、可量化的技术指标，并确保设定的指标与行业标准或国际标准相比达到先进水平，以证明研发项目的创新性和价值。在评审时点，企业应结合行业技术发展趋势和企业自身的技术积累进行初步验证，以确保技术上不存在实质性障碍，例如样机试制完成并测试成功等。企业还应通过专家集体评审的方式，对研发项目实际收益及效果是否足以支持创新性的认定进行判断，例如是否形成专利权、新产品是否具有明显效益、产品档次和性能是否明显提升等。对于大多数无外部证据佐证的项目，企业可以引入外部专家参与关键技术的评审工作。这些专家应具备相关领域的专业知识和经验，且应当能够客观、中立地评估项目的技术可行性，并提供建议和意见 值得注意的是，技术可行性并非一蹴而就的过程。企业应及时记录、更新并留存相关论证过程文件，以确保透明度和可追踪性。特别是研发项目关键节点的记录应当清晰，避免事后人为补充相关文件，以降低相关审核风险
（二）具有完成该无形资产并使用或出售的意图	"使用或出售意图"取决于管理层的判断，该决定应基于企业的战略规划以及相关市场和经济因素。管理层可以在研发立项报告中，对研发项目进行定位，并详细阐述项目的研发背景和商业化前景等。该条件通常较为容易论述

（续）

资本化条件	拟申报 IPO 企业可考虑执行的工作
（三）无形资产产生经济利益的方式，包括能够证明运用该无形资产生产的产品存在市场或无形资产自身存在市场，无形资产将在内部使用的，应当证明其有用性	"经济可行性"是研发支出资本化的另一个重要条件。企业可以通过量化经济利益的流入来论证其可行性，尤其是对于研发产品用于对外销售的情况 在这种情况下，盈利预测的可实现性对于判断经济利益的流入尤为重要。因此，在评估经济可行性时，企业应综合考虑多种因素，包括市场需求和发展趋势、企业的竞争优势、盈利模式和商业模式等 客户在手订单或确定性较强的合作意向作为重要的外部依据，对于盈利预测的准确性具有重要意义，并且在审核中通常备受关注。企业可以结合历史研发项目的实际销售情况与盈利预测的差异，来论证预测的准确程度。对于难以量化说明经济可行性的项目，企业需要审慎考虑是否满足资本化的条件 此外，如果研发项目是用于企业内部的，例如 ERP 信息系统建设，企业需要详细说明其用途以及如何带来经济利益，可能包括提高企业的运营效率、降低成本或提升信息披露质量等方面的好处。通过清晰地展示这些信息，企业可以更好地支持研发支出资本化的决策过程
（四）有足够的技术、财务资源和其他资源支持，以完成该无形资产的开发，并有能力使用或出售该无形资产	对于"技术资源"，企业可以结合条件一"技术可行性"进行判断。通常，企业应当论述研发项目团队的技术能力是否满足项目的研发需求，这包括团队成员的技术背景、专业知识和经验，以及团队的组织能力等。如果项目需要与外部合作伙伴合作，企业应当评估合作伙伴的技术实力和可靠性，以确保他们能提供所需的技术支持和资源 对于"财务资源"，建立研发项目预算机制，是管理层对研发资金进行有效控制和管理的重要手段。通过制定预算，管理层可以提前明确研发支出的预计规模，与企业可动用的盈余资金进行对比，并分析相关研发资金的来源。这包括判断资金是来自企业自身经营活动还是外部融资，如涉及外部融资（例如银行贷款或增发融资等方式），企业应当进一步论述外部融资的规模和可能性。对于该条件企业可以结合企业财务状况等进行分析，相对较为容易论述

（续）

资本化条件	拟申报 IPO 企业可考虑执行的工作
（五）归属于该无形资产开发阶段的支出能够可靠地计量	前四个条件的责任主体主要为企业管理层和研发技术部门。而第五个条件"支出能够可靠地计量"的责任主体主要为企业财务部门，但也需要研发技术部门配合执行。财务部门应与研发部门建立有效的沟通机制，及时在财务信息系统中为每个新立项的研发项目建立研发成本中心和辅助明细账。对于同一个项目，财务部门应区分研究阶段和开发阶段两个有效阶段。在满足公司研发支出资本化政策的条件下（如条件一所述的编制研发项目立项报告并集体评审通过的时点），对发生的各项研发支出进行准确归集，并定期复核、反馈归集的准确性。如果发现错误，应及时进行调整处理 此外，财务部门还应与研发部门共同明确项目可能发生的费用类型，并明确可以资本化的范围。需要注意的是，具体的费用类型和资本化范围的确定应结合企业自身的研发情况，并遵循相关的《企业会计准则》和规定。对于与开发阶段相关性较弱的费用类型，应考虑基于谨慎性原则进行费用化处理

通过设计合理的内部控制流程，拟申报 IPO 企业可以更有效地管理研发项目，确保其研发支出资本化符合企业会计准则的要求，并保证相关信息的准确记录，以支持财务报告的编制和决策分析的进行。

第 9 章　在建工程

在建工程往往是拟申报 IPO 企业财务造假的高风险领域，主要是由几个因素导致的：首先，涉及的在建工程金额较大且周期长，这容易被企业管理层或相关员工用来挪用资金和虚构利润；其次，在建工程的财务核算相对复杂，存在较大的财务操纵空间，例如企业可能通过推迟转固时点来影响利润；最后，在建工程的信息披露相对不透明，这使得审核部门和中介机构的判断变得更加困难。

当在建工程支出与企业的销售订单情况或产能状况明显不匹配时，相应的审核风险将进一步增加。企业管理层或相关员工可能通过虚构增加在建工程的金额来转移资金或掩盖难以处理的费用。这些被虚构的资产最终可能通过折旧等手段被消化，从而在财务报表中"无形"地减少企业的实际负债或增加企业的利润。

♣ 案例 9-1　聚威新材（2023 年 4 月科创板撤回材料终止案例）

2023 年 1 月 10 日上海聚威新材料股份有限公司（简称"聚威新材"）

上市委会议审议结果为"暂缓审议",2023 年 4 月 28 日,保荐机构撤回申请上市申请材料,聚威新材 IPO 随即终止。上市委会议围绕在建工程、毛利率高于同行业可比公司提出两大问题,其中,关于在建工程上市委要求说明:"①报告期初即已开工的两项在建工程项目建设周期超过原计划的原因及合理性,是否主要系施工方责任所致,发行人以调增预算的方式承担由此增加的建设成本,并在项目完工前即支付全部监理费用,是否符合建筑施工行业的一般惯例;②发行人在首次申报时对上述在建工程项目预算超支、工期超原计划等情形是否已充分披露,发行人是否存在主动推迟结转在建工程以延缓计提折旧、将收益性支出计入在建工程、通过工程款支付等方式将建设资金移作他用等情形;③报告期内在建工程项目与本次募集资金投资项目是否存在内容重复、周期重叠等情形。请保荐人就上述事项说明核查程序及核查结果,包括但不限于对监理日志、工程实际进展、工程款的资金流向进行核查,并发表明确核查意见。"

资料来源:聚威新材科创板上市委 2023 年第 3 次审议会议结果公告,详见上海证券交易所网站 https://www.sse.com.cn。

　　聚威新材在暂缓审议的三个多月后选择主动向交易所撤回材料,这可能与交易所现场督导查出的问题有关。在 2023 年 8 月上交所披露的《监管措施决定书》中,上交所指出了对聚威新材现场督导发现的违规行为,主要包括:对发行人研发费用归集相关内部控制有效性核查不到位、对发行人产量数据的核查不到位,以及保荐业务内部质量控制存在薄弱环节等三大违规事项。虽然从处罚结果来看,无法知悉其在建工程事项是否已得到解决,但在建工程作为上市委重点关注的事项之一,其他企业仍应引以为鉴。拟申报 IPO 企业应当重点关注在建工程核算的准确性及转固的及时性,避免对财务报表产生影响。

　　在建工程利息资本化问题也是审核机构的关注重点。宁波菲仕技术股份有限公司(简称"菲仕科技")[⊖]在 2021 年 11 月的审核中未获通过,上

　　⊖　资料来源:菲仕技术科创板上市委 2021 年第 88 次审议会议结果公告、关于终止宁波菲仕技术股份有限公司首次公开发行股票并在科创板上市审核的决定,详见上海证券交易所网站 https://www.sse.com.cn。

市委关注了发行人"2020 年与 2021 年 1～6 月,与新能源汽车业务相关在建工程项目没有实质性投入的原因及合理性,相关在建工程项目继续确认利息资本化是否符合《企业会计准则》的规定"。最终,在《关于终止宁波菲仕技术股份有限公司首次公开发行股票并在科创板上市审核的决定》中,上市委审议认为发行人对于在建工程延缓投入和利息继续资本化事项未能充分、合理、准确说明。

此外,也存在其他 IPO 企业虚增在建工程的情形。在科创板首批强制退市案中,上交所在 2023 年依法对涉嫌欺诈发行的泽达易盛[⊖]启动了重大违法强制退市程序。从证监会下达的《行政处罚决定书》看,泽达易盛在 2021 年度报告中存在虚增在建工程的情形:"2021 年,泽达易盛期末在建工程中,预付浙江观滔智能科技有限公司(简称"浙江观滔")设备款 42 690 600.00 元。其中,预付浙江观滔 36 320 600.00 元设备款对应的在建工程没有对应实际成本发生,虚增在建工程 36 320 600.00 元。"对于企业申报期内大额在建工程的真实性,中介机构应当结合实地盘点、合同检查、对工程方访谈、检查资金流水及市场价格比对等核查程序予以加强验证。

⊖ 资料来源:泽达易盛 2023 年 4 月公告的证监会《行政处罚决定书》。

内部控制健全有效

《首次公开发行股票注册管理办法》第十一条规定："发行人内部控制制度健全且被有效执行，能够合理保证公司运行效率、合法合规和财务报告的可靠性，并由注册会计师出具无保留结论的内部控制鉴证报告。"

内部控制的合理设计和有效执行是确保企业运作正常、风险得以控制的关键。合理设计和有效执行的内部控制，是企业有效管理风险和实现目标的关键。在内部控制的整体设计和执行过程中，清晰的目标设定、合法合规、有效的沟通与监督机制以及持续的评估和改进，对企业来说是至关重要的。

首先，内部控制设计应基于清晰的风险评估情况和目标设定。企业了解自身面临的风险和目标，有助于制定合适的控制措施。常见的内部控制目标包括保障资产安全、提高经营效率、防范错误和舞弊、提高决策质量、实现发展战略或保证财务报告质量等，但不同行业或企业设定的内部控制目标可能有差异。因此，企业内部控制目标的设定应当具体、可衡量、可实现、相关且有时限。

其次，内部控制的设计应符合法律法规和行业标准。合规性是内部控制设计的基础，企业应确保遵守相关法规，避免潜在风险和法律责任。同时，企业借鉴行业标准和最佳实践，有助于提高内部控制设计的质量和有效性。企业应按照《企业内部控制基本规范》、内部控制配套指引以及其他内部控制监管规定，建立健全内部控制。

再次，内部控制的执行需要建立有效的沟通和监督机制。企业应明确内部控制的责任和权限，并确保相关人员充分了解和遵守内部控制制度。企业应定期进行风险评估和内部审计，识别潜在问题并及时采取措施进行改进。同时，企业需要建立积极主动的企业文化，强调内部控制的重要性，并鼓励员工参与和支持内部控制的实施。实务经验表明，员工的全面参与和对内部控制价值的认同，是实现有效内部控制的关键因素。

最后，内部控制的设计和执行应不断进行评估和改进。企业应定期评估内部控制的有效性和适用性，对不符合要求或不再适应需求的控制措施进行调整和改进。同时，对出现的问题和失效的内部控制措施要及时进行分析和改善，以提升内部控制的效果。

内部控制缺陷是指企业在实施内部控制过程中，由于设计不完善、执行不到位或监督失效等，导致企业内部控制无法有效防范和发现错误、舞弊等风险，从而影响企业目标实现的问题。健全有效的内部控制对于保障企业财务信息质量具有重要作用，严重的内部控制缺陷甚至可能导致企业 IPO 失败。在企业 IPO 辅导过程中，针对内部控制缺陷的整改，需要遵循几个基本原则：①中介机构辅导企业进行整改，并完善内部控制制度。在进行首次申报前，中介机构需要综合评估企业的内部控制缺陷是否属于故意或恶意行为，以及是否构成了重大违法违规行为。②整改完成后，申报会计师需要出具内部控制审计意见，以证明内部控制的有效性和合规性。③在首次申报审计截止日之后，企业原则上不应再出现内部控制不规范或无法有效执行的情况。

　　在实务中，IPO 企业常见的内部控制缺陷主要集中于资金管理、销售管理、研发管理、采购管理、存货管理及关联交易管理等重要业务循环。本书结合 IPO 实务经验，对企业经营中各业务循环的关键内部控制点进行梳理和提示，以帮助拟申报 IPO 企业避免相关内部控制风险。

第 10 章 常见内部控制问题

在本章，笔者梳理自注册制实施以来企业在上会阶段所面临的内部控制问题，对相关问询问题的数量和内容进行分类整理，并针对重点问题提出一些解决方案。

10.1 内部控制问题的基本情况

截至 2023 年 9 月 30 日，注册制下的上市委会议审议情况，如表 10-1 所示。

上市委通过召开审议会议等形式对拟上市企业进行审议和复审工作，并通过集体讨论形成合议意见。上市委在企业 IPO 进程中扮演着重要的角色，其审核意见对于企业 IPO 阶段性成功与否具有决定性作用。自实施注册制以来，截至 2023 年 9 月 30 日，各交易所累计召开了 891 次上市委会议，共审议了 1 658 家首发企业。从统计数据可以看出，被问询问题中涉及内部控制方面的问题的企业数量占比为 21.05%，共涉及 349 家企业，内部控制问题在审议过程中被上市委关注的频率较高。

表 10-1

交易所	上市委会议召开次数	上市委会议审议首发企业数量 A	上市委会议涉及内部控制问询问题的企业数量 B	审议内部控制问题企业数量占比 C=B/A
深交所	301	754	160	21.22%
上交所	444	716	128	17.88%
北交所	146	188	61	32.45%
合计	891	1 658	349	21.05%

注：1. 表中统计自注册制实施以来深交所、上交所和北交所召开的上市委会议关于内部控制问题的问询数量情况。

2. 表中剔除了仅审议"向不特定对象发行可转债""再融资""配股"等非审议首发企业的上市委会议。

资料来源：各交易所官网公告的"上市委审议会议结果"，笔者自行整理。

10.2 内部控制问题的主要内容

截至 2023 年 9 月 30 日，在注册制下，上市委会议对内部控制内容的问询情况，如表 10-2 所示。

表 10-2

内部控制类别	整体问询数量	细分内部控制类别
资金管理	约 150 次	关联方资金占用或非经营性资金往来、关联方代为承担资金支出、与客户或供应商之间的资金拆借或异常往来、第三方回款、转贷行为或无真实交易背景而开具商业票据行为、违规收付资金或担保以及其他
销售管理	80 ～ 100 次	销售收入确认及真实性、销售合同风险管理、客户风险管理、销售推广管理、销售对账、逾期款项催收及坏账管理、销售返利管理、售后管理以及其他
合法合规管理		环保及安全生产经营管理（包括相关行政处罚）、经营相关法律风险管理（包括诉讼和仲裁）、公司治理、独立性、数据收集与个人信息安全以及其他
研发管理	30 ～ 50 次	生产与研发混同产生的研发真实性问题、研发立项和过程管理、研发成果管理、研发外包管理以及其他

（续）

内部控制类别	整体问询数量	细分内部控制类别
采购管理		供应商选择和过程管理、采购合同管理、采购与库存之间的协调、采购返利管理以及其他
存货管理		存货流转管理、存货质量管理、存货盘点管理、存货所有权管理以及其他
关联交易管理	10～30 次	关联方认定、关联交易公允性及必要性
会计基础及岗位分离		会计差错更正、财务关键岗位人员的胜任能力及变动、不相容岗位分离、会计估计变更
投资管理		投资风险管理
信息披露管理	10 次以下	信息披露管理
人力资源管理		薪酬管理、员工管理
其他	—	其他

注：1. 部分企业问询的内部控制问题涉及多个类别，表中细分内部控制类别是按重要顺序排列。

2. 合法合规管理与法律相关性较强，参见本书第四部分。

资料来源：各交易所官网公告的"上市委审议会议结果"，笔者自行整理。

内部控制是企业提高经营效率、降低风险、保障投资者利益的重要组成部分。上市委关注内部控制问题，是为了确保拟上市企业具备良好的内部治理体系和风险管理能力。在企业经历了交易所审核员和审核中心的多轮问询后，上市委在上会阶段所提出的问题通常聚焦于企业的重点问题。笔者对这部分内部控制问题的梳理，对拟申报 IPO 企业具有重要的启示作用。

一方面，上市委会议对企业内部控制进行广泛的问询，涵盖了资金管理、销售管理、合法合规管理、研发管理、采购管理、存货管理、关联交易管理、会计基础及岗位分离、投资管理、信息披露管理及人力资源管理等多个方面，每个类别都有其特定的目的和关注点。这种细分明确了内部控制的广泛性和复杂性，也充分体现了拟申报 IPO 企业在内部控制建设中需要关注多个方面的重要性。

另一方面，企业内部控制的某些类别具有特别的突出性，尤其是资金管理、销售管理和合法合规管理，这三个类别的问询数量明显超过其他类别。这些内部控制问题与企业财务报告的真实性、准确性以及完整性密切相关，也可能对企业的经营管理产生直接影响，因此对于拟申报 IPO 企业来说，其重要性不言而喻。

因此，拟申报 IPO 企业在 IPO 准备过程中应当高度重视内部控制建设的方方面面，确保内部治理和风险管理的健康运作。这样做将有助于保障企业经营的合法合规，并提高经营效率和管理水平。

第 11 章　资金管理内部控制

资金管理作为企业内部控制体系的关键环节，会对拟申报 IPO 企业的财务健康、风险防范以及财务业绩的真实性产生重要影响。一方面，良好的资金管理能够确保企业有足够的流动资金来支持企业日常运营和长期发展，同时避免因资金短缺导致的财务风险。例如，企业申报的财务报表中，现金流量表的"经营活动现金流量净额"的变动情况，一定程度上反映了企业的经营情况是否发生了重大变化，通常受到审核机构的关注。另一方面，资金管理对企业财务业绩的真实性可能产生直接影响。若拟申报 IPO 企业存在虚假交易或欺诈行为，则通常伴随着异常的资金流转，用以虚增收入、隐藏费用或虚增资产等。强化资金管理流程，确保每一笔交易都有充分的记录和合理的商业目的，有助于维护拟申报 IPO 企业财务的真实性和透明度。

在实务中，常见的资金管理内部控制缺陷包括但不限于表 11-1 所示内容。

表　11-1

资金管理内部控制缺陷类别	具体情形
关联方资金占用	（1）向关联方拆出资金 （2）代关联方清偿债务或代垫款项 （3）关联方资金归集
关联方代为承担资金支出	关联方代为承担债务、成本或费用等资金支出
与客户或供应商之间的资金拆借或异常往来	发行人及相关人员与客户或供应商之间频繁的大额资金转移或缺乏合理商业背景的资金流动等
第三方回款	频繁通过关联方或第三方回款，金额较大且缺乏商业合理性
转贷行为或无真实交易背景而开具商业票据的行为	（1）无真实业务支持的情况下，通过供应商等取得银行贷款或为客户提供银行贷款资金走账通道 （2）向关联方或供应商开具无真实交易背景的商业票据并通过票据贴现获取银行融资
违规收付资金或担保	（1）利用个人账户收支或出借公司账户为他人收付款项 （2）违反内部资金管理规定对外支付大额款项、大额现金收支、挪用资金或对外违规担保

11.1　关联方资金占用

IPO 审核过程中，审核机构对关联方资金占用的关注通常涉及几个方面，包括向关联方拆出资金、代关联方清偿债务或代垫款项以及关联方资金归集等。若拟申报 IPO 企业存在上述资金管理缺陷且未能有效整改，这可能会对其内部控制的有效性产生重大影响。

1. 向关联方拆出资金⊖

上市委会议在问询内部控制问题时，特别关注关联方资金拆借的情

⊖ 本小节相关表述和分析所依据的资料来源于中辰电缆、博俊科技、瑞捷咨询、东方基因、扬电科技、北方长龙、新天地、长青科技、元丰电控、万方科技、平安电工、致远装备、金三江、华泰永创、中集车辆、力诺特玻、星辉环材、万凯新材、联合化学、众智科技、康力源、威力传动、维嘉科技、威尔高、新恒汇、衡泰技术、福事特、中航科电、新光光电、湖北万润、恒立钻具、迅安科技、花溪科技、泽宇智能、华秦科技、保立佳、海达尔、亿能电力、日发纺机、浙江华远首次申报的三年期或三年一期审计报告，详见上海证券交易所网站 https://www.sse.com.cn 和深圳证券交易所网站 https://www.szse.cn。

形。笔者对相关案例进行了梳理，分析了发行人向关联方拆出资金的清理情况，具体内容如表 11-2 所示。

表   11-2

清理情况	清理完毕时间		
	申报期第一年	申报期第二年	申报期最后一期
收取本金及利息	中辰电缆、博俊科技、瑞捷咨询、东方基因、扬电科技、北方长龙	新天地、长青科技、元丰电控、万方科技、平安电工	致远装备、金三江、华泰永创、中集车辆、力诺特玻、星辉环材、万凯新材、联合化学、众智科技、康力源、威力传动、维嘉科技、威尔高、新恒汇、衡泰技术、福事特、中航科电、新光光电、湖北万润、恒立钻具、迅安科技、花溪科技、泽宇智能、华秦科技、保立佳、海达尔
仅收取本金	亿能电力	—	日发纺机、浙江华远

"金三江"案例中，发行人拆出的资金约 90% 在申报期第一年收回，少部分在申报期最后一期收回；另外，其拆出资金中，仅少部分约定在 5 年内偿还相关款项不计利息，其余款项则参照一年期中国人民银行（央行）贷款基准利率计算资金使用费。

在表 11-2 中，仅收取本金的案例包括"日发纺机"，该案例披露，在申报期前两期发行人拆出的资金收取了利息，但申报期最后一期拆出的资金于当日收回而未收取利息；"亿能电力"案例披露，"资金占用的行为主要是由于发行人财务失误打款所致，发行人发现上述资金占用的情况后，立即主动终止资金占用的行为"；"浙江华远"案例披露，"因资金拆借时间较短，发行人未计提利息"。

在表 11-2 的案例中，"华泰永创"和"维嘉科技"的上会审核未通过，其他案例则审核通过。在交易所做出的终止"华泰永创"和"维嘉科技"上市审核决定的公告中，对于"华泰永创"，上市委审议未通过的原因包括"发行人在事先未履行决策程序的情况下，多次向实际控制人控股的公司拆出大额资金，且未采取有效措施规范和减少关联交易。报告期内发行人关联交易相关的内部控制制度未得到有效执行";对于"维嘉科技",上市委审议未通过的原因包括"发行人存在实际控制人多次占用发行人资金的情况"。

结合表 11-2 中的案例及相关实务经验,拟申报 IPO 企业应重点关注以下方面。

(1)对于关联方资金拆借,拟申报 IPO 企业应当注意履行相关的审批决策程序,并采取有效措施规范和减少非必要关联交易。通常情况下,企业越早规范处理,例如在报告期外或报告期内第一年全部清理完毕,越有助于树立企业独立的内部控制形象。

(2)对于关联方占用拟申报 IPO 企业的资金,原则上应当在 IPO 申报前全部清理完毕。一般来说,如果清理完毕,则不构成重大审核障碍。同时,基于交易独立性原则,拟申报 IPO 企业应当按照合理的利率水平,向关联方收取资金占用利息。如表 11-2 所示案例,仅个别企业由于借款时间短或转款失误等而未收取利息,其余企业均参照同期央行贷款基准利率或其他合理利率收取了利息。拟申报 IPO 企业需要注意借款利率的公允性和合理性。

(3)对于频繁或金额重大的关联方资金占用情况,企业应当做好合规性的举证准备。在大部分案例中,审核机构在审核过程中要求企业说明并披露报告期内与关联方频繁发生资金往来的商业背景及合理性。此外,部分企业被审核机构要求说明关联方向发行人拆入资金的用途、流向,是否存在流向发行人客户的情形,是否存在通过体外资金循环粉饰业绩的情形等。当拟申报 IPO 企业的收入或净利润等关键财务数据同比发生异常或较大变动时,关联方资金占用问题可能会引发审核机构的质疑。

2. 代关联方清偿债务或代垫款项

拟申报 IPO 企业代关联方清偿债务或代垫款项等资金支持,尤其是当这些交易没有得到适当的披露和批准时,审核过程中可能会被审核机构认为,关联方损害了公司或其他股东的利益,并可能违反公司治理的相关规定，从而产生相应的内部控制风险。通常情况下，与上述"1. 向关联方拆出资金"问题的解决方案类似，企业应当在申报期内尽早清理相关资金占用情形。

在实务中，部分隐秘的代关联方清偿债务或代垫款项可能涉及故意或遗漏披露关联方关系或交易，继而对企业申报材料的真实性、准确性和完整性产生影响，企业应予以杜绝。

3. 关联方资金归集[⊖]

资金归集通常在企业集团中较为常见，尤其是在拥有多个子公司或业务部门的大型企业集团、跨国公司以及国有企业集团中。资金归集是企业集团内部资金管理的一种方式，它有助于实现资金的有效集中管理和优化配置，提高资金使用效率，降低财务成本，增强企业的市场竞争力和抗风险能力。但是，作为一种企业内部的资金管理方式，资金归集在提升资金使用效率的同时，也可能对企业的独立性造成影响。因此，拟申报 IPO 企业在考虑资金归集的同时，应当审慎评估其对独立性的潜在影响，并采取相应措施以满足监管要求。

经检索相关案例，审核机构关注了部分企业的"银行账户资金归集"情况，其中资金归集的利息和解除资金归集为重点关注内容，具体如表 11-3 所示。

11.2　关联方代为承担资金支出

与代关联方清偿债务或代垫款项而损害拟申报 IPO 企业利益的情况有所区别，通过关联方代为承担拟申报 IPO 企业的资金支出的方式减少拟申报 IPO 企业的成本或费用支出，则存在利益输送、财务报表虚假陈述等违法风险，审核机构对此也会给予重点关注。

⊖　本小节相关表述和分析所依据的资料来源于电子网首次审核问询函的回复、盟固利首次审核问询函的回复、迈百瑞首次审核问询函的回复，详见深圳证券交易所网站 https://www.szse.cn。

表 11-3

公司名称及审核状态	资金归集的利息	资金归集解除情况
电子网 2023 年 9 月注册生效	**方式一：参照存款，以不低于央行存款基准利率计息** 关于资金归集环节使用的具体利率，深圳华强以内部通知的形式与集团内各子公司进行约定，资金归集相关利率与央行发布的基准利率一致	**首次申报期最后一年解除** 针对资金归集事项深圳华强做出承诺，"截至 2020 年 12 月 31 日，本公司已解除对公司相关银行账户的资金归集，未再对公司进行资金归集。自本承诺出具之日起，本公司亦不会再对深圳华强电子网集团股份有限公司进行资金归集，维护公司的财务独立性"，公司未来不存在向深圳华强进行资金归集的情况
盟固利 2023 年 5 月注册生效	**方式一：参照存款，以不低于央行存款基准利率计息** 公司及北京盟固利归集归自身资金放于亨通财务有限公司的资金，可根据自身资金使用情况灵活选择活期或定期存款，由亨通财务有限公司参照同期央行基准利率支付利息，对于 10 万元及以下的存款按活期存款年利率 0.35% 支付利息，超过 10 万元的部分按协议定存款年利率 1.15% 支付利息，与相应的央行基准利率一致，定价公允	**首次申报期最后一年解除** 2021 年 3 月 11 日，公司与亨通财务有限公司签署《解除资金归集协议》，正式解除公司所授权的银行账户的资金及集中管理。自 2021 年 3 月 15 日起，公司及北京盟固利的银行账户未再发生资金归集行为
迈百瑞 2023 年 6 月上市委会议通过	**方式三：参照资金拆借，以归集集资方同期货款利率计息** 发行人及其子公司赛普生物、迈百瑞上海与荣昌制药归集户下的资金任来参照一般性资金拆借。报告期内，发行人逐日计算与荣昌制药之间拆借资金的利息费用。当日应计拆借金额＝前一日拆借余额＋当日新增拆借金额－当日偿还拆借金额，计息利率为荣昌制药当年的央行平均贷款利率，2020 年的年利率为 5.71%，定价公允	**首次申报期第一年解除** 发行人及关荣昌制药已于 2020 年 8 月签订《统借统还借款终止协议》，协议约定："双方决定自 2020 年 8 月 1 日起终止前述《统借统还协议》双方所涉资金账目，并结清往来资金，终止资金拆借关系，不再存在任何未清借贷资金，相关统借统还活动不可恢复。"

注：表中审核状态统计截至 2024 年 8 月 15 日。

11.3　资金拆借或异常往来[⊖]

　　资金管理是内部控制中的一个高风险区域，拟申报 IPO 企业应构建一个确保资金流转透明，且每笔交易均有明确商业背景的内部控制系统。如果企业及相关人员与客户或供应商之间的资金借贷缺乏合理的商业理由，这可能意味着企业的实际控制人或管理层正通过这些操作获取不当经济利益或掩盖其他目的。这类资金活动通常较为隐秘，但可能揭示出企业内部控制机制的不足或完全失效。

　　企业及相关人员与客户或供应商之间的资金拆借或异常往来，可能对财务报表的真实性产生较大影响。在 IPO 申报过程中，中介机构为了甄别企业与客户或供应商之间的隐秘资金活动，应对企业实际控制人、管理层及相关人员的个人资金流水进行核查，以追踪异常资金的真实来源和去向。其中，"农林牧渔"相关行业由于其固有特性和外部条件的共同作用，财务核查风险相对较高。以下两个被否案例，揭示了"农林牧渔"相关行业在资金管理上存在的严重内部控制缺陷。

1. 关于居间协调供应商向经销商借款的案例

♣ 案例 11-1　红星美羚（2022 年 5 月创业板被否案例）

　　根据红星美羚《审核中心意见落实函的回复》披露，落实函问询问题"现场检查发现，2018 年 12 月末，实际控制人王宝印以个人名义向公司鲜奶供应商黄忠元等七人借款 1 400 万元后，转借公司经销商殷书义等八人，经销商借入后用于向公司采购"，落实函要求发行人"结合该居间协调借款事项发生在 2018 年底以及通过发行人出纳账户进行，进一步说

　　⊖　本节相关表述和分析所依据的资料来源于红星美羚第一轮至第三轮审核问询函的回复、审核中心意见落实函的回复、创业板上市委 2022 年第 24 次审议会议结果公告、关于终止对红星美羚首次公开发行股票并在创业板上市审核的决定、亚洲渔港创业板上市委 2022 年第 7 次审议会议结果公告、关于终止对亚洲渔港首次公开发行股票并在创业板上市审核的决定，详见深圳证券交易所网站 https://www.szse.cn。

明**发行人是否主导促成**该借款事宜，实际控制人居间协调殷书义等八名经销商向黄忠元等七位供应商通过发行人相关人员账户借款的原因及商业合理性，相关居间借款对发行人经营业绩、税收处理的影响程度，是否存在提前确认收入的情形，发行人相关内部控制制度是否健全并有效执行"。

红星美羚做出回复（摘录）："由于 2018 年四季度，公司初始未予同意经销商殷书义等八人筹划通过赊销的方式满足其年底规模化进货的想法，因此他们另辟途径，请求公司协调上游生鲜羊乳经营大户给其短期借款进货，以羊乳粉销售后的回款偿还。公司管理层同意后按其所需进货合计总金额向上游羊乳供应商协调借款，总金额 1 400 万元。但由于人员、金额不是一一对应，且需要潜在担保，所以就使用了公司财务人员喻婷的个人账户（以下简称"居间账户"）作为中转，统借统还。由于 2018 年底进货是殷书义等八人真实的内在需求，特别是其近几年均具有该时段采购多的特点，其他主要经销商的各年当期采购规模也很高，因此殷书义等借款经销商 2018 年底采购多不是一个特定人群、特定时间的孤立现象，而是经销商每年都会有的一个普遍情况。因此，借款事项不是发行人为了多销售提高业绩而违背购销自然规律，刻意主导促成的事项，而是殷书义等八人具有主动性、真实内在需求，公司自始至终都是被动及配合。"

值得注意的是，红星美羚由于经历了证监会的现场检查，因而被关注"居间协调供应商向经销商借款"的问题。该问题不仅在审核中心意见落实函中提出，而且在红星美羚第一轮至第三轮的反馈意见中均被反复要求补充说明。尽管发行人在招股书中补充披露了"实际控制人同意通过发行人相关人员账户归集流转资金，此方案是基于出借人资金安全，保障还款人还款的考虑，也是借款事项能够顺利实施的基础"，但红星美羚最终未能消除上市委的疑虑，历时多年的 IPO 就此画上句号。

2. 关于与客户或供应商异常大额资金往来的案例

♣ 案例 11-2　亚洲渔港（2022 年 2 月创业板被否案例）

根据亚洲渔港股份有限公司（简称"亚洲渔港"）上市委会议问询问题公告："报告期内，发行人与自然人合资成立'海燕号'，为发行人初加工业务的重要子公司。'海燕号'、'海燕号'负责人与客户三方之间存在大额资金往来，部分资金从'海燕号'流出后通过客户流回'海燕号'；'海燕号'收入确认及采购入库原始凭证大量缺失；不同客户的收货地址集中于'海燕号'负责人经营业务所在的维尔康市场，而客户实际经营地址为全国各地。

"大连兴强、东港富润、大连港铭是发行人主要代工供应商，主要为发行人供货。上述代工厂毛利率较低，净利润为负。报告期内，大连兴强存在向发行人员工支付大额款项的情形，合计 7 276.44 万元；东港富润在收到发行人款项后存在大额取现情形；大连港铭的资产来源于发行人子公司，且其实控人系该子公司原生产经理，大连港铭未提供资金流水。"

上市委会议问询的问题，除了要求亚洲渔港说明其是否符合创业板定位，其他两个问题均针对亚洲渔港与客户和供应商之间的异常资金往来。亚洲渔港最终未能获得上市委的认可，因此 IPO 终止。

除了"农林牧渔"相关行业存在较高的资金内部控制风险，其他行业也需强化资金内部控制系统。企业管理层应当从根本上进行管控，无论主动或被动，都应避免与客户或供应商之间进行缺乏合理商业背景的资金拆借或往来。

11.4　第三方回款[⊖]

第三方回款通常指企业收到的销售回款来自与其签订经济合同的客

⊖ 本节相关表述和分析所依据的资料来源于华泰永创招股说明书、审核中心意见落实函的回复、创业板上市委 2021 年第 68 次审议会议结果公告、关于终止对华泰永创（北京）科技股份有限公司首次公开发行股票并在创业板上市审核的决定，详见深圳证券交易所网站 https://www.szse.cn。

户不一致的第三方。这类客户可能因为规模小、资金流转需要或避税等原因，不方便直接以公司名义进行银行对公付款，而是委托第三方代为付款，但也可能存在虚构业务的风险。第三方回款对 IPO 的影响，主要体现在销售回款的真实性和规范性上。若存在该情况，拟申报 IPO 企业需要通过建立完善的内部控制制度进行整改。

一方面，拟申报 IPO 企业需要建立和完善相关的财务内部控制制度，尽量减少或避免第三方回款。如有第三方回款，需经过适当的审批流程。若报告期内存在不合规行为，需要在申报前完成整改。企业应通过内部控制制度落实各部门人员的职责。销售部门负责跟进客户付款情况，并协同财务部门完成款项的回收工作，同时获取客户关于大额第三方回款的证明材料，及时向财务部门反馈客户支付信息。财务部门负责对收款过程进行监督和审查，通过匹配银行流水交易对手方信息和应收账款记录，与业务部门定期对账，确保数据的准确性，收集并归档第三方回款的证明材料，同时及时向管理层汇报相关第三方收款风险。管理层负责审批重大或异常的回款事项，对销售部门和财务部门的工作进行监督，确保内部控制措施得到有效实施。另一方面，第三方回款的比例应当逐步降低。即便部分第三方回款是由于客观原因造成的，拟申报 IPO 企业仍需逐步减少第三方回款的比例，向规范运营靠拢。

实务中，第三方回款属于中介机构提交交易所的审核关注要点核查报告中需要重点核查的事项之一。保荐机构和申报会计师需对发行人的第三方回款情况进行详细核查，以确保其不会影响销售的真实性，并结合业务及行业的实际情况，解释第三方回款存在的合理性。因此，拟申报 IPO 企业在准备 IPO 的过程中，应重视第三方收付款问题，通过规范操作和加强内部控制，保证交易的真实性和透明度，以满足 IPO 审核要求。

♣ 案例 11-3 华泰永创（2021 年 11 月创业板被否案例）

2021 年 11 月 25 日，华泰永创（北京）科技股份有限公司（简称"华泰永创"）上市委会议审核未获通过。上市委会议围绕主要客户坏账准备计提充分性及第三方回款、股权清晰及关联交易等提出了五大问题，其中针对"主要客户坏账准备计提充分性及第三方回款"，上市委审核指出，"发行人客户铁雄冶金和铁雄新沙被列入失信被执行人，在上述两方可能承担较大赔付金额的情况下，截至 2021 年 10 月 31 日，铁雄冶金和铁雄新沙累计通过第三方公司向发行人支付 8 158.16 万元，其中部分第三方公司成立时间较短；截至 2021 年 6 月 30 日，发行人应收铁雄冶金 6 156.16 万元，未单项计提坏账准备。关注铁雄系公司应收账款相关第三方回款的合理性、真实性，相关应收账款坏账准备计提的充分性"。上市委会议审议认为："发行人在其客户铁雄冶金和铁雄新沙 2020 年已被列入失信被执行人的情况下，相关期间未对应收款项按单项计提坏账准备的依据不充分。同时，铁雄冶金和铁雄新沙委托第三方公司向发行人代付款项且金额较大，中介机构实施的核查程序获取的证据尚不足以证明该等付款的性质。"

根据审核问询函回复披露：①关于第三方回款的合理性，发行人认为，"铁雄冶金与新智能源、邹平正盈、邹平诚联存在贸易业务关系，新智能源、邹平正盈、邹平诚联与铁雄冶金存在业务往来款，铁雄冶金与上述第三方均签署了委托其向发行人付款的代付协议，代付款项抵销其对铁雄冶金的应付款项，新智能源、邹平正盈、邹平诚联已予以确认；铁雄新沙与清诚商贸、金益德存在焦炭销售等贸易业务关系，清诚商贸、金益德与铁雄新沙存在业务往来款，铁雄新沙与上述第三方均签署了委托其向发行人付款的代付协议，代付款项抵销其对铁雄新沙的应付款项，清诚商贸、金益德已予以确认。铁雄系公司由于控股股东中融新大相关案件被列入失信执行人或限制高消费，主要银行账户被冻结，其委托第三方代为支付或收取其经营款，代付款项均在相同金额内抵销其与第三方之间的往来款项。第三方公司与铁雄系公司在双方经营范围内开展煤炭、焦炭的贸易业务，业务规模较大，合作密切，基于该合作关系，第三方公司接受委托以其对铁雄系公司的应付账款代为偿付铁雄系公司对发行人的业务欠款，第三方回款具备合理性"。②针对铁雄系公司应收账款未单项计提的原因及合理性，发行人认为，"2020 年 10 月，铁雄冶金被列入失信被执行

人后，生产经营活动未受到较大影响。2021 年 6 月末铁雄冶金应收账款
6 156.16 万元，针对上述应收款项和按照合同约定待结算款项，铁雄冶金
于 2021 年 7 月 3 日出具《还款承诺书》。2021 年 7 月以来，铁雄冶金陆
续向发行人支付工程款。截至回复出具之日，铁雄冶金已基本按照前述承
诺归还款项。针对期后未回款的应收账款，铁雄冶金业务规模较大，生产
经营持续开展且所处行业发展前景较好，铁雄冶金按照还款约定正常回
款，发行人经综合判断后认为铁雄冶金应收账款发生信用减值的可能性较
小，因此发行人未单独计提信用减值损失，对其按照信用风险特征组合计
提信用减值损失。同时，通过第三方回款主要是因为铁雄系公司主要银行
账户冻结，故委托合作较为密切的第三方公司代为支付对发行人的经营
款，具备合理性；在铁雄系公司被失信执行的情形下，发行人接受的铁雄
冶金、铁雄新沙通过第三方代付的款项亦不存在后续被追偿的风险，回款
情况与按照信用风险特征组合的其他客户的应收账款无显著差异，未单项
计提坏账准备，具备合理性"。

　　在华泰永创案例中，交易所在第二轮和第三轮问询函、审核中心意见
落实函及上市委会议中提出的问询问题，均反复对发行人未单项计提铁雄
系公司应收账款坏账准备以及第三方代付款项的真实性提出质疑。然而，
发行人认为，未针对该部分款项单项计提坏账准备及第三方回款具备合
理性。

　　发行人在审核问询函中表示："铁雄系公司对公司负有合法到期债务，
第三方代为履行行为未损害其自身利益，也未违反相关执行法院止付通知
义务，不存在可被申请撤销的情形；铁雄系公司对第三方的应收账款未被
设置质押登记，在铁雄系公司被失信执行的情形下，发行人接受的铁雄系
公司通过第三方代付的款项不存在被追偿的情形，不存在后续被追偿的
风险。"然而，通过对代付款项的第三方公司股权进行穿透核查，发现其
与铁雄系公司的控股股东中融新大集团有限公司（以下简称"中融新大集
团"）存在错综复杂的联系。例如，代付款项的第三方公司之一山东新智

能源科技有限公司，截至 2021 年 8 月 31 日累计代付 1 890.66 万元，其多层穿透后的实控人为王铁英，而王铁英在中融新大集团持股 0.83%；代付 100 万元的邹平正盈贸易有限公司，其控股股东为北京磐石尊海科技有限公司，而磐石尊海的第二大股东、持股 30% 的宁湛，同时任职山东融泰非融资担保有限公司（中融新大集团的控股子公司）的董事长与总经理，而山东融泰持股 90% 的大股东正是中融新大集团。结合该等代付款项的第三方公司，大部分在发行人报告期内成立，且成立时间较短即同意代为偿付款项，种种异常情况无法消除审核过程中的疑虑。

从申报财务报表来看，华泰永创 2018 年至 2021 年 6 月的净利润分别为 1 908.39 万元、4 121.15 万元、6 867.81 万元和 3 229.79 万元。如若对铁雄系公司的应收账款单项计提坏账准备，可能将明显减少发行人的净利润。此外，如果第三方回款的不规范性也被考虑在内，这可能导致发行人的财务表现发生较大变化。

11.5　其他资金管理问题[⊖]

证监会发布的《监管规则适用指引——发行类第 5 号》关于"财务内控不规范"列举了相关情形，其中包括：①无真实业务支持情况下，通过供应商等取得银行贷款或为客户提供银行贷款资金走账通道（简称"转贷"行为）；②向关联方或供应商开具无真实交易背景的商业票据，通过票据贴现获取银行融资。

苏州莱恩精工合金股份有限公司（简称"莱恩精工"）在 2021 年 6 月 29 日申报创业板。2021 年 7 月 4 日，发行人被随机抽取确定为现场检查对象。发行人于 2022 年 7 月 8 日撤回材料终止审核。在深交所 2022 年 8 月下达的对保荐人的监管函（深证函〔2022〕564 号）中，审核机构揭示了莱恩精工存在的违规行为："现场检查发现，发行人报告期内存在通过

⊖　本节相关表述和分析所依据的资料来源于深圳证券交易所关于对苏州莱恩精工合金股份有限公司的监管函，详见深圳证券交易所网站 https://www.szse.cn。

与子公司签署无真实交易背景的业务合同取得银行贷款的情形，即贷款银行向发行人发放贷款后，将该款项支付给发行人子公司，子公司在收到银行贷款后再转回给发行人。截至首次申报审计截止日 2020 年 12 月 31 日，发行人通过子公司向银行贷款 11 300 万元，且部分银行贷款尚未归还完毕。首次申报审计截止日后，发行人与子公司之间仍然持续通过签署无真实交易背景的业务合同取得银行贷款，金额共计 10 000 万元。""上述行为已构成本所《深圳证券交易所创业板股票首次公开发行上市审核问答》（以下简称《审核问答》）第 25 问中要求整改纠正，且在首次申报审计截止日后，发行人原则上不能再出现的财务内控不规范情形。"从该案例可以看出，无真实交易背景的违规转贷行为，可能构成 IPO 的实质性障碍，拟申报 IPO 企业应当杜绝该类行为。

第 12 章 销售管理内部控制

销售业务的内部控制和财务核算通常是紧密相连的，企业有效的内部控制体系，能够在很大程度上确保财务核算的真实性、准确性和完整性。

在实务中，常见的销售管理内部控制缺陷包括但不限于表 12-1 所示。

表　12-1

销售管理内部控制缺陷类别	具体情形
销售收入确认及真实性	（1）收入确认政策制定未遵循会计准则及相关规定 （2）虚构业务与人为操纵 （3）收入确认单据缺失或整理不规范
销售合同风险管理	（1）合同条款风险识别和管理不到位，未能充分识别合同中存在的重大风险条款，如控制权转移、质量保证和退换货或其他约束条款等 （2）合同未严格执行或流于形式
客户风险管理	（1）对特殊类型客户的风险管理不到位 （2）对新增重要客户的资信情况未能充分了解或实地考察，未能及时发现和应对销售欺诈行为 （3）在未充分了解是否已逾期的情况下仍对客户大额发货，缺乏对潜在风险的主动防范意识

（续）

销售管理内部控制缺陷类别	具体情形
销售推广管理	销售推广存在商业贿赂或通过不当宣传进行市场推广
应收账款管理	（1）未及时或按期与客户对账或者对账存在差异却未妥善解决 （2）制定的信用政策不合理，导致坏账风险管理不当
销售返利管理	返利政策不明确，或者人为调节返利依据而导致虚构收入或跨期入账
售后管理	（1）未能充分识别合同中的退货条款，或者历史经验表明存在一定退货率，但未按照预计退货率冲减收入和确认退货权成本 （2）未充分识别维修概率及成本，导致预计负债计提不充分

12.1　销售收入确认及真实性

销售收入确认及真实性是销售内部控制的重要环节。确保每一笔销售交易都真实发生、正确计量并合理记录，对提升财务报表的可信度具有重要作用。销售收入确认及真实性的内部控制缺陷主要包括以下几项。

1. 收入确认政策

在实务中，每家企业由于其市场定位、产品或服务类型、客户群体、销售渠道以及盈利模式等方面的差异，可能形成各自独特的业务模式。这些业务模式影响着企业的收入来源以及风险承担方式等，因此，不同企业的内部控制系统和流程，也会因其业务模式的不同而有所区别。拟申报 IPO 企业必须考虑其所在行业的特性和业务模式的复杂性，设计和实施针对性的内部控制措施，以保障收入确认的正确性并遵守相关法规。同时，为了与外部标准保持一致，拟申报 IPO 企业应密切关注会计准则的更新和相关审核政策的变动，确保内部控制制度能及时调整，以适应这些变化。

关于销售收入确认涉及的内部控制，笔者对相关案例进行了梳理，历次上市委会议审议的关注重点如表 12-2 所示。

表 12-2

上市委会议审议的关注重点	过会案例及上市委关于销售内部控制问询问题
关注重点一：对特殊客户确认收入	
自然人客户较多涉及的收入确认内部控制	益客食品：报告期内，发行人自然人客户数量众多，对该等客户销售收入占主营业务收入的比例较高，说明发行人自然人客户销售收入占主营业务收入真实性的内部控制情况
外销收入占比较高涉及的收入确认内部控制	涛涛车业：报告期内，发行人外销收入占比均在99%以上，说明涉及外销收入确认的内部控制制定及执行情况
寄售模式收入占比较高涉及收入确认内部控制	鼎高科：报告期各期，发行人寄售模式收入占主营业务收入的比例较高，说明寄售模式收入确认相关的内部控制制度的建立和执行有效性情况 麦加芯彩：结合报告期内集装箱涂料前五大客户领用结算的数据核对、供应商平台系统结算数据的核对程序等，说明寄售模式下收入确认、成本结转的内部控制制度执行的有效性 阿为特：关于外销外销收入真实性与稳定性，说明VMI（供应商管理库存）模式下收入确认的准确性，是否符合企业会计准则的规定，是否建立了与VMI模式相关的内部控制制度并有效执行
贸易商及经销商收入占比较高涉及的收入确认内部控制	新芝生物：报告期内发行人非直销收入（贸易商收入及经销商收入）占同期主营业务收入的比例分别为80.74%、80.67%、80.94%和83.94%，且大部分销售要求发行人直接发货至终端客户。说明发行人对经销商及贸易商管理控制情况，包括对前十大经销商及贸易商是否具备相应的主体资格及发货信用能力，对于库存量、库存期限、终端零售价、折扣比例、保证金支付，经销品牌排他性控制等，经销商及贸易商管理相关内部控制是否健全有效并执行 难达股份：说明发行人经销商实际控制人，与发行人前员工李某政，包括传等任职期间，既为发行人核心员工，又为发行人经销商实际控制人，进行交易是否违反公司法有关规定，是否符合发行人内部控制制度
前员工工作为经销商客户涉及的收入确认内部控制	康盛生物：报告期内，（前）员工经销商销售收入分别为4 065.23万元、1 910.44万元、1 450.66万元和848.64万元。发行人对员工经销商或新开发/设立经销商进行了清理，清理后多数前员工经销商由原区域内其他经销商承接，说明发行人相关人员相关内部控制完善与执行情况

（续）

上市会议审议的关注重点		过会案例及上市委关于销售内部控制问询问题
关注重点一：对特殊客户确认收入	线上平台销售涉及的收入确认内部控制	安克创新：发行人收入主要来自线上销售，其中亚马逊平台占七成左右，说明线上收入是否存在"刷单"、虚构交易等行为，发行人对防范此类行为的内部控制制度及执行情况
	按里程碑或完工百分比法涉及的收入确认内部控制	百诚医药：结合履约过程中各节点形成的资产归属及转移，为客户带来经济利益的情况，补充说明按"时段法"确认收入的具体依据；说明相关内部控制制度是否健全并有效执行
		瑞松科技：报告期内，发行人的营业收入中，采用完工百分比法确认收入的比例分别为 62.45%、69.07%、76.31% 和 71.89%，其余收入采用终验法确认收入，说明发行人内控有效性以及收入确认政策是否符合企业会计准则的规定
		中科通达：说明发行人内部控制制度的建设，说明申报期期末对信息化系统整体开发建设（含数据采集系统）按照完工百分比／履约进度相关的内部控制制度设计，执行情况和履约进度确认的合理性、准确性，以及项目完工时点的依据和准确性
		柏诚股份：说明发行人与履约进度相关完工百分比／履约进度确认收入是否符合企业会计准则的规定
关注重点二：时段确认收入	累计发生成本占预计总成本差异较大情况下采用时段法涉及的收入确认内部控制	百甲科技：报告期内发行人采用投入法（成本法）确定工程项目履约进度，根据累计发生的成本占预计总成本的比例确认完工比例。①报告期内预计总成本调增的项目较多且调整幅度较大；②报告期内发行人存在相关内部控制不健全的情形，领发料及现场盘点，2021 年度发行人连续两次对前期报表中收入、成本等项目进行大幅度会计差错更正；③报告期间，审核过程中再行对差错进行差错更正，审核过程中再次调整履约进度能保证履约进度能否准确计量，成本进计差错更正。说明成本核算权移转程度，项目日成本，成本能否准确划分和计量，公司采用内部控制制度是否具有财务基础，是否符合会计准则要求
		正元地信：结合部分项目总成本与预计成本差异较大的情况，说明相关内部控制制度是否能够支持公司采用完工百分比法确认收入

（续）

上市委会议审议的关注重点	过会案例及上市委关于销售内部控制问询问题
关注重点三：时点确认收入 收入大幅增长涉及的收入确认内部控制	**国科恒泰：** 报告期内，发行人收入大同比增长比例为45.15%、31.83%，结合院端直销模式的商品控制权由发行人转移至医院时点及依据，说明确认收入确认时点及依据恰当性的相关内部控制制度
不同产品建设时长、建成至验收时长不同涉及的收入确认内部控制	**亚联机械：** 报告期内，发行人生产线产品销量分别为8条、10条、7条。发行人生产线产品以验收时点确认收入。报告期内第四季度收入占主营业务收入的比例分别为29.65%、12.14%、44.93%。结合产品生产工艺、定制化特点等情况，说明不同生产线产品建设时长、建成至验收时长不同的合理性，与收入确认相关的内部控制制度是否健全有效
到货后较长时间内未完成终验验收涉及的收入确认内部控制	**豪森股份：** 结合有关销售收入确认及时性的内部控制流程，说明到货后较长时间内未完成至终验验收的原因及合理性
签收真实性涉及的收入确认内部控制	**芯动联科：** 说明是否制订与签收和收入确认相关的内部控制和收入确认制度，相关制度对签收收入确认的真实性，收入的确认有哪些安排，如何保证签收的真实性，是否存在提前确认收入的情况
申报期间因举报导致补确认收入涉及的收入确认内部控制	**博众精工：** 就申报科创板期间因举报导致补确认收入的事项，说明发行人在客户接单确认收入等方面是否存在内部控制缺陷
关注重点四：其他收入确认特殊事项 废料销售完整性涉及的收入确认内部控制	**迅捷兴：** 说明报告期内废料废液销售是否完整，废料废液销售相关内部控制制度建设及执行情况
单据不完整或者履约与合同不一致涉及的收入确认内部控制	**美埃科技：** 发行人于2017～2019年因原始单据保存不善，造成部分验收单丢失，说明报告期内发行人内部控制制度是否健全并得到有效执行 **云从科技：** 发行人存在多起与直接客户的销售内容及金额与最终用户招标内容不一致、物流单未妥善保存，验收方式及进度与合同约定不一致等情形，说明是否构成内部控制缺陷，发行人是否已采取切实有效的措施加以改进

（续）

上市委会议审议的关注重点	过会案例及上市委关于销售内部控制问询问题
按暂定价格结算及的收入确认涉及内部控制	**航天南湖**：报告期内公司按照暂定价价格结算但尚未完成审价的军品销售收入占比较高，存在大额售后代管情况，说明上述事项对业绩的相关内部控制以及公司以及影响制度是否有效运行 **合肥江航**：因有关部门审价滞后导致产品按"暂定价格"确认收入且后期可能做差额调整，说明发行人是否可能存在调节在会计利润的情形；针对"暂定价格"及差异调整，说明发行人是否建立了内部控制制度并有效执行
收入确认方法调整（由完工百分比法调整为终验法，一般模式转为 VMI 模式）涉及的收入确认内部控制	**天润科技**：2020 年，发行人收入确认方法由完工百分比法调整为终验法，追溯调整后发行人 2018 年利润减少，2021 年利润显著增加，对 2019 年和 2020 年净利润影响较小。说明上述调整是否表明发行人会计基础工作薄弱且相关内部控制缺失未来如何避免出现同类问题 **生益电子**：结合部分客户由一般模式转为 VMI 模式的情况，说明如何在转换过程中建立有效的内部控制，以便准确计量 VMI 模式下的销售收入及存放于客户仓库的存货
第四季度收入占比较高涉及收入确认的收入确认内部控制	**广联航空**：结合同行业可比公司情况，说明报告期内第四季度收入占全年收入比例较高的原因，说明相关的内部控制制度是否健全有效
应收账款及合同资产大幅增长涉及的收入确认内部控制	**招标股份**：报告期内，目增速高于营业收入增速。结合收入确认时点、依据及回款情况，说明收入确认及资金管理的相关内部控制制度的建立执行情况及合同资产原值占营业收入的比重从 35.04%增至 65.48%，

资料来源：表中所涉及上市委审议结果公告，详见上海证券交易所网站 https://www.sse.com.cn、深圳证券交易所网站 https://www.szse.cn 和北京证券交易所网站 https://www.bse.cn。

根据上述相关实务案例，针对业务模式的多样性，拟申报 IPO 企业在销售业务内部控制方面，应当重点关注以下几个方面。

（1）深入了解行业规则并分析自身业务模式。

拟申报 IPO 企业需要对所处行业的收入确认标准有深入的了解，这可能涉及特定的企业会计准则、法规要求或行业惯例。企业内部控制措施应当与这些标准和要求保持一致。同时，企业应该深入分析自身的业务模式，识别收入来源、关键业务流程、交易对手方以及任何特殊的商业模式。这对于确定适合企业特定情况下的收入确认方式至关重要。在实务中，无论是招股说明书还是审核问询函，同行业对比分析都是企业一项必不可少的工作。企业应确保其销售内部控制与行业惯例保持一致，避免出现与行业实践明显相悖或存在显著差异的情况。

从表 12-2 中关注重点二和关注重点三涉及的相关案例可以看出，上市委对于申报企业销售收入是属于"某一时段履行的履约义务"还是"某一时点履行的履约义务"尤为关注。如果企业的收入确认政策制定不当，且相关的销售内部控制与之不匹配，可能会导致收入确认跨期的问题，进而可能影响企业财务报告的质量。因此，对于属于"某一时段履行的履约义务"的销售，企业需要建立特定的流程来跟踪产品或服务的提供进度，确保收入确认进度与实际履约进度相匹配；对于属于"某一时点履行的履约义务"的销售，企业需要建立控制机制来验证交易的完成时点，确保收入确认的及时性和准确性。

此外，针对特殊或非常规交易，企业应设计专门的内部控制程序。例如，对于有特殊条件的销售，确保在关键条件满足之前不确认收入；对于多层级销售网络，如果企业通过代理商、分销商或其他中间商销售产品，需要建立内部控制措施以确保收入在适当的层级得到确认；对于复杂的交易结构，如分阶段交付的项目或包含多个要素的大型合同，企业应设计详尽的内部控制流程，确保在各个阶段正确分配和确认收入。

（2）制定和完善销售内部控制流程。

收入确认的过程需要得到各个业务部门的支持与协作。然而，在实务中往往存在由于不同业务部门之间信息不对称而导致账务处理提前或延迟的情况。例如，销售部门可能会滞后提交相关的合同和单据给财务部门，这种延误可能导致企业部分收入的确认时间晚于实际单据时间。另外，销售部门有时可能没有意识到收入确认相关的单据对财务处理的重要性，没有及时向客户索取，进而对企业财务报表的数据和披露产生影响。

因此，针对不同业务模式，拟申报 IPO 企业应当加强对关键部门人员的专业培训，确保其充分理解不同业务模式下的收入确认政策，并能有效地执行相应的内部控制措施。财务部门应向销售部门强调"权责发生制"的重要性，并在必要时，考虑将与收入确认相关的合同及单据提交的及时性作为销售人员业绩考核的标准之一。法务部门应负责制定严格的合同审核流程，以确保每份销售合同的条款都符合企业的收入确认政策，特别是对涉及控制权转移、交付时间、付款条件、退货权利等的关键条款需要特别关注，以避免因合同条款不明确而导致的收入确认不准确的问题。此外，对于财务人员未能对从销售部门获取的相关单据及时进行财务核算，从而导致收入确认跨期的问题，企业应加强内部审计和监督职能。通过这些内部控制措施，企业可以在一定程度上确保及时准确地确认收入，从而提高企业财务的透明度和可靠性。

（3）提升信息系统以适配财务核算。

拟申报 IPO 企业应当确保信息系统能够适应不同业务模式下的收入跟踪和确认要求，包括但不限于订单管理、关键单据处理、收款记录等方面的有效支持。例如，对于以产品签收或验收作为收入确认时点的销售模式，企业可以通过开发和实施信息系统的校验逻辑来确保收入确认的准确性。比如，实现系统自动检测功能，当销售部门在系统中提交签收或验收单据时，若提交日期超过实际签收或验收日期一定期限，系统可通过校验逻辑要求销售人员做出解释，说明提交延迟的原因及合理性。财务部门进一步判断并核算处理，以促进业务流程的规范化管理。

（4）持续监控和评估销售内部控制的有效性。

在实务中，对于采用多样化业务模式的企业而言，其销售内部控制的有效性正日益成为审核关注的重点。拟申报 IPO 企业需要定期对不同业务模式下的内部控制效果进行监控和评估，以确保内部控制措施能够及时响应业务模式的演变和市场环境的变化。通过持续的监控和评估，企业可以识别出内部控制体系中的不足或漏洞并及时进行调整和优化。这包括修正不适当的控制措施，强化薄弱环节，更新流程和技术，以及提高员工的内部控制意识和能力。

2. 虚构业务与人为操纵

虚构业务与人为操纵，是企业销售内部控制体系中的严重缺陷，通常涉及蓄意创建虚假的交易记录或篡改真实的交易数据，以在财务报告中呈现比实际情况更为乐观的业绩。这种行为不仅违反了会计原则和法律法规，而且破坏了企业的诚信基础，可能误导投资者和利益相关者的决策。这种内部控制的缺陷会导致企业面临法律诉讼、罚款、信誉受损以及股价下跌等一系列严重后果。同时，它也会削弱市场的公平性和透明度，损害整个投资环境。因此，确保内部控制体系的有效性是企业治理中不可或缺的一环，它有助于防范财务欺诈和维护市场秩序。

♣ 案例 12-1　慧辰股份（2020 年 6 月科创板注册生效案例）

根据北京慧辰资道资讯股份有限公司 2023 年 12 月 23 日公告的《行政处罚决定书》，中国证券监督管理委员会北京监管局对慧辰股份信息披露违法违规行为进行了立案调查和审理，认定慧辰股份存在以下违法事实：

2017 年 6 月，慧辰股份收购信唐普华 48% 的股权，信唐普华成为慧辰股份参股的公司。2020 年 12 月，慧辰股份进一步收购信唐普华 22% 的股权，信唐普华成为慧辰股份的控股子公司。信唐普华通过虚构与第三方业务、签订无商业实质的销售合同、提前确认项目收入的方式虚增收入和利润，导致慧辰股份 2020 年 7 月 13 日披露的《北京慧辰资道资讯股份有限公司首次公开发行股票并在科创板上市招股说明书》，以及首发上市后披露的 2020 年至 2022 年年度报告存在虚假记载。

资料来源：慧辰股份 2023 年 12 月公告的《行政处罚决定书》，详见巨潮资讯网网站 www.cninfo.com.cn。

慧辰股份因涉嫌信息披露违法违规，于 2023 年 4 月 27 日被中国证监会立案调查。随后收到的《行政处罚决定书》，证实了其财务造假的事实。值得注意的是，慧辰股份的招股说明书中就已经存在虚假记载，这种行为被视为典型的 IPO 财务造假。相较于企业上市之后的财务造假，这种造假通常更难以被社会容忍。从《行政处罚决定书》可以看出，慧辰股份在招股说明书中，2018 年和 2019 年虚增利润分别占当期披露利润总额的 7.33% 和 25.16%。而在上市之后的 2020 年至 2022 年，虚增或虚减利润分别占当期披露利润总额绝对值的 60.69%、36.45% 和 49.84%。企业不应挑战规则的底线，否则将承担相应的严重后果。

3. 收入确认单据缺失或整理不规范

在实务中，与收入确认相关的单据缺失可能涉及两种情况：一种是企业可能存在故意伪造收入记录的情况，从而导致缺少相关单据；另一种是企业虽未造假，但未能妥善收集和保管用于证实收入的外部单据。无论故意造假还是疏忽管理，这两种情况都可能导致企业收入确认的准确性和可靠性受到质疑。

🎴 案例 12-2　北农大（2022 年 3 月创业板被否案例）

根据北农大科技股份有限公司（简称"北农大"）第四轮审核问询函回复报告披露，证监会现场督导发现，"督导组抽查的 265 个销售细节测试样本中，199 个样本发行人无法提供物流凭证（包括委托第三方配送协议、单据或发行人内部出车记录），也无法证明相关货物为客户自提，或者物流单信息与订单、出库单信息无法对应，占比 75.09%，导致难以准确核查相关销售的物流情况"。

资料来源：北农大第四轮审核问询函的回复，详见深圳证券交易所网站 https://www.szse.cn。

经过现场督导，证监会发现北农大存在诸多问题，包括资金管理不当、内部控制中不相容岗位混同，以及与收入确认有关的单据缺乏真实性和完整性等。这些问题并非独立出现，而是相互关联并共同作用的结果。

根据通报的情况，高达 75.09% 的样本无法提供充分的文件来验证其收入的真实性，这暴露出该企业严重的收入内控问题。

针对故意造假，企业应建立强有力的内部控制系统以确保收入的真实性，包括明确各部门的职责和权限，加强对销售流程各环节的审核与监控等。在大多数情况下，除非存在管理层凌驾于内部控制之上，或者内外部人员串通进行财务欺诈的情况，否则财务造假通常难以逃过严格审查，它会留下可察觉的痕迹。

针对管理疏忽，企业需要制定明确的文档管理政策和程序，包括文件收集、审核、存储和归档的详细规程，确保所有收入确认相关的单据可追溯、完整且准确。同时，企业应加强员工培训，提高员工对准确财务记录重要性的认识，并定期进行内部审核以监控执行情况。在企业 IPO 辅导过程中，中介机构通常会采用大额抽样和分层随机抽样相结合的方法来进行核查，以确保核查范围基本覆盖重要客户和大部分客户群体。通过对选取的样本执行穿行测试或细节测试，核实证据链的真实性、准确性和完整性。企业应确保提供真实、准确和完整的财务单据，并对因管理疏忽导致的单据缺失问题进行整改，及时向客户重新获取并完善相关单据。

12.2　销售合同风险管理

销售合同风险管理是企业销售内部控制管理中不可或缺的一环。良好的合同风险管理能够帮助企业规避经营和财务风险，保障企业稳健运营，同时也是提升企业整体竞争力的重要手段。销售合同风险管理的缺陷主要包括以下几项。

1. 合同条款风险识别和管理不到位

销售合同的关键条款主要包括控制权转移、质量保证和退换货或其他约束条款等。合同条款常见的内部控制缺陷情形主要如下。

（1）关于控制权转移条款。

根据新收入准则，销售收入应当在商品或服务的控制权转移给购买方时确认。控制权转移条款的准确识别，有助于企业判断何时确认销售收入。但由于专业能力存在差异，销售人员可能更专注于销售目标和客户关系，而不具备审查复杂财务条款的专业知识；相反，财务人员可能更专注于财务合规性，但不了解销售策略和合同谈判的细节。因此，企业销售部门和财务部门之间的沟通和协作，有助于确保销售业务流程的顺利执行。如果企业合同管理的内部控制体系薄弱，未设置足够的流程和检查点来确保信息的传递和合同的审查，即使存在控制权转移条款，也可能被忽视。这可能导致财务报表产生重大错报，进而对 IPO 审核造成影响。

（2）关于质量保证条款和退换货条款。

在实务中，部分企业可能未充分认识到销售合同中质量保证条款与退换货条款的重要性。这种疏忽可能会使企业在销售过程中，面临未被充分评估的经营和财务风险。通常情况下，质量保证条款与退换货条款是紧密相关的。如果企业产品存在质量问题，不仅可能导致客户行使退换货权利，还可能导致客户损失，从而使拟申报 IPO 企业面临索赔等，这些情况可能对财务报表产生重大影响。此外，根据实务经验，在审核过程中，上市委通常会重点关注企业报告期内是否发生大额退货情形，以判断企业是否存在虚构交易或提前确认收入的情形。

当企业正确识别产品销售中存在的质量保证和退换货等售后相关条款后，具体的售后管理工作可参见本书"第 12 章—12.7—售后管理"。

（3）关于其他约束条款。

企业与客户签订的合同中，可能包含对经营或财务具有重要性的约束条款，但这些条款可能因为措辞晦涩或位置不明显而被忽视。此外，有些约束条款虽然表述明确，但企业可能并未给予足够重视。然而，这些约束条款实际上对企业的影响可能非常关键。例如，有些拟申报 IPO 企业与客户签订的销售合同中约定了排他性制造条款，限制企业在协议期限内及协议终止后向第三方制造、供应及销售同业竞争产品。即便该合同条款仅是客户出于维护自身利益而提出的保护性条款，且实际情况下可能不会对企业向其他客户销售同类产品加以限制，但根据实务经验，若企业的不同客户之间存在一定的竞争关系，则排他性制造条款的存在可能会对企业现有业务或未来进一步拓展其他客户产生一定的法律约束力。因此，拟申报IPO企业应在适当时机审慎考虑法律应对措施，包括与客户协商解除相关限制条款或取得豁免同意等。

☙ 案例12-3　科拓股份（2022年8月创业板被否案例）

根据厦门科拓通讯技术股份有限公司（简称"科拓股份"）上市委会议询问问题公告，"发行人以'合同期限与5年孰短原则'确定折旧年限。现场督导发现，报告期内发行人实际存在120个项目因故提前终止，导致实际运营期限短于合同期限。在发行人与管理方签订的2 340个合同中，2 288个合同未取得管理方与业主方的合同期限信息，占比97.78%；24个合同发行人与管理方约定的合同期限长于管理方与业主方的合作期限"。

资料来源：科拓股份创业板上市委2022年第58次审议会议结果公告，详见深圳证券交易所网站 https://www.szse.cn。

科拓股份案例表面上看是发行人制定的固定资产折旧政策不恰当，但实际上是由于其销售合同风险管理不当，这可能导致收入与成本不匹配的问题。根据披露，科拓股份提供智慧停车运营管理服务，需要投入运营设备，因此营业成本包括设备折旧成本等。科拓股份以"合同期限与5年孰短原则"确定折旧年限，其中合同年限为发行人与管理方签订的相关合同年限。但经证监会现场督导发现，科拓股份智慧停车运营管理服务合同管理严重不规范。尽管科拓股份在反馈回复中解释"基于与管理方的合同期限确定折旧年限，未考虑管理方与业主方的合同期限等可能导致项目提前终止的信息"，但上市委仍然认为，发行人无法核实管理方与业主方的合作期限，存在合同管理不规范的问题。此外，该案例的关键在于，科拓股份存在较多项目提前终止，未来可能无法实现收入，但继续按照合同期限计提折旧可能导致推迟确认成本，进而造成收入与成本不匹配的问题。

针对合同条款风险识别和管理问题，拟申报IPO企业应建立严格的合同审查流程，在签订合同前，对重要合同的所有关键条款进行仔细审查，确保理解并评估每个条款的潜在影响，避免出现重大经营和财务风险。这个流程应包括初步审查、风险评估、法律合规性检查和最终批准等环节。参与合同审查的部门至少应包括业务、财务和法务等相关部门，避免未经集体决策而直接签订合同的情况。此外，企业应提供必要的培训和资源，并在需要时安排外部专业培训，以便员工能够准确识别和处理特定的合同条款。

2. 合同未严格执行或流于形式

在实务中，即便企业已经建立了严格的合同管理内部控制制度，确保能够准确识别并管理销售合同中的风险条款，但如果在执行环节未能严格按照既定合同条款来落实，或者执行过程流于形式，那么内部控制措施实际上并未得到有效执行，可能导致合同管理的内部控制目标无法实现。例如，企业与客户达成的合同中，虽然规定应当以客户书面或邮件下达的采购订单作为正式采购承诺，并且指出客户的采购需求预测不具备约束力。然而，在实际销售业务流程中，客户并未向企业下达单独的采购订单，而是仅通过邮件方式向企业下达采购需求预测以锁定未来的采购需求。这种情形在 OEM 或 EMS 等代工类企业中很常见。尽管企业基于过往与客户顺利的合作经历，认为客户违约的风险很低，但该条款对于企业而言属于单方不利条款。根据实务经验，如果拟申报 IPO 企业客户集中度较高且对客户依赖性较强，这种单方不利条款可能会带来一定的审核风险。企业应考虑签订补充协议，以更清晰地界定双方的权利和义务。

12.3　客户风险管理

IPO 审核过程中对客户风险管理较为关注的内容通常涉及两个方面：一是对特殊类型客户的风险管理，如经销商客户、自然人客户等，这些客户备受关注；二是对客户开发和保持的风险管理，这既包括对新增客户接受合作前的风险管理，也包括对现有客户保持合作的风险管理。

1. 对特殊类型客户的风险管理

特殊类型客户，如经销商或贸易商、自然人客户、外销客户、寄售模式客户、线上平台客户或前员工等，在 IPO 审核过程中，可能因虚构业务风险较高而受到审核机构的特别关注。参见本书"第 12 章—12.1—1. 收入确认政策"。针对特殊类型客户风险管理问题，拟申报 IPO 企业应提前做好与特殊类型客户交易真实性的举证准备。

在 IPO 审核过程中，对于企业与特殊类型客户交易的真实性，常见的核查方式如下：针对经销商或贸易商客户、自然人客户或前员工客户，审核机构通常要求穿透核查终端销售情况；针对外销客户，审核机构通常要求核查海关报关出口数据与账面外销收入的匹配性；针对寄售模式客户，审核机构通常要求核查客户领用结算数据与第三方供应商系统数据的匹配性；针对线上平台客户，审核机构通常要求核查是否存在刷单行为等。针对上述可能的核查要求，中介机构需执行的程序包括但不限于对终端客户穿透走访及 IT 信息系统核查等。由于涉及客户外部数据的沟通和验证过程非常耗时，企业应将相关工作提前进行。

🐾 案例 12-4 中草香料（2024 年 2 月北交所上市委审议通过案例）

2024 年 2 月 2 日，安徽中草香料股份有限公司（简称"中草香料"）上市委会议审议通过，虽然上市委会议上并未提及贸易商客户问题，但在首次反馈和第二轮反馈中，审核员就"贸易商客户销售的必要性、真实性及核查充分性"提出了大量问题。其中，问询函中提到，"发行人 2022 年度共有 138 家贸易商，大部分贸易商客户以客户信息涉及商业秘密为由拒绝提供终端客户的名称等具体信息，仅有 17 家贸易商客户提供了下游终端客户的信息，中介机构对终端客户进行核查的比例较低"，要求"说明贸易商客户的最终销售对象的类型，在发行人无法获取大部分贸易商下游客户信息的情况下，如何确认终端客户及实现最终销售的真实性"。发行人就该问题累计使用了 100 多页的篇幅进行详细答复。

资料来源：中草香料首次和第二轮审核问询函的回复，详见北京证券交易所网站 https://www.bse.cn。

在中草香料案例中，反馈回复阶段，经过中介机构的进一步沟通协商，部分客户同意了提供下游主要终端客户的信息，同时，中介机构对部分同意访谈其下游客户的贸易商客户进行了穿透访谈，并确认其是否实现了最终销售。除此之外，中介机构还采取了如下方式进行核查。①获取相关贸易商提供的报关单。对于部分贸易商不愿意提供其下游客户信息的情况，经沟通，取得其部分对外出口销售时的报关单，报关单上隐去其客户名称，但保留产品名称、产地、数量、交易时间等交易信息，以证明其实现了最终销售。②获取贸易商客户采购发行人产品的库存情况。获取主要贸易商采购自发行人产品的期末结存情况，结合对贸易商的访谈情况，核查贸易商期末结存金额及报告期的对外销售情况。③执行函证、实地或视频走访，核查退换货情况，核查期后回款情况，核查对贸易商销售规模与其经营规模的匹配性，核查与主要贸易商的商务沟通资料，对收入变动、毛利率变动、细节测试和截止测试等进行核查。结合上述核查的相关比例数据，发行人最终消除了审核机构的疑虑。

2. 对客户开发和保持的风险管理

（1）对新增重要客户的资信情况未能充分了解或实地考察。

在 IPO 申报期内，新增的重要客户属于审核机构重点关注的对象。通常关注的内容包括但不限于客户的资信情况和双方合作的背景等。从业绩真实性的角度来看，审核机构一般通过审核新增客户的资信情况来确保客户的真实性，确保发行人没有通过虚构交易等不当手段来人为提升财务业绩。在实务中，常见的审核问题包括说明客户成立时间较短即与发行人进行合作的合理性，以及客户与发行人之间是否存在关联关系或其他利益关系等。从客户质量的角度来看，新增重要客户的知名度，在一定程度上反映了企业的市场竞争力。知名企业作为客户往往意味着较高的市场认可度和商业信誉，间接证明了拟申报 IPO 企业的市场地位和业务实力。反之，如果新增重要客户多为非知名企业，则审核机构通常会更深入地了解双方的合作背景，以排除潜在的风险因素。

　　针对新增重要客户的风险管理问题，拟申报 IPO 企业应当重点关注以下几个方面。

1）加强对新增重要客户的资信调查。

　　客户资信调查是企业信用管理的基础。客户资信调查通常包括对目标客户的股权结构、经营情况、财务状况等主要方面的调查，并根据调查结果对客户信用等级进行评定。客户资信调查对于企业在选择目标客户、确定结算方式或处理潜在纠纷等决策方面具有重要的参考价值。

　　首先，企业通过调查目标客户的股权结构，可以了解其控制权分布，识别潜在的冲突和法律风险。在实务中，IPO 招股说明书及审计报告等申报文件通常需要将属于同一集团控股的多家客户合并披露，因此企业在选择新增重要客户时，需要了解其背景情况，避免因未准确识别客户关系而导致申报材料存在遗漏或错误披露。

　　其次，企业需要对新增重要客户的经营情况进行调查或了解。在 IPO 审核过程中，审核机构通常要求拟申报 IPO 企业结合客户在所处行业的市场份额、市场需求和行业发展趋势等，说明企业的市场竞争力并判断其未来的市场增长潜力。由于 IPO 反馈回复时间相对有限，若涉及大量外部数据尚需进一步获取，可能会对审核进度造成影响。因此，企业需要建立完善的客户风险管理内部控制制度，在获客阶段即对重要客户的经营情况进行调查，提前完善相关准备工作。

　　最后，企业需要对新增重要客户的财务状况进行调查或了解，相关调查工作至少应包括获取客户提供的财务报告或相关数据，并对重要财务指标如资产负债率、应收账款周转率、存货周转率及销售利润率等进行分析。企业应重点判断新增重要客户的偿债能力，以及未来合作是否可能会导致无法收款的风险。

2）履行对新增重要客户的实地考察程序。

　　对于新增重要客户的调查，不应局限于书面资料和即时通信工具沟通。企业还需要安排专人进行实地考察。这样的实地考察，可以更准确地评估重要客户的经营状况和信用水平，包括考察其生产车间、管理团队和经营规模等。通过实地考察和面谈，企业可以直观地了解目标客户的真实情况和潜力，从而减少客户信用风险。在 IPO 辅导过程中，中介机构还需要对重要客户进行走访，访谈内容包括但不限于客户与企业的合作历史、主要合作内容及变化情况、客户与企业的关联关系及资金往来情况、参观客户仓库等，以判断是否存在虚构销售业务的情形。

（2）在未充分了解是否已逾期的情况下仍对客户大额发货。

企业应当持续监控现有重要客户的经营情况和财务状况，管理层、销售部门和财务部门应紧密协作，形成主动的风险防范意识。当了解到现有重要客户出现经营或财务困难时，应果断采取紧急措施，包括暂停或终止对其发货，并加快对客户应收账款余额的催收，直至客户的经营能力或偿债能力明显改善，确保企业的权益得到保护。同时，这也能避免因客户风险而导致应收款项坏账计提明显提高，进而影响企业的资金流和利润表现。

🐾 案例 12-5　明冠新材（2020 年 11 月科创板注册生效案例）

2020 年 11 月 24 日，明冠新材料股份有限公司（简称"明冠新材"）注册生效，在 2020 年 9 月上市委会议中，主要围绕客户财务困难引申出的销售内部控制及坏账计提充分性、持续经营能力提出了两大问题，其中关于客户财务困难引申出的销售内部控制及坏账计提充分性问题，上市委审核指出："①结合多个客户由于财务困难无法偿还应收账款情况，进一步说明其针对赊销信用政策，在申报期是否建立了健全完善的内部控制制度，并已经得到有效执行；②说明对协鑫集团偿债能力的评估以及相关坏账准备计提的充分性。"

上市委会议提出该问题，主要针对首次反馈回复中发行人关于应收账款坏账风险披露而提出，其披露，"截至 2020 年 6 月末，公司根据客户的经营情况，对处于财务状况不良或财务状况困难的浙江昱辉阳光能源有限公司、协鑫集成科技股份有限公司及其关联公司等客户的应收账款相应地单项计提了坏账准备 3 747.79 万元。若未来公司下游客户的经营或财务状况出现不利变化，公司仍需对应收账款计提相应坏账准备，这将对公司的经营业绩造成不利影响"。

资料来源：明冠新材注册稿审计报告、科创板上市委2020年第73次审议会议结果公告，详见上海证券交易所网站 https://www.sse.com.cn。

根据明冠新材披露的注册稿审计报告，在报告期内因"财务状况困难"而单项计提坏账准备的应收账款共涉及四家客户，其中三家客户的报告期各期末应收账款余额未发生变化，且已100%计提坏账，仅有上市委会议提及的"协鑫集团"应收账款余额有所增加，并按30%计提坏账。但是，"协鑫集团"自首次单项计提坏账年度起已未再进入发行人前五大客户名单，而且若测算补提坏账对发行人财务状况的影响也相对较小。最终，该问题并未成为明冠新材IPO的实质性障碍。

针对现有重要客户的风险管理问题，一方面，拟申报IPO企业应当优化内部审批流程，并定期审计和复查，确保每一笔大额交易都经过严格的审查和批准。同时，企业应加强内部审计，定期对客户账户进行审计和复查，确保及时发现并处理潜在的欺诈行为。另一方面，拟申报IPO企业应当建立预警机制和应急预案，一旦发现客户存在经营或财务困难，或者发现异常交易或客户违规行为，要能够及时采取措施防范风险。同时，为企业可能出现的销售欺诈行为制订应急预案，确保在发现问题时能够迅速有效地应对。

综上所述，拟申报IPO企业应积极采取有效措施，以加强对新增重要客户或现有重要客户的风险管理能力。这包括在合作前和合作过程中实施全面的资信调查和跟踪管理策略，以确保充分了解客户并有效降低销售欺诈的内控风险。

12.4　销售推广管理

销售推广管理是企业销售内部控制的重要环节之一。常见的内部控制缺陷主要体现为商业贿赂行为的发生等。商业贿赂不仅违反了法律法规，而且可能对企业财务报表的真实性和透明度产生严重影响，进而增加企业IPO 审核风险。

商业贿赂对财务报表真实性的影响，主要体现在以下几个方面：首先，商业贿赂可能导致企业在销售过程中虚构交易或提前确认收入，从而使得财务报表的收入数据失真；其次，企业人员可能在财务报销、费用申领等环节中通过不正当手段获取或支付资金，这些行为会使得财务报表上的费用项目无法真实反映企业的经营状况；最后，企业涉及商业贿赂可能会面临法律诉讼、罚款等风险，这些法律风险会在财务报表中体现为潜在的负债，也会影响财务报表的真实性和完整性。

除此之外，商业贿赂作为一种不正当竞争行为，会扰乱市场竞争秩序。这不仅损害其他经营者或消费者的合法权益，也会增加企业的经营风险，并可能对企业的长期发展造成不利影响。

因此，拟申报 IPO 企业应当加强销售推广管理的内部控制，确保财务数据的真实性，并维护企业的合法利益和市场秩序。笔者梳理了上市委审议重点关注企业销售过程中是否存在商业贿赂及是否采取相关防范措施的案例。这些案例普遍集中在与医药或医疗设备相关的企业，而非医药或医疗设备相关的企业案例则相对较少，如表 12-3 所示。

医药或医疗设备企业的行业特性，使得销售过程中企业发生商业贿赂的风险相对较高。医药和医疗设备通常涉及高价值产品，这些产品的销售往往能够带来巨大的利润。企业可能会通过非法手段来增加销售额，以获取更高的利润。此外，医药和医疗设备的研发成本通常较高，企业可能会通过商业贿赂来加速产品的上市和销售，以尽快回收研发投资。因此，表 12-3 所示的案例，大部分医药或医疗设备企业市场推广费占收入的比例较高，且通常比例越高，相应的审核风险也越大。例如，天济草堂和倍特药业的市场推广费比例均超过 50%，最终这两家企业撤回材料或终止注册，结束了 IPO 审核。

表 12-3

企业类型	公司名称及审核状态	报告期内最近三年销售费用中市场推广费占收入比例及变动趋势
医药或医疗设备相关	海森药业 2023 年 3 月注册生效 翔宇医疗 2021 年 1 月注册生效 惠泰医疗 2020 年 12 月注册生效	低于 5%，呈逐年下降趋势
	昊海生科 2019 年 9 月注册生效	10%～20%，相对稳定
	华兰疫苗 2022 年 1 月注册生效	20%～40%，整体呈下降趋势
	粤万年青 2021 年 10 月注册生效 安必平 2020 年 7 月注册生效	30%～40%，相对稳定
	汇宇制药 2021 年 8 月注册生效	30%～50%，呈逐年增长趋势
	科兴制药 2020 年 11 月注册生效	40%～50%，相对稳定
	天济草堂 2022 年 6 月撤回材料终止	50%～60%，呈逐年下降趋势
	倍特药业 2022 年 1 月终止注册	50%～60%，呈逐年增长趋势
	多瑞医药 2021 年 8 月注册生效	60%～70%，相对稳定
非医药或医疗设备相关	骏鼎达 2023 年 8 月注册生效 特瑞斯 2022 年 11 月注册生效 蓝盾光电 2020 年 7 月注册生效	低于 5%，呈逐年下降趋势

注：1. 表中部分案例企业终止注册，与该部分论证内容不具有必然关系，可能由其他原因导致。

2. 表中案例不同企业销售费用项目核算名称有所区别，如市场推广费、推广服务费、学术推广费等，表中均列示于"市场推广费"。

资料来源：表中所涉公司的上市委审议会议结果公告以及最近一次的申报审计报告，详见上海证券交易所网站 https://www.sse.com.cn、深圳证券交易所网站 https://www.szse.cn 和北京证券交易所网站 https://www.bse.cn。

❧ 案例 12-6 天济草堂（2022 年 6 月北交所撤回材料终止案例）

2022 年 4 月 6 日，湖南天济草堂制药股份有限公司（简称"天济草堂"）上市委会议审议结果为"暂缓审议"，2022 年 6 月 12 日，保荐机构撤回申请上市申请材料，天济草堂 IPO 随即终止。上市委会议围绕收入、市场推广费、研发能力及研发费用提出了三大问题。其中"关于市场推广费"，上市委审核指出，"2018 年至 2021 年 6 月，发行人销售费用分别为 2.23 亿元、2.08 亿元、1.78 亿元和 0.99 亿元，占各期收入比例分别为 62.14%、65.04%、61.18% 和 64.02%，发行人市场推广费占比处于同行业较高水平；销售费用构成主要为市场推广费和职工薪酬，市场推广费主要包括学术推广会议费、市场调研费、信息收集费、教育培训费、终端客户服务费。发行人市场推广活动主要由推广服务机构进行，报告期各期内，推广服务机构为发行人提供推广服务业务占其各自所从事同类业务比例较高的 15 家推广服务机构中，7 家已注销，且多数推广服务机构为个体工商户等小微企业，市场推广服务机构规模较小且变动较大。发行人 2021 年中小型临床科室会频次大幅增长，市场推广活动频次、人次较高且变动较大"，要求发行人进一步说明，"2021 年中小型临床科室会频次大幅增长的原因及合理性，学术推广会议等活动是否实际开展，高频次开展推广活动是否符合行业发展情况，是否在市场推广活动中给予过医务人员、医药代表或客户回扣、账外返利、礼品，是否存在商业贿赂、变相商业贿赂等不正当竞争行为，发行人是否存在将市场推广费直接汇入无商业往来第三方账户的情形，取得市场推广费的票据形式、内容是否合法合规，发行人关于市场推广费支付的相关内部控制制度是否有效执行，发行人和相关推广服务机构是否存在因商业贿赂被追责、处罚的风险，是否存在市场推广费用过高引起的法律合规风险"。

资料来源：天济草堂上市委审议会议结果公告，详见北京证券交易所网站 https://www.bse.cn。

在天济草堂案例中，由于企业市场推广费占收入的比例过高，推广服务机构多为个体工商户，并且存在多家推广服务机构注销等异常情况，上市委对企业市场推广费是否真实以及销售推广中是否存在商业贿赂等内部控制风险表示了质疑。在临近第二次上会时，保荐机构撤回了申请材料。

针对销售推广中的商业贿赂情况，拟申报 IPO 企业应当重点关注以下几个方面。

（1）制定明确的反贿赂政策，并建立监督举报机制。

拟申报 IPO 企业应当制定清晰的反贿赂政策，对任何形式的商业贿赂行为都应有明确的禁止规定和处罚措施。同时，企业应建立举报机制，鼓励员工和相关方举报可疑的贿赂行为，并保护举报人不受报复。在实务中，企业可以在与客户签署的合同文件中加入反商业贿赂的声明，并提供举报邮箱或举报热线。该声明至少从两个方面进行约束。第一，从客户角度出发，拟申报 IPO 企业应鼓励商业交往中的礼貌行为，坚决反对客户企图通过直接或间接提供不正当利益给拟申报 IPO 企业的员工及其直系亲属，而对相互关系施加不当影响的商业贿赂行为。不正当利益包括但不限于：①现金、支票、信用卡礼品、样品、其他商品、娱乐票券、会员卡、无息贷款、货币或货物形式的回扣、回佣、就业或置业机会、客户付款的旅游、宴请及个人服务、其他形式的私人好处等；②为获取合作过程中的有利条件，由客户员工及其直系亲属持有或由第三方代持拟申报 IPO 企业的股权等。第二，从拟申报 IPO 企业自身角度出发，声明拟申报 IPO 企业的员工在与客户交往的过程中，应遵守企业相关职业操守，保证双方合作过程的公正、公平、透明，无任何歧视或欺骗行为。员工及其直系亲属不能从客户处接受或索取个人利益，或者利用职位影响客户的选择与评估，使客户获得"特定待遇"等。

（2）加强对员工的培训和教育，并对合作伙伴进行筛选。

拟申报 IPO 企业应定期对员工进行反贿赂和合规方面的培训，以提高员工的法律意识和职业道德水平。同时，企业应定期进行商业贿赂风险评估，并与遵守反贿赂法规的合作伙伴建立业务关系，避免与有贿赂行为的企业或个人合作。

（3）建立严格的财务管理制度，并加强内部审计的监督作用。

拟申报 IPO 企业应确保所有的销售活动和推广费都有明确的计费依据，并定期进行内部审计，特别是对销售收入和市场推广费的真实性和合理性进行重点审查。企业应通过内部控制系统监控异常交易，例如不合常理的大额交易、频繁的现金交易等，并及时进行调查并采取相应措施。在实务中，如果销售费用中市场推广费占收入的比例较高，或者变动趋势异常，通常审核风险也会相应增加。企业应提前举证相关费用发生的合理性，防止因商业贿赂行为的发生而导致审核机构对销售真实性存疑。

12.5　应收账款管理

应收账款管理的内部控制,有助于维护企业财务健康和现金流稳定。通过销售对账、款项催收及坏账管理这些内控措施,也能够提升企业应对市场波动和信用风险的能力。应收账款管理的缺陷主要包括以下几项。

1. 对账不及时或对账差异未解决

企业与重要客户未及时或按期对账,或者未妥善保管对账文件,可能导致审核过程中企业无法提供必要的证据来支持收入的真实性。此外,若对账存在差异而企业未能与客户沟通了解原因并编制差异调节表,则收入可能被记录在错误的会计期间,这将影响企业财务报表的准确性。

在实务中,客户对账是一项重要的日常管理工作,特别是对于涉及多方参与的业务模式,如供应商管理库存模式或寄售模式。这些模式需要依赖客户或第三方的对账结果来确认收入,对账工作尤为关键。在寄售模式下,企业将货物寄存在客户处,客户根据自身需求使用后再进行结算。由于在客户实际使用前,产品控制权仍归企业所有,因此对账不仅有助于确保双方记录的一致性,还能有效管理发出商品及应收账款,减少商业纠纷。在这种情况下,及时、准确地对账有助于保持企业财务健康和支持业务决策。此外,考虑到寄售模式的特性,企业需要加强对账流程的管理,确保能够及时发现对账差异,并采取相应措施进行调整。

♣ 案例 12-7　新锐股份(2021 年 8 月科创板注册生效案例)

2021 年 8 月 24 日,苏州新锐合金工具股份有限公司(简称"新锐股份")注册生效。2021 年 7 月的上市委会议主要围绕境内外各种销售模式对经营成果的影响、寄售产品管理的内部控制、对境外进入员工团队的依赖性和关联关系等提出了三大问题,其中关于寄售产品管理的内部控制问题,上市委审核要求发行人"分析对各主要客户寄售产品余额波动的原因及合理性,说明对寄售产品管理的内部控制程序及执行情况";要求保荐代表人说明"对发行人境外子公司的销售收入及寄存于客户现场的存货所执行的核查程序及结果，包括对境外银行账户流水记录、主要客户采购系统数据、寄售产品对账记录等非一手证据是否采取必要措施验证其真实性"。

资料来源：新锐股份科创板上市委 2021 年第 46 次审议会议结果公告，上市委会议意见落实函的回复，详见上海证券交易所网站 https://www.sse.com.cn。

在新锐股份案例中，中介机构为了证明取得证据来源的有效性，在反馈回复中披露的具体措施包括：①直接登录用于与客户进行财务对账的公司邮箱，从客户发送给境外子公司的对账邮件中直接提取相关的对账数据（包括寄售产品的对账记录），以及客户发送的其采购系统内关于发行人产品的数据；②对于上述邮件，通过查阅寄件人的邮箱后缀、邮件后附的法律责任声明等，确认邮件来源于客户的员工及其公司邮箱，并通过核查取得邮件的时间，确认相关对账程序系境外子公司日常经营管理活动，不是事后补充程序；③登录境外子公司的网银账户，直接导出其报告期内全部账户的银行流水。通过上述措施，中介机构确保上述关键性的核查证据来源于历史的外部证据，而非仅仅依靠发行人提供的核查证据。中介机构认为已经采取了必要措施以验证该等证据的真实性。从这个案例中，我们可以看到企业销售内部控制管理的重要性。如果企业与客户重要的对账记录并非来源于日常经营管理活动，那么在审核过程中企业可能会处于被动状态，无法及时提供必要的信息和解释，从而可能影响审核结果。

2. 制定的信用政策不合理，导致坏账风险管理不当

在 IPO 审核过程中，审核机构通常对应收账款问题保持高度关注，这包括企业对客户制定的信用政策是否合理，是否存在放宽信用期以刺激销售的情况。在既定的信用政策下，审核机构还会关注是否存在逾期款项情况。若存在逾期款项，企业对逾期款项的收回可能性及相应的坏账风险计提是否充分等。这些都是判断企业财务健康状况的重要指标，也是决定企业是否能够成功通过 IPO 审核的重要因素。

笔者梳理了上市委审议阶段重点关注企业应收账款逾期的案例，具体如表 12-4 所示。

表　12-4

公司名称及审核状态	报告期内最近三年应收账款逾期比例及变动趋势
赛特斯 2023 年 7 月终止注册	40%～80%，呈逐年大幅增长趋势
三江电子 2021 年 8 月终止注册	30%～40%，呈逐年略微增长趋势
格力博 2022 年 9 月注册生效	15%～35%，先大幅下降后略微上升
金盘科技 2021 年 1 月注册生效	25%～35%，呈逐年略微下降趋势
明冠新材 2020 年 11 月注册生效	20%～30%，呈逐年略微增长趋势
震有科技 2020 年 6 月注册生效	10%～50%，先下降后大幅上升

资料来源：表中所涉公司的上市委审议会议结果公告以及最近一次的申报审计报告，详见上海证券交易所网站 https://www.sse.com.cn 和深圳证券交易所网站 https://www.szse.cn。

赛特斯和三江电子两个案例，均在上市委审议通过后最终仍终止注册。尽管这可能由其他因素引起，与此处论证的内容并无必然关系，但这两个案例中较高的应收账款逾期比例及逐年增长的趋势，在审核过程中仍然引起了审核机构对发行人资产质量的担忧。特别是赛特斯，其在反馈回复中，对应收账款逾期问题的披露显示："报告期内，发行人应收账款净值占当年营业收入比例较高，各期分别为 76.18%、83.23%、100.13% 和 130.17%；应收账款逾期比例较高，各期分别为 43.95%、48.66%、65.78% 和 76.78%。发行人应收账款净值占营业收入的比例较高、应收账款回款速度较慢将会影响发行人的资金周转速度，并进而导致发行人经营性现金流承压，从而可能对公司的资产质量产生一定的负面影响。"

拟申报 IPO 企业需要确保其对客户制定的信用政策的合理性，避免过度放宽信用期。同时，企业应当建立健全风险控制机制，以应对可能出现的款项逾期和坏账风险。

12.6　销售返利管理

销售返利政策是一种常见的促销手段。厂商能够根据不同客户在不同时间和条件下的具体谈判情况，对返利条件进行灵活调整。相对于直接降价而言，销售返利既能保证客户对企业产品的采购量，也有利于维护产品价格体系的相对稳定。但是，销售返利作为企业收入的一部分，其内部控制的健全性直接关系到销售合同的真实性以及收入确认的准确性。如果企业返利政策不明确，或者人为调节返利依据而导致虚构收入或跨期入账，可能会出现利益输送、虚增利润等财务舞弊现象，从而影响 IPO 审核结果。

在 IPO 审核过程中，审核机构对销售返利的关注点，通常集中在返利的计提时点、金额确定、行业比较、经销商返利和会计处理等方面。企业应当建立健全内部控制体系，确保销售返利的政策、计算方法和会计处理符合相关会计准则和税法规定，同时保持与同行业标准的一致性。

笔者梳理了上市委审议阶段重点关注企业返利的案例，具体如表 12-5 所示。

表　12-5

公司名称及审核状态	返利对象	审核重点关注的问题
卡莱特 2022 年 8 月 注册生效	第一大客户	对比分析对其他主要客户的售价、销量及销售返利情况，并说明与第一大客户同时约定最低优惠价格与销售返利的原因及合理性
红星美羚 2022 年 5 月 上市委审核未通过	第一大客户	说明第一大客户报告期内销售收入大幅度变动，且第一大客户于报告期内注销的原因及商业合理性，关注向该客户销售产品的价格、返利政策、信用政策与向其他方销售同类产品是否存在差异
登康口腔 2023 年 3 月 注册生效	经销商	发行人销售以经销模式为主，报告期各期发行人计提的商业折扣和促销支持金额较大。要求发行人结合产品销售定价政策、返利政策，说明销售返利是否与营业收入匹配，是否存在利用返利政策调节收入的情形
新芝生物 2022 年 9 月 注册生效	经销商	非直销收入（贸易商收入及经销商收入）占同期主营业务收入的比例分别为80.74%、80.67% 和83.94%。要求发行人说明是否存在返利或返点政策，相关收入确认原则是否符合企业会计准则的规定

（续）

公司名称及审核状态	返利对象	审核重点关注的问题
大禹生物 2022 年 4 月 注册生效	经销商	发行人经销商中存在员工及其亲属持股的情况，占营业收入比例分别为 12.17%、4.41%、5.26% 和 3.54%。发行人 2018 年末实施经销商体系调整，原省级经销商经营负责人或实际控制人根据自愿原则入职发行人成为发行人员工，并担任原所属区域的大区经理，负责原区域县级经销商的销售管理工作；原省级经销商以下的县级分销商与发行人建立直接的县级经销合作关系。2019 年，发行人的县级经销体系基本搭建完成并进入正常运营。要求发行人说明是否建立了经销商管理制度，体外是否设有经销商管理机构或组织；主要的经销商奖励政策，是否存在以销售量衡量的销售返利或折让等政策
天能股份 2020 年 12 月 注册生效	经销商返利	要求说明：①发行人是否与所有经销商在销售合同或订单中对返利安排（包括计算方式）进行书面约定；②发行人确认销售收入时点是否在与经销商确定"基础返利"或"特殊返利"之前，如在确定返利金额之前确认收入，请进一步说明经销商在未确定采购价格前进行采购的商业逻辑，并说明发行人与经销商间是否对返利的给付存在任何形式的保证；③发行人是否已经建立有效的内部控制制度，确保返利计提的完整性与准确性，以及相应会计处理是否符合企业会计准则的规定

资料来源：表中所涉公司的上市委审议会议结果公告，详见上海证券交易所网站 https://www.sse.com.cn、深圳证券交易所网站 https://www.szse.cn 和北京证券交易所网站 https://www.bse.cn。

从表 12-5 的案例来看，第一大客户（或主要客户）和经销商属于 IPO 审核过程中审核机构重点关注的返利对象。对于这些客户的返利，企业应当重点关注以下几个方面：首先，企业需要确保销售返利的计提时点严格遵循合同条款并符合行业惯例，同时避免任何可能的不当行为，例如与客户串通修改返利的归属期间和文件签署日期等；其次，企业应当检查销售返利金额的变动是否与销售活动具有匹配性，对于任何异常波动，提前举证变动的合理性，以证明不存在隐瞒的财务操作或虚假销售活动；最后，企业还需评估向经销商提供的销售返利是否按照合理的标准执行，并举证不存在利用经销商进行不正当利益输送的风险。在上述管理过程中，业务部门应当及时获取返利文件并提交给财务部门审核，同时履行必要的管理层审批手续，以准确计量和入账销售返利。

在会计处理方面，不同类型的销售返利（如现金返利、实物返利等）可能导致不同的会计处理方式，这些处理方式的差异可能对企业的财务报表产生重大影响。具体参见本书"第 5 章—5.3—2. 可变对价"所述，企业应按照返利的具体类型选择适当的会计处理方法，例如将返利作为可变对价，或者按照附有额外购买选择权的销售进行处理。正确的会计处理不仅能够反映企业真实的交易情况，也有助于企业规避因销售返利处理不当而引发的审核风险。

12.7　售后管理

在实务中，企业提供的产品的质量问题及其严重程度，以及双方合同中约定的相关条款，通常会决定售后工作的具体形式。这些售后工作可能包括退货、换货、保修期内的维修以及保修期外的维修等，这些都可能对财务报表产生一定的影响。售后管理的缺陷主要包括以下几项。

1. 未能充分识别合同中的退货条款

企业在处理销售退货条款时，需要综合考虑合同的性质、退货率的预估以及相关的会计处理规定，以确保其内部控制管理的合规性和有效性。企业应结合具体业务性质和历史实际退货情况，判断与客户签订的合同中约定的退货条款属于实质性条款还是保护性条款。例如，VIZIO 是一家总部设立在美国的品牌企业，主要面向沃尔玛、好市多、西尔斯百货等零售商。基于美国的市场惯例和消费习惯，消费者在商超购买商品时通常享有较长期限的无理由退货权。如果在企业与 VIZIO 签订的销售合同中双方约定，VIZIO 可以根据其客户的信用退货政策将产品退还给企业，此类退回的产品由企业负责，且历史上也发生过一定比例的退货情况，则该退货条款属于实质性条款。

根据新收入准则，对于附有销售退回条款的销售规定，"企业应当在客户取得相关商品控制权时，按照因向客户转让商品而预期有权收取的对价金额（即，不包含预期因销售退回将退还的金额）确认收入，按照预期因销售退回将退还的金额确认负债；同时，按照预期将退回商品转让时的账面价值，扣除收回该商品预计发生的成本（包括退回商品的价值减损）后的余额，确认为一项资产，按照所转让商品转让时的账面价值，扣除上述资产成本的净额结转成本"。因此，对于涉及实质性退货条款的交易，企业必须实施恰当的内部控制措施以管理产品退货。这包括由售后部门定期进行详尽的统计分析，以监控产品在退货有效期内的退回情况，并履行必要的审批程序。同时，企业应深入分析退货原因，并据此进行改进，以提高客户对产品的满意度。准确预测退货率对于确保收入成本核算的准确性，以及判断是否跨期入账具有重要作用，这不仅有助于保障财务报表的准确性，也有助于企业有效管理运营风险。

2. 未充分识别维修概率及成本，导致预计负债计提不充分

根据新收入准则的相关规定，如果质量保证被视为额外服务，即在保证商品符合既定标准之外提供了一项单独的服务，则该部分服务应作为单项履约义务进行会计处理。质量保证条款对收入确认时点具有较大影响。即使质量保证属于既定标准之内，也可能需要作为或有事项，根据历史维修概率测算相关维修成本，并作为预计负债计入财务报表。在 IPO 实务中，针对质量保证条款，审核机构通常要求企业说明各产品质量保证相关费用的计提标准，并结合计提与实际发生情况、同行业可比公司的情况等，说明预计负债是否计提充分。基于此，企业在设计产品质量保证金测算模型时，应综合考虑包括历史维修数据、产品特征和复杂性、产

品生命周期阶段、适用的法律法规和行业标准等多项因素。同时，在此过程中，企业必须清晰划分各部门的职责，确保产品质量保证金及时且准确计提。

综上所述，由于不同的售后处理方式在会计处理上存在差异，因此，完善的售后管理体系对企业销售内部控制和确保财务报表列报的准确性具有重要作用。

第13章　研发管理内部控制

2023 年 7 月 7 日，国家税务总局所得税司和科技部政策法规与创新体系建设司联合发布了《研发费用加计扣除政策执行指引（2.0 版）》（以下简称"研发加计扣除 2.0 版指引"），以取代 2018 年发布的 1.0 版指引；2023 年 7 月 31 日，发布了《研发费用加计扣除项目鉴定案例》（以下简称"鉴定案例"）。其中，研发加计扣除 2.0 版指引从政策概述、研发活动界定、研发项目管理、政策主要内容、费用核算要求、申报和后续管理等方面，全方位梳理了现行研发费用加计扣除的相关政策要点，尤其在 1.0 版指引基础上新增了关于研发活动界定和研发项目管理等内容；鉴定案例则通过典型的具体场景，进一步说明符合法规要求的研发活动的特征及判断依据，为企业将研发费用加计扣除优惠的管理融入日常经营管理提供了指引。

2023 年 11 月 24 日，中国证监会发布了《监管规则适用指引——发行类第 9 号：研发人员及研发投入》（以下简称"发行类第 9 号"），从研发人员认定、研发投入认定、相关内控要求、核查要求和信息披露五个方面做出了详细规定，该指引自公布之日起实施。

上述政策的相继出台，将 IPO 企业的研发费用审核提升至前所未有的高度，拟申报 IPO 企业需要予以重视。

实务中，常见的研发管理内部控制缺陷主要包括但不限于表 13-1 所示的内容。

表　13-1

研发管理内部控制缺陷类别	具体情形
生产和研发混同产生的研发真实性问题	（1）项目研发属性和成本属性的区分 （2）员工与研发的匹配性（部门、薪酬、学历），非专职研发下员工薪酬分摊的准确性（工时管理） （3）领料用于研发的真实性（数量、金额、项目管理、授权审批、材料管理） （4）设备用于研发的合理性（类型、同一类设备数量），非专用于研发使用下折旧分摊的准确性
研发立项和过程管理	（1）研发制度对研发过程的指导与约束 （2）可研分析、项目立项、台账管理、关键节点、项目结项 （3）研发项目的预算与成本控制 （4）研发费用的归集与核算，包括各项目之间的分摊
研发成果管理	（1）自研项目知识产权保护不完善或核心技术泄露 （2）委外研发
研发外包管理	委外研发的必要性和合理性、交易价格的公允性

13.1　研发活动的认定

研发活动的准确认定，对于研发费用的归集和核算具有重要影响。拟申报 IPO 企业在界定研发活动时，至少应当按照以下步骤逐一进行判断。

步骤一：若企业存在非标定制化业务，对获取的每个客户合同，企业应当参照本书"第 8 章—8.1"，根据该部分注意事项中提示的四项基本内容设计相应的"判断表单"，从源头开始对每个项目的研发属性或成本属性（或两者兼有）进行初步识别。若企业所有业务均不具有定制化特征，可直接进入步骤二进行判断。

步骤二：若初步判断属于研发项目，结合本节"1. 研发活动判断的基本原则"中的提示，通过三个判断要点进一步识别是否属于研发活动。

步骤三：在整体识别为研发项目的基础上，结合本节"2. 研发活动判断的边界"中的提示，剔除研发过程中不属于研发定义要求的细分活动。

1. 研发活动判断的基本原则

研发加计扣除 2.0 版指引采用问题举例的方式，帮助企业自主判断其项目是否为研发活动。另外，从政策执行的情况来看，研发活动的判断具有较强的专业性。鉴定案例挑选了 3 个典型案例，并详细解释了判断依据，以帮助企业更好地理解研发活动的特征。

研发活动的清晰界定是后续会计核算的前提条件，企业针对每个项目，可以参照表 13-2 所示的研发活动的判断要点及内涵，形成清晰的判断文件，并进行归档处理。

表 13-2

	判断要点	内涵
1	1. 具有明确创新目标	研发活动一般具有明确的创新目标，如获得新知识、新技术、新工艺、新材料、新产品、新标准等。可通过以下问题予以明确： 该活动是否要探索**以前未发现**的现象、结构或关系？是否在一定范围要**突破现有的技术瓶颈**？研发成果是否**不可预期**？如果回答为"是"，则说明该活动具有明确的创新目标
2	2. 具有系统组织形式	研发活动以项目、课题等方式组织进行，围绕具体目标，有较为确定的人、财、物等的支持，经过立项、实施、结题的组织过程，**因此是有边界的和可度量的**
3	3. 研发结果具有不确定性	研发活动的结果是不能完全事先预期的，必须经过反复不断的试验、测试，**具有较大的不确定性，存在失败的可能**
不适用加计扣除政策的活动（财税〔2015〕119 号）		

1. 企业产品（服务）的常规性升级
2. 对某项科研成果的直接应用，如**直接采用公开的新工艺、材料、装置、产品、服务或知识等**
3. 企业在商品化后为顾客提供的技术支持活动
4. 对现存产品、服务、技术、材料或工艺流程进行的**重复或简单改变**
5. 市场调查研究、效率调查或管理研究
6. 作为工业（服务）流程环节或常规的质量控制、测试分析、维修维护
7. 社会科学、艺术或人文学方面的研究
其中，1～6 类活动虽与研发活动有密切关系，但都不属于研发活动

附：《研发费用加计扣除项目鉴定案例》。

判断 要点	案例 1：机电伺服电子助力器	案例 2：智能 ** 多功能办公桌	案例 3：微信社群粉丝经营平台
是否具有明确创新目标	项目具有明确创新目标： 该项目的目标是为了使制动系统在具备足够制动效能的基础上，实现比现行标准更快的响应速度，更精确的制动压力控制及主动制动能力，属于"突破现有的技术瓶颈"的情形。实施过程中，实现了 ***** + ***** + ***** 的技术组合，3-box 制动解决方案，使制动系统具备在具有足够制动效能的基础上，更精确的制动压力控制及主动制动能力六项功能；掌握了基础助力踏板支撑感，能量回收过程中车辆助力的情况下的剎车助力，无真空制动助力的情况下的剎车减速度平顺性，其他软硬件技术四大关键技术；所实现的制动效能与响应速度、制动压力控制及主动制动能力、解耦能力、制动能量回收等六大技术指标数值（或数值范围）与目前国内外同类产品六大技术指标数值（或数值范围）比较，处于国内领先水平	项目目标没有体现有创新性： "智能 ** 多功能办公桌"项目是将现有成熟产品"办公桌""旋转式抽屉""USB 接口""电源插座""LED 灯"等组件简单组合，这些组件在当下市场中已经是十分成熟的工业产品。项目的整体设计方案属于对现有成熟工业化产品的简单组合	项目目标没有体现有创新性： 该项目是企业微信平台的简单应用开发，引入 AI 客服，减轻运营压力，提升响应速度的在线等。项目目标是实现会话监测、保障运营安全水平的创新性客户社群管理相似，缺乏明确的创新性。这些目标与当前市场上多类型的创新性

（续）

判断 要点		案例 1：机电伺服电子助力器	案例 2：智能**多功能办公桌	案例 3：微信社群粉丝经营平台
是否具 有系统组 织形式		项目具有系统组织形式： 1. 项目由研发部门提出可行性研究报告，组织专家会议讨论确定，并经董事会会议决议立项通过 2. 项目由研发部门组织实施，由包括电路、传感器、机械、算法设计，以及测试、试验（台架、整车）等方面人员参加，组成的研发团队配置合理、专业齐全、分工明确 3. 企业现有的技术积累、技术装备、设施等软硬件，满足研发必备条件和能力	项目组实施的关键材料缺失，系统性体现不足： 项目技术路线未从技术实现的路径角度充分论证，仅简单介绍为"立项可行性分析—总体设计—技术方案与加工工艺确认—样品制作……"，实施过程中未制定量的技术指标的要求	拟突破的核心技术属于现有成熟技术： 该项目前端技术采用微信小程序技术框架，后台技术涉 ACS 云技术、数据加密、数据传输等现有技术，同时基于 Redis 和 Kafka 实现快速的消息订阅与分发，上述技术是较为成熟软件技术框架和 PAAS 服务，可用性和易用性已经得到充分论证，在实践中基本不存在技术风险。该项目主要是运用现有成熟技术对业务流程的改变，不能体现技术创新性
研发结 果是否具 有不确定 性		研发结果具有不确定性： 项目对三年实施期间从"资料吸收、产品设计开发"到"小批量试制生产"的研发进度进行规划，对每个阶段进行必要的测试，改进和提高，在不断试错过程中逐步达到预期的技术指标。项目结束后聘请清华专家进行验收，并已获得通过	项目实施过程缺乏实验记录，无法证明研发结果不确定性： 项目完成情况仅简单描述为"按照立项要求完成，且实现了相应技术指标"，未提供任何相关实验测试记录、性能数据、产品照片等佐证材料。在未设定量的考核指标前提下，结论描述为"各项参数均已达标，满足立项设计要求"	研发结果没有体现不确定性： 该项目属于企业微信应用开发，属于运用现有信息技术进行的常规软件相关活动，活动的结果具有确定性。同时研发结果的性能指标主要由其依赖的 ACS 节点数量、Redis 框架和 Kafka 框架决定，而项目自身的主要工作内容对最终性能影响不大，并未体现研发结果不具确定性的特点
结论		属于研发活动	不属于研发活动，属于"对现存产品、服务、技术、材料或工艺流程进行的重复或简单改变"的情形	不属于研发活动，属于"对某项科研成果的直接采用，如直接采用公开的新工艺、材料、服务或产品、服务或装置、产品、服务或知识等"的情形

2. 研发活动判断的边界

在某些情况下，研发活动与生产活动等较难区分，有时企业甚至同时进行这两类活动，因此研发加计扣除 2.0 版指引进一步对研发活动（R&D）的边界进行了区分处理。需要注意的是，由于每家企业的研发活动流程可能存在较大差异，表 13-3 中的指引列举的情形仅供参考。企业应当根据实际情况梳理出适合自身的研发流程版本，并根据后续新增研发项目的情况酌情修订。企业针对每个项目，可以参照表 13-3 形成清晰的判断文件，并进行归档处理。

表　13-3

项目	处理方式	备注
原型	计入 R&D	原型的设计、制造和测试都属于研发活动；但为了进行批量生产而试生产的首批产品不是原型，其制造不属于研发活动
小试	计入 R&D	为了验证新产品、新工艺等能否正常运行的研发活动
中试	计入 R&D	为了验证新产品、新工艺等在大规模投产前能否正常运行的研发活动
中试工厂（中试设施）	区别对待	主要目的是研发活动，其建造与运行则属于研发活动，包括为了对假设进行评估、编写新产品方案、确定新成品规则、设计新工艺所需要的专用设备和建筑物、编制工艺操作说明书或手册等搜集数据，或者获得经验；否则，不属于研发活动
工业设计	区别对待	为研发活动开展的设计属于研发活动，如设计程序、制定技术规格、开发其他用途等；为生产进行的设计不属于研发活动
工业工程和工装准备	区别对待	"反馈"研发及与创新过程中的工装准备和工程属于研发活动；为产品流程而进行的工作不属于研发活动
软件开发	区别对待	在不以软件为最终产品的情况下，如果软件开发是研发项目整体组成的一部分，属于研发活动；否则，需要进一步判断
试生产	区别对待	为新产品、新工艺全面测试及随后进一步的设计和工程化进行的试生产属于研发活动；否则，不属于研发活动
售后服务和故障排除	不属于 R&D	"反馈"研发除外

（续）

项目	处理方式	备注
专利与许可证工作	不属于 R&D	与研发项目直接相关的专利工作除外
常规测试	不属于 R&D	即使由 R&D 人员进行的常规测试也不属于研发活动
数据收集	区别对待	作为研发项目必不可少组成部分的数据收集属于研发活动；否则，不属于研发活动
公共检验控制、标准与规章的执行	不属于 R&D	—

13.2　研发内部控制

研发活动的基本业务流程如图 13-1 所示。

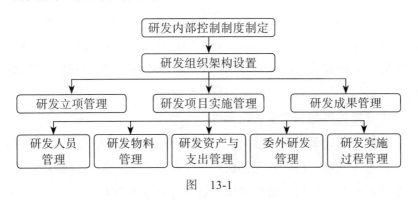

图　13-1

发行类第 9 号关于"核查要求"提出了 11 项要求，包括：①研发活动认定是否合理；②研发人员认定是否合理；③研发投入计算口径是否合理、归集是否准确、相关数据来源是否可验证；④研发相关内部控制制度是否健全且被有效执行；⑤是否已明确研发支出开支范围和标准并建立审批程序；⑥研发支出核算是否符合《企业会计准则》的规定；⑦研发投入金额、占比或构成发生显著变化的原因及合理性；⑧委外研发的真实性、必要性和交易价格公允性；⑨研发投入中股份支付费用的关注要点；⑩将受托研发业务认定为自身研发投入的情况及合理性；⑪ 研发投入计算口径与申请加计扣除费用的差异。这 11 项要求基本涉及企业研发活动内部控制及会计核算，涵盖在基本业务流程图中，包括研发内部控制制度制定、研发组织架构设置、研发立项管理、研发项目实施管理和研发成果管理等多个方面，具体控制活动如下。

1. 研发内部控制制度制定

发行类第9号关于"内部控制"规定："发行人应制定并严格执行研发相关内控制度，包括研发活动和研发人员认定制度、研发业务流程、研发项目管理、研发人员管理等，明确研发支出的开支范围、标准、审批程序。"

结合文件相关规定及实务经验，拟申报IPO企业应当重点关注以下方面。

（1）研发内部控制制度的建立与协同管理。

企业应由研发部门负责人牵头，着手建立适合企业自身研发情况的整套研发内部控制制度。同时，财务部门从会计核算角度，对制度流程的可操作性、相关支撑性文件的合规性和时间性要求提出评价意见并适当修订。最终，企业管理层应从整体层面对部门协同进行统筹安排，确保研发管理真正落到实处，而不仅仅是停留在纸面上。

（2）研发内部控制制度的全面性。

企业制定的内部控制制度应当包括但不限于文件中提及的相关制度，可以适当考虑制定"研发管理办法"作为整体研发框架，以及建立"知识产权保护管理办法"和"研发费用核算管理办法"等制度。

2. 研发组织架构设置

不同的企业由于业务的不同，需要设置不同的研发组织架构，以确保研发部门能够有效地实现其职能。一个合理的组织架构可以提高研发效率，确保项目按时完成，并促进团队成员之间的合作与沟通。

结合文件相关规定及实务经验，拟申报IPO企业应当重点关注以下方面。

（1）建立与业务相匹配的研发组织架构。

企业应从业务角度出发，建立与企业研发活动、业务流程相匹配的研发组织架构。企业应明确各部门的具体岗位职责（人事部门应根据企业实际情况形成相关文件），对于工作内容同时存在研发与非研发职能的部门，应慎重考虑将其认定为研发部门的合理性。另外，鉴于保荐机构和律师等中介在 IPO 辅导过程中会对企业整体组织架构进行梳理，拟申报 IPO 企业可以提前沟通，避免影响后续处理。

（2）建立研发部门与其他部门的协调机制。

研发并非一项孤立的工作，企业应建立研发部门与销售部门、财务部门和生产部门等部门的对接协调机制，以确保研发组织架构的合理运作。

（3）研发人员的管理应与组织架构相一致。

拟申报 IPO 企业应注意员工花名册中的研发人员所属部门，应与研发组织架构设置的研发部门相匹配，不得出现混淆。同时，对于人员的调动或人事变动，应及时更新处理并保留变更记录。此项工作应由人事部门牵头，每月与研发部门对接，及时处理。

3. 研发立项管理

研发立项是项目管理的基础，其代表了项目的启动。只有经过立项的研发项目才有可追溯性，才能设立明确的项目目标和管理标准。研发立项为项目提供了方向和目标，从而使得企业在执行过程中进行项目总结和发现问题成为可能。

结合文件相关规定及实务经验，拟申报 IPO 企业应当重点关注以下方面。

（1）项目立项与研发立项的区分及账务处理。

项目立项并不等同于研发立项，只有符合研发活动定义的项目立项才属于研发立项。企业对于每个拟开展的项目均可以进行立项管理，并形成相关的立项管理文件。但企业应当结合本章"13.1 研发活动的认定"中的三个基本判断要点——该项目是否具有明确创新目标、是否具有系统组织形式以及研发结果是否具有不确定性，来判断该立项的项目是否符合政策文件中研发活动的定义。对于不符合研发活动定义的项目，相关支出应计入成本或费用，而不计入研发费用。企业应当在每个立项文件的封面清晰显示相关判断结果，用于明确指导后续的账务处理。

（2）研发立项文件的内容要求与质量保证。

研发立项文件应当包含有明确边界和可度量的内容，包括但不限于以下内容：①研发项目立项的名称；②研发背景及创新目标，详细描述项目的背景信息，包括市场需求、技术发展趋势等，明确项目的创新目标和预期成果，以便为后续研发工作提供指导；③研发团队和分工，介绍项目的研发团队，包括团队成员的专业背景、技能特长等，明确各成员在项目中的职责和分工，确保团队协作高效；④研发计划和进度安排，制订详细的研发计划和进度安排，包括各个阶段的任务分解、时间节点等，确保项目按照既定计划顺利进行；⑤研发预算，包括职工薪酬、材料费、折旧费、试验费、第三方费用及其他费用等；⑥项目开展所需支持资源的评估，包括企业财务资源是否能够支撑预算投入，开发存在较大难度的项目是否可得到外部资源的支持等；⑦项目验收标准和评价体系，制定项目的验收标准和评价体系，包括技术指标或经济效益等，该类指标应当具有创新性或突破性。

拟申报 IPO 企业需要注意的是，首先，立项文件是研发过程中重要的纲领性文件，企业应尽可能根据实际研发需求丰富相关内容，避免使用简单语言撰写，更不可将相似的立项内容套用于多个项目。只有这样做，才能确保研发立项文件的质量和有效性。其次，鉴于同一研发人员可能参与多个研发项目，过往审核案例中存在证监会督导现场发现"部分研发人员未于立项文件中列示，但出现在相应项目的研发工时考勤表中"的情况。因此，企业对于研发人员的变动应当及时履行审批手续，并在同一项目文件夹中归档留痕。最后，企业的研发预算估计应当尽量准确，通常不应与实际发生数存在较大偏差。若发生立项时点无法预料的事项，也应当履行审批手续并归档处理，以避免被质疑账务处理的真实性。

（3）研发立项文件的审批流程与管理制度。

研发立项文件应当经过恰当的审批。企业制定的研发管理内部控制制度应当规定研发立项的审批层级，并且明确各审批层级的职责范围。企业可结合项目预算金额的大小和研发项目的重要性等情况，区分重大、重点和一般项目，进行分级管理并明确对应的业务管理与审批权限。研发项目立项经各项目负责人发起并完成相应的审批流程后，由归档部门统一对项目立项进行编号和备案管理，相应项目类别（如重大、重点和一般项目）应在封面清晰显示。

4. 研发项目实施管理

研发项目实施管理主要包括研发人员管理、研发物料管理、研发资产与支出管理、委外研发管理和研发实施过程管理。

（1）研发人员管理。

通常来看，研发人员薪酬是研发费用最重要的构成部分，因此研发人员管理是确保研发内部控制有效运行和保障研发真实性的关键。企业只有通过建立完善的管理制度和流程，对研发人员进行准确认定，合理分配各研发项目的费用，才能规避相关审核风险。

结合文件相关规定及实务经验，拟申报 IPO 企业应当重点关注以下方面。

1）明确研发人员认定标准与工时管理，确保研发费用分摊的准确性。

发行类第 9 号规定："研发人员指直接从事研发活动的人员以及与研发活动密切相关的管理人员和直接服务人员。主要包括：在研发部门及相关职能部门中直接从事研发项目的专业人员；具有相关技术知识和经验，在专业人员指导下参与研发活动的技术人员；参与研发活动的技工等。"同时，文件列举了不得认定为研发人员的类型，包括从事后勤服务的文秘等人员。以往有部分企业为了提高研发费用占比，将部分间接辅助人员也纳入核算范畴，在该文件下需要慎重考虑。

在发行类第 9 号中，对于会计核算和信息披露影响最大的规定是，"非全时研发人员"的引入，这使得以往实操中的"模糊地带"被明确化。文件中规定，"对于既从事研发活动又从事非研发活动的人员，当期研发工时占比低于 50% 的，原则上不应认定为研发人员。如将其认定为研发人员，发行人应结合该人员对研发活动的实际贡献等，审慎论证认定的合理性"。同时，文件中要求，"发行人应在招股说明书'业务与技术'中披露研发人员尤其是非全时研发人员认定口径"。

该两条规定下，工时统计的重要性再次被明确。条件允许的情况下，企业应当自研或外购工时管理系统模块，或者通过系统台账及时登记工时情况。若企业涉及非标定制化业务，研发人员的工作内容可能涉及研发属性或成本属性两种情形的项目（详见本章"13.1 研发活动的认定"的判断），工时填报情况尤为重要，两类项目的工时区分准确性对于财务核算准确性的影响较大。此外，即使企业不存在非标定制化业务问题，工时区分准确性对于企业不同研发项目的分配核算准确性也影响较大。拟申报IPO企业应当形成研发辅助台账，并制定"员工出勤管理办理"等制度，规定与研发人员工时管理相关的内部控制措施，具体要求为：①研发工时记录表按月核算，每位研发人员根据当月主要从事的研发项目填列，由研发项目总负责人根据研发项目进度审核并签字确认；②后续经研发主管部门领导签字确认后提交人力资源部门；③人力资源部门根据行政部门的日常考勤信息复核工时记录表并签字确认，同时编制详细的研发工时统计表。企业应注意"立项时的人员名单""填报研发工时的人员名单""参与审批研发资料的签字人员"的一致性，以及考勤打卡记录与工时记录信息的对应关系。

除此之外，发行类第9号文件中规定，"原则上单纯从事受托研发的人员不能认定为研发人员"，若企业存在非标定制化业务，该条规定对企业具有一定影响。若根据上文关于研发活动的认定的判断，研发部门的某些员工仅参与成本属性的项目，则在统计研发人员数量时应予以剔除。发行类第9号文件还规定，"研发人员原则上应为与发行人签订劳动合同的人员。劳务派遣人员原则上不能认定为研发人员"，企业应当对用工方式予以特别注意，人事部门应做好劳动合同管理。

2）关注研发人员的数量和学历分布。

发行类第9号文件要求企业在招股说明书中披露"报告期各期研发人员数量、占比、学历分布情况"。通常来说，研发人员的学历结构与研发真实性具有一定的关系，具有高学历和专业背景的研发人员通常具备相关的专业知识和技能，从而能够增强研发真实性。虽然，这并不意味着低学历的研发人员就不能进行研发工作，但拟申报 IPO 企业应当注意：①对于学历低于本科或大专以下的人员，应当结合该部分人员的从业年限和过往履历判断其是否具备相关研发经验；②即便是学历较高的人员，若其专业背景与研发内容并不相关，也应当进一步核实其胜任能力。

（2）研发物料管理。

制造型企业的研发活动通常涉及材料采购、入库和领用等实物流转过程，且研发物料通常是企业研发费用中除研发人员薪酬之外的另一个关注重点。

结合文件相关规定及实务经验，拟申报 IPO 企业应当重点关注以下方面。

1）研发物料的采购数量要与立项计划相匹配。

除非研发物料与生产物料具有通用性，否则不应出现研发物料超额采购，以免造成库存积压问题。在流程上，通常由研发部门或研发项目组根据研发具体需求提出采购申请，并由采购部门根据企业采购政策执行采购。

2）研发领料出库应适当审批，且与研发项目相对应。

企业应在单据样式上明确区分研发领料和生产领料，同时在研发领料单上备注具体的研发立项编号，并确保领料人员与具体项目组人员保持一致。企业应严格区分研发领料和生产领料，避免出现混淆和明显不符合研发逻辑的情形。

3）研发样机处理应遵循相关准则。

《企业会计准则解释第 15 号》提供了整体原则，即基于收入成本配比原则，当研发样机可实现对外销售时，应将相应成本计入存货，并在实现销售收入时同步结转。

（3）研发资产与支出管理。

研发资产主要指研发所需的各种机器设备、工具、仪表仪器等；此处的研发支出主要指除研发人员薪酬、研发领料和资产折旧摊销之外的其他费用支出。

结合文件相关规定及实务经验，拟申报 IPO 企业应当重点关注以下方面。

1）研发设备台账的管理与区分。

企业应设置研发设备辅助台账，按专用资源和共用资源明确区分设备类型并注明保管位置。对于研发专用设备，应由研发部门人员根据需求提出采购申请，在日常使用过程中将其与生产经营设备从物理区域上明确区分管理，避免与生产经营设备混淆。对于存在调拨使用的情形，应严格履行审批手续并归档处理。

2）共用资源设备的分摊标准与记录。

对于共用资源设备，企业应明确严格的分摊标准。发行类第 9 号文件规定："发行人研发活动与其他生产经营活动共用设备、产线、场地等资源的，应当准确记录相关资源使用情况，并将实际发生的相关费用按照工时占比、面积占比等标准进行合理分配，无法合理分配或未分配的不得计入研发支出。"该条规定与以往实际操作并无太大差异，但在该规定下，工时统计的重要性再次被明确。通常情况下，共用设备和共用产线应按照研发和生产的工时占比进行费用分摊，企业应指定专人负责统计具体使用情况。对于研发用途的工时统计，应明确到具体的研发项目，并由研发项目负责人审批确认，每月提交至财务部门进行账务处理。对于共用场地资源，则应按照面积占比进行费用分摊，通常情况下该分摊标准相对固定，但企业应指定专人每月复核研发部门实际使用面积是否发生变动，并提交财务部门联动处理。

3）研发其他费用支出的管理与审批。

对于其他费用支出，如研发过程中发生的差旅费、技术服务费、测试费、咨询费等，企业应明确研发支出的范围和标准，建立研发支出审批程序。所有的费用支出，企业都应在报销单或费用审批单中明确到具体的研发项目，以严格区分项目核算管理。对于大额的费用支出，应具有明确且合理的用途，企业应确保能够举证说明其对于研发项目的必要性。同时，应注意大额费用合同中涉及的受益期限，避免费用跨期影响。

（4）委外研发管理。

企业在开展研发活动过程中，可能存在委托第三方参与部分研发的情形。这可能出于多种原因，例如某些技术领域的经验不足、节省成本、缩短研发周期、降低研发风险，或者为聚焦核心业务而将部分非核心工序委外等。

结合文件相关规定及实务经验，拟申报 IPO 企业应当重点关注以下方面。

1）委外研发的审核关注点与真实性要求。

发行类第 9 号规定："报告期内发行人委外研发支出金额较大或占研发投入比例较高的，应重点关注委外研发的真实性、必要性和交易价格公允性，是否符合行业惯例，委外研发主要成果及其对发行人生产经营的具体贡献，主要受托方及其研发能力；是否存在通过委外研发虚构研发支出的情形；是否存在发行人自身研发能力较弱的情形。"该条规定的字面意思非常明显，如果委外研发的金额较大或占比较高，在审核过程中申报企业可能被质疑研发的真实性以及申报企业自身是否具备足够的研发能力，从而可能引申出企业未来经营的问题。若企业存在委外研发或合作研发情形，应按照上述规定提前做好举证准备。

2）委外研发的内部控制与管理流程。

若企业确实需要并存在委外研发情形，应做好委外研发的内部控制管理。首先，在立项环节应识别可能需要通过委外实现的环节，在立项文件中充分说明必要性并考虑相关预算；若实际研发过程中才发生需要委外的情形，应履行相应的审批程序，在审批文件中充分说明必要性、第三方的选择过程（至少包括第三方的研发资质和能力、不同第三方交易价格的比价结果等）。其次，双方签订的委外研发合同应对研发周期和阶段性进度证明文件、研发成果归属、结算价格和结算方式等作出明确约定，同时由具体研发项目组指定专人跟踪第三方的研发进度并获取相关依据（及时提交财务部门进行账务处理）。最后，企业应做好委外研发成果的验收工作，避免发生知识产权纠纷。

（5）研发实施过程管理。

关于研发实施过程管理，除了上述各环节产生研发费用（包括研发人员薪酬、直接投入费用、折旧费用与长期待摊费用、设计费用、装备调试费用、无形资产摊销费用、委外研发费用、其他费用等）涉及单据的规范性和获取的及时性，企业还应加强研发进度反馈和研发支出分析工作，避免因中间过程未留痕而缺乏说服力。

结合文件相关规定及实务经验，拟申报 IPO 企业应当重点关注以下方面。

1）研发进度反馈与项目管理。

关于研发进度反馈工作，企业各研发项目负责人应至少每个季度（或其他适当周期）及时提交进度反馈报告，汇总至研发部门负责人并经审核后，提交给企业管理层和财务部门。区分两种情形：①当项目正常开展时，进度反馈报告中应将实际进度与立项文件中的进度安排进行比对，若滞后，则进行分析并提出解决方案。②当客观原因造成项目需要中止或终止时，应及时履行变更手续并留档处理。

2）研发支出分析与异常处理。

关于研发支出分析工作，企业财务部门应至少每个季度将账面按具体项目核算的研发支出情况与立项文件进行比对，分析是否存在异常支出情况。当存在异常时，需要反馈至研发部门，并由研发部门核实原因并提出解决方案。

5. 研发成果管理

研发成果管理涉及企业研发成果的保护、利用和转化等，是研发活动内部控制的重要环节之一。

结合文件相关规定及实务经验，拟申报 IPO 企业应当重点关注以下方面。

1）研发成果的证明材料管理。

为了增强检查的说服力，企业每个研发项目最终形成的研发成果都应有具体的证明材料。如果研发成果是设备类型的，应进行拍照（包括机器铭牌上的相关参数）；如果研发成果是软件类等无形产品，应拍摄软件界面的照片或展示已获得的专利（如有），其他研发成果则根据具体情况确定。

2）研发成果的评审流程。

企业应及时组织内部或外部专业人士对研发成果进行评审，重点评审内容包括但不限于：①研发成果是否达到立项文件设定的目标；②研发成果的相关参数指标是否具有创新性。

3）研发成果的知识产权保护。

企业应加强对研发成果的知识产权保护，如需申请专利或其他知识产权，应指定专人及时办理。

4）研发全流程的资料归档管理。

企业应加强对研发全流程的资料归档，这项工作对 IPO 申报非常重要。企业应指定专人及时收集并整理归档每个项目的资料，包括但不限于：立项文件、实施过程中的各类文件或单据、结项文件、专利文件等。

5）研发样机的物理区分与台账管理。

企业应将研发形成的样机产品单独存放管理，并与生产形成的产品从物理区域上明确区分开来，做好研发样机的台账登记工作。

综上所述，研发管理内部控制是一项系统性工程，涉及研发与生产活动的认定、研发立项管理、研发项目实施管理和研发成果管理等方方面面，且越来越受到审核机构的关注，拟申报 IPO 企业应重视研发管理内部控制。

第14章 采购管理内部控制

采购管理内部控制是企业运营中的重要一环，它直接关系到企业成本控制、供应链稳定性以及物料质量等。有效的采购管理内部控制能够确保采购流程的合规性、透明度和效率，从而降低采购风险，避免不必要的成本支出和潜在的法律问题。

实务中，常见的采购管理内部控制缺陷包括但不限于表14-1所示的内容。

表　14-1

采购管理内部控制缺陷类别	具体情形
供应商选择和过程管理	（1）未建立严格的合格供应商准入机制，对供应商选择缺乏明确的流程和标准，包括与个人供应商、成立时间较短的供应商合作等情形 （2）采购过程中存在商业贿赂或其他不当行为
采购合同管理	（1）对采购价格的波动、市场竞争情况未能实时充分了解，同种物料在不同供应商中存在价格和数量异常变动且缺乏商业合理性的情形 （2）采购合同质量保证条款不明确，对于供应商物料质量问题导致的向客户交付的产品存在严重缺陷的责任承担问题未进行约定

（续）

采购管理内部控制缺陷类别	具体情形
采购与库存之间的协调	缺乏有效的采购和库存管理机制，采购物料数量与实际需求数量不匹配，导致存在大额库存积压或物料采购不及时影响生产稳定性和客户交期的问题
采购返利管理	返利模式不符合商业合理性，会计处理不符合相关规定

资料来源：表中所涉公司的上市委审议会议结果公告，详见上海证券交易所网站 https://www.sse.com.cn、深圳证券交易所网站 https://www.szse.cn 和北京证券交易所网站 https://www.bse.cn。

14.1　供应商选择和过程管理

IPO 审核过程中对采购管理较为关注的内容通常涉及两个方面：一是对供应商选择的风险管理，例如个人供应商、成立时间较短的供应商等供应商类型备受关注；二是对客户保持过程的风险管理，这既包括对新增客户接受合作前的风险管理，也包括对现有客户保持合作的风险管理。

1. 建立合格供应商准入机制

合格供应商准入机制的内部控制要点应包括建立严格的供应商选择标准和审核程序，以确保所有供应商均符合合规性、质量控制和风险管理的要求，从而降低供应链风险。

笔者梳理了上市委审议阶段重点关注供应商选择相关内部控制的案例，具体内容如表 14-2 所示。

从表 14-2 可以看出，在 IPO 审核过程中，审核机构对特殊供应商类型（如个人供应商和关联方供应商）以及重要供应商（如前五大或前十大供应商）保持了较高的关注。对于这些供应商，审核关注重点主要集中在采购的真实性与合理性以及定价的公允性等方面。

关于供应商准入机制的内部控制，拟申报 IPO 企业不仅应遵循常规的选择标准和审批程序，确保所有供应商符合企业采购制度，而且对于特殊或重要供应商，企业需要进行额外的审慎评估。企业应特别关注供应商的业务规模与企业的合作规模的匹配性、供应商是否成立时间较短即与企业合作、供应商是否仅为该企业提供服务，以及供应商是否与企业存在关联关系或前员工关系等因素，以保证采购交易的真实性和合理性，确保供应链的稳定与合规。中介机构在 IPO 辅导过程中还需要执行对供应商的走访程序，以了解供应商与企业的合作历史、主要合作内容及其变化情况、与企业的关联关系及资金往来情况等内容。

表 14-2

公司名称及审核状态	关注的供应商类型	审核重点关注的问题
康农种业 2023 年 12 月注册生效	个人供应商	对于个人农户作为育种供应商的管理措施；个人农户采购真实性、完整性相关内部控制制度、运行有效性及拟采取的规范措施
朗坤环境 2023 年 3 月注册生效		报告期内，发行人废弃油脂供应商自然人居多且变动较大，说明相关内部控制制度建立健全情况及执行有效性
华新环保 2022 年 11 月注册生效		前五大供应商主要为个人，结合行业惯例、业务模式、业务流程、税务风险、关联关系，说明相关内部控制制度是否建立、健全及运行的有效性
万丰股份 2023 年 3 月注册生效	前五大供应商	说明报告期内与前五大委托加工商、供应商的交易背景、定价依据、付款方式，相关内部控制制度是否健全且有效执行，信息披露是否真实、准确、完整
国博电子 2022 年 5 月注册生效	关联方供应商	说明报告期内发行人向关联方采购所涉及的各类原材料，通过关联方采购和非关联方采购的金额、占比及单价，进一步说明关联方采购原材料定价的公允性、合理性；说明采购制度、关联交易制度筛选供应商的具体流程，相关内控是否合理有效

2. 避免出现商业贿赂或利益冲突

在采购活动中，商业贿赂通常指供应商为了促成交易或获取不正当的竞争优势，向企业决策者、采购人员或其他相关人员行贿。这种行为可能包括直接行贿、提供回扣、赠送礼品或服务以及其他形式的非法利益输送。这种不正当行为不仅违反了相关法律法规，还可能导致采购成本不透明，增加企业的经济负担，甚至影响企业的整体运营效率。

♣ 案例 14-1　精英数智（2020 年 9 月科创板被否案例）

2020 年 9 月 1 日，精英数智科技股份有限公司（简称"精英数智"）上市委会议审核未获通过。上市审核中心在审核过程中重点关注了："发行人业务主要采用项目服务商模式，项目服务商起到协调客户和发行人关系、顺利推进项目并回款等职能。报告期内发行人向项目服务商支付的项目服务费金额分别为 1 411.94 万元、2 769.52 万元、5 743.10 万元。发行人项目服务费一般以项目毛利率、所属区域的市场竞争情况、市场成熟度和项目实施复杂度为依据确定费用，项目服务费与销售合同金额之间不具有稳定的量化关系。审核重点关注：通过项目服务商协助销售的商业合理性以及与最终达成销售交易价格的关系，相关内部控制制度是否健全有效，是否存在商业贿赂、利益输送或体外资金循环的情形。"

最终，上市委审议认为，"发行人未能充分、准确披露项目服务商所提供服务的内容、项目服务费的计费标准及确定方式，与项目服务商合作的相关内部控制不够健全，不符合相关审核规定"。

资料来源：精英数智招股说明书、关于终止精英数智科技股份有限公司首次公开发行股票并在科创板上市审核的决定，详见上海证券交易所网站 https://www.sse.com.cn。

在精英数智案例中，发行人的直销模式分为两种情形：一种是公司独立开拓市场并获取订单；另一种是公司与项目服务商合作开发项目，发行人支付项目服务商费用，项目服务商协助发行人拓展新的市场。报告期内，有项目服务商参与的项目收入，占当期营业收入的比例分别为 65.10%、91.83% 和 90.56%，公司大部分项目需要支付项目服务费。但是，发行人支付的项目服务费与销售合同金额之间不具有稳定的量化关系，这一点在上市委会议中被特别强调。尽管上市委强调的是项目服务费的逻辑关系和内部控制问题，但核心关注点在于企业的商业模式及其合规性。尽管发行人在招股说明书和反馈意见回复中明确表示"项目服务商协助销售是公司的商业模式，具有商业合理性，不符合行业惯例"，但结合项目服务费的波动情况，最终其未能消除上市委的疑虑。

因此，企业应重视采购过程中严禁商业贿赂的内部控制管理，以维护企业合法权益和市场公平，并提高采购业务的财务透明度，避免对 IPO 审核造成实质性影响。

14.2　采购合同管理

采购合同的风险管理，有助于确保企业能够以合理的成本获取所需的物资和服务。同时，明确质量保证条款有助于保障所购物资或服务达到标准，减少因质量问题引发的后续纠纷和成本。企业应细致审查采购合同条款，特别是价格和质量保证部分，以避免相关的内控风险。

1. 采购价格及市场竞争情况

在 IPO 审核过程中，审核机构通常对企业采购价格的变动保持高度关注。常见的问询问题通常涉及：①重要物料的价格变动趋势。企业需要说明在特定时间段内采购的重要物料的价格变动情况，以及这些变动是否与整体市场价格变动趋势相符合。②供应商价格差异的合理性。对于同一种物料，企业需要说明向不同供应商采购的价格是否存在显著差异，以及这些差异是否具有合理的商业解释，例如因采购量、交货期、质量标准等因素的不同。③单价变动的原因分析。对于重要物料单价的变动，企业需要说明其背后的真实原因，包括但不限于原材料成本的变化、供应链的中断或延迟、供应商定价策略的改变、运输成本的波动等，以确定价格变动不会对企业未来盈利能力造成重大影响。

此外，特殊或重要供应商采购价格的公允性对 IPO 审核具有较大影响，拟申报 IPO 企业应当提前做好举证准备。例如本书"第 14 章—14.1—1. 建立合格供应商准入机制"部分所列案例，以朗坤环境为例，尽管上市委会议仅进行了简单提问，但到了提交注册阶段，证监会从多个角度深入追问了个人供应商的问题，其中要求"结合向主要个人供应商采购的价格差异、品质差异、市场价格变动、运输费等说明采购价格的公允性"；国博电子在上市委会议中被要求"通过关联方采购和非关联方采购的金额、占比及单价，进一步说明关联方采购原材料定价的公允性、合理性"。当然，从上述案例中发行人的回复内容来看，发行人最终打消了审核机构的疑虑，成功取得了注册批文。

为加强对采购价格的内部控制管理，拟申报 IPO 企业应重点关注以下几个方面。

（1）采购市场信息的监控与策略调整。

企业应建立有效的信息收集和分析机制，采购部门应当实时关注市场价格波动和竞争情况，以便及时调整采购策略，确保采购决策基于市场数据和成本分析，且相关数据来源和分析应当留档备查。

（2）竞争性招标流程与供应商评估。

企业应建立竞争性招标和报价流程，确保流程合规。同时，企业应对供应商进行定期评估，确保其价格和采购数量变动具有商业合理性，并对其经营状况进行监控，以降低供应链风险。

通过这些措施，企业可以更好地理解市场动态，确保采购决策的商业合理性，并减少因价格和数量异常变动而引发的审核风险。

2. 采购合同质量保证条款

质量保证条款是采购合同中的重要部分之一，它主要规定了供应商对所提供产品或服务质量的承诺和保证，以及在质量不达标时供应商应承担的责任和采取的措施。这些条款有助于确保采购方能够获得达到预期标准的产品或服务，并确保在出现质量问题时有明确的解决途径。

♣ 案例 14-2　维康药业（2020 年 8 月创业板注册生效案例）

2020 年 8 月 3 日，浙江维康药业股份有限公司（简称"维康药业"）注册生效。在 2020 年 7 月上市委会议中，针对供应商准入和产品质量问题，上市委提问："报告期内发行人部分供应商被法院认定犯生产、销售假药罪或因产销劣药被药品监督管理部门行政处罚，发行人仍持续向其采购。请发行人代表结合供应商准入、物料验收情况、报告期对验收不合格物料及相关供应商的处理情况等，进一步说明发行人关于产品质量控制等内部控制体系健全有效的情况。"

资料来源：维康药业创业板上市委 2020 年第 7 次审议会议结果公告，详见深圳证券交易所网站 https://www.szse.cn。

在维康药业案例中，发行人最终通过了 IPO 审核。但审核过程中，上市委对产品质量控制相关内部控制建设情况的关注，也对其他拟申报 IPO 企业起到了启示作用。根据实务经验，一些企业可能因供应商物料质量问题，而面临生产出的产品出现质量问题的风险，尤其是对于批量生产并供货的产品，这可能导致客户损失和索赔，从而引发企业一系列售后管理内部控制和预计负债计提充分性等问题。因此，针对质量管理问题，拟申报 IPO 企业应重点关注以下方面。

（1）采购合同中质量保证条款的审核。

企业应加强对采购合同中质量保证条款的审核，明确约定因供应商物料质量问题，导致企业向客户交付的产品存在严重质量问题时的责任承担问题。

（2）来料质量抽检与不良物料的处理。

企业应加强来料质量的抽检程序，降低不良物料入库风险，对于质量不良的物料，应及时与供应商进行退换货处理或协商其他解决方案。

14.3 采购与库存管理

采购和库存之间的协调不足是许多企业供应链管理中的常见问题。这种情况通常表现为物料采购与实际需求之间不匹配，它可能导致库存积压或物料供应不及时，进而影响生产效益、稳定性和客户交期。一方面，库存积压意味着企业资金被未被及时使用的物资占用，这不仅影响资金流动性，还可能增加仓储成本，如租金、保险费和潜在的物品损耗等。同时，这可能引发库存管理有效性和长库龄存货跌价风险计提充分性问题，在审核过程中通常备受关注。另一方面，如果物料采购不及时，生产线可能会因缺乏必要的原材料供应而停滞，导致生产效率下降，无法按时完成订单，进而损害企业的信誉和降低客户满意度。

笔者梳理了上市委审议阶段重点关注采购与库存相关内部控制的案例，具体如表 14-3 所示。

表　14-3

公司名称及审核状态	关注类型	审核重点关注的问题
恒达新材 2023 年 6 月注册生效	供应稳定性及引发的采购价格波动风险应对	发行人主要原材料木浆绝大部分依赖进口，价格波幅较大，对发行人毛利率产生重大影响。报告期内发行人木浆库存规模较大、原材料周转率低于同行业可比公司。请发行人说明：①木浆供应链是否稳定可靠，是否存在未按合同约定供货的情况；②现行存货备货策略是否为行业通行做法，成本计量是否准确，相关内控是否有效，是否可以有效应对原材料价格大幅波动的风险
帕瓦股份 2022 年 8 月注册生效		请发行人代表说明：①相比 2020 年，2021 年净利润涨幅大幅超过收入涨幅，是否主要因前期购进价格较低的原材料库存所致，该等增长是否可持续；②在金属钴、镍和锰的价格波动剧烈的产业大环境下，发行人如何应对原材料价格波动的风险；③公司 2019 年和 2020 年第一大供应商上海年威 2021 年没有进入供应商前五名的原因，以及供应商华友钴业等从事发行人类似业务对发行人未来采购的影响；④ 2022 年公司浮动价格具体模式及预计占比情况
阿拉丁 2020 年 9 月注册生效	长库龄存货引发的库存管理问题	①结合报告期各年度长库龄存货的管理、检验、销售、跌价计提等方面的情况，说明发行人能否依赖信息系统对库存商品实施有效控制；②结合库存商品账面价值较高且占资产总额比例较高、库龄三年以上且期后未销售者占比较高的事实，考虑长库龄存货的跌价风险和市场可销售性，说明发行人商业模式的可持续性和成长空间，如何平衡 SKU（最小存货单位）的多样性和定制特点带来的存货风险

资料来源：表中所涉公司的上市委审议会议结果公告，详见上海证券交易所网站 https://www.sse.com.cn 和深圳证券交易所网站 https://www.szse.cn。

从表 14-3 的案例可以看出，在审核过程中，审核机构对采购与库存管理重点关注的问题，包括供应稳定性及引发的采购价格波动风险应对，以及长库龄存货引发的库存管理问题等。企业解决采购和库存管理问题需要从多个角度出发，既要改善内部管理和流程，也需要利用外部资源和技术。拟申报 IPO 企业应当重点关注以下几个方面。

（1）加强采购需求预测。

企业要提升采购需求预测的准确性需要各个部门之间相互协作。企业应通过定期会议、共享平台等方式，确保销售、生产和采购等部门之间信息流畅，共同参与决策过程。同时，企业应结合历史数据、市场趋势、季节性因素等从多维度对采购需求预测进行动态分析，避免依赖过时的销售数据或市场预测数据，导致对市场需求的预测产生较大偏差。

（2）加强库存管理系统建设。

企业应参考同行业的做法，引入先进的库存管理系统，以实现库存的实时监控和管理，减少人为管理错误，提高管理效率。

（3）加强对存货的内部审计和盘点。

企业应定期进行库存内部审计和盘点，以识别过时或过量的库存，并及时调整采购计划和库存策略。对于已经存在的积压库存，应评估这些物料是否具有通用性或专用性，并考虑其是否可有其他用途或进行其他形式的利用。若发现无法内部消化这些库存，企业应及时考虑采取折价销售、转卖或其他清理措施，以减少库存压力和资金占用成本。

（4）加强供应商管理。

企业应建立严格的供应商评估体系，优选供应商，并与关键供应商建立长期合作关系，以保障物料供应的稳定性和质量。同时，企业也可以根据物料市场供求情况考虑采用更灵活的采购方式，如采用 JIT（准时化）采购策略，确保物料按需供应，减少库存积压。

上述采购和库存管理是一个需要持续改进的过程，企业应定期评估现有策略的效果，并根据市场和企业运营策略的变化进行及时且适当的调整。

14.4 采购返利管理

采购返利管理是指企业为了确保从供应商处获得的折扣、返点或其他优惠能够被正确、透明地记录和分配，而建立的一系列内部控制流程。这包括对返利计算方法、返利计提时点以及相关记录和报告的审核等环节的监控和管理。恰当的返利内部控制管理有助于确保返利活动符合企业政策和法律法规要求，防止不当行为或欺诈行为导致企业财务损失。

♣ 案例 14-3 达嘉维康（2021 年 10 月创业板注册生效案例）

湖南达嘉维康医药产业股份有限公司（简称"达嘉维康"）共经历了交易所审核员四轮反馈问询、上会环节上市委问询及证监会注册环节问询，其中，交易所审核员、上市委和证监会均从不同角度反复要求发行人就供应商返利问题发表意见。

上市委会议关于供应商返利指出，"报告期内发行人收到的返利金额及其占各期利润的比重较高，在实际收到返利时确认为当期利润。请发行人代表说明：①按照收付实现制原则对返利进行会计处理，是否符合《企业会计准则》的规定及行业惯例；②保障返利核算真实、准确、完整的相关内控措施；③返利取得及其金额的不确定性对发行人经营业绩的影响"，并其要求发行人"进一步说明供应商返利政策执行的实际情况及相关返利的取得是否存在不确定性"。

证监会注册阶段关于供应商返利指出，"……补充披露发行人与可比公司在与供应商约定/确认价格补差返利方式上存在重大差异的原因及合理性；……进一步分析说明认定'期末返利金额不确定''返利获取时间不确定'的依据充分性；……发行人实际收取的销售或采购任务返利金额与按照购销合同、协议等约定的利益条款、促销政策计算的返利金额，是否存在重大差异"。

资料来源：达嘉维康创业板上市委 2021 年第 13 次审议会议结果公告，详见深圳证券交易所网站 https://www.szse.cn。

在达嘉维康案例中，虽然各轮审核反馈从多个角度对供应商返利问题进行了反复提问，但关注的核心始终是发行人是否能够通过其采购业务的内部控制确保返利核算的真实性、准确性和完整性。拟申报 IPO 企业针对供应商返利的处理应当重点关注以下几个方面。

（1）返利流程与会计处理的差异。

一方面，企业应当从经营模式和业务流程的角度出发，阐明返利结算的具体过程，以及企业在返利谈判中是处于主动地位还是被动地位。通常情况下，如果返利结算流程相对简单且企业处于主动地位，则企业应采用权责发生制及时进行会计处理；反之，如果返利结算流程相对复杂且企业处于被动地位，则企业与供应商明确结算时再进行会计处理可能更符合实际情况。另一方面，企业可结合同行业可比公司披露的返利政策，或者通过分析同行业可比公司报告期末其他应收款等债权类科目中是否存在核算应收供应商返利项目等方式，提前举证返利方式和会计处理与大部分同行业可比公司相比是否存在重大差异，并评估相关处理的合理性。

（2）关注在返利时间和金额具有不确定性的情况下，举证说明"不确定性"的依据充分性，以及是否可能会造成财务业绩重大波动。

在 IPO 辅导过程中，中介机构应通过访谈或函证等方式获取返利供应商出具的相关声明文件，以确认企业与供应商签订的购销协议中是否明确约定了返利的具体计算方式和金额。此外，中介机构需要明确这些声明文件是否表明企业与返利供应商达成的购销协议中，有关返利的条款与该供应商的其他同类客户相比并无显著差异，从而证明不存在相关利益输送情况。

在审核过程中，审核机构可能会要求企业结合报告期内主要返利供应商实际确认的返利金额，分析该金额与企业采购入账、支付采购款以及产品实现对外销售的时间差，并考虑实际返利金额占采购总额或支付采购款的比例等多重因素，说明返利结算的滞后性是否符合实际情况，是否具有规律性。同时，审核机构还可能要求企业模拟测算返利在交易发生当期预提对当年利润的影响情况，以此来判断返利确认方式是否有可能造成财务业绩的大幅波动。如果模拟调整后财务业绩出现大幅波动，并且缺乏合理解释，则企业的返利确认方式可能会受到质疑。因此，企业必须提供充分的解释和证据来证明其返利政策和结算方法的合理性。

（3）关注在返利时间和金额具有确定性的情况下，实际结算返利金额与根据合同协议预提返利金额和采购规模的匹配性。

在企业与返利供应商签订的购销合同或其他补充协议中，如果已经明确规定了返利的时间和金额，那么企业通常根据相关协议的返利条款采用权责发生制对返利进行会计处理。在这种情况下，账务处理相对明确。但结合实务经验，企业仍应重点关注以下事项：一方面，企业应关注供应商期后实际结算的返利金额（即现金流入）与账面预提的返利金额之间是否存在显著差异，即企业需要举证报告期内供应商并未协助企业调节利润，确保返利的真实性和准确性；另一方面，企业还需考虑每年度的采购金额和数量、原材料市场的供需变化等因素，分析供应商返利与企业采购规模的匹配性，即不应存在返利入账金额异常且缺乏合理性解释的情况。

第 15 章　存货管理内部控制

存货管理直接影响着企业的资产运作效率，合理的存货管理措施能够降低成本，提高生产效率，并增强企业的市场响应能力和客户满意度。实务中，常见的存货管理内部控制缺陷包括但不限于表 15-1 所示的内容。

表　15-1

存货管理内部控制缺陷类别	具体情形
存货流转管理	存货流转管理不完善，存货进出、调拨和销售出库未经恰当审批和记录
存货质量管理	存货质量管理不足导致存在客户取消订单或退货风险
存货盘点管理	缺乏有效的存货盘点程序，盘点发现的差异未恰当处理
存货所有权管理	自有存货和代管存货未严格区分管理，代管存货损毁灭失风险未恰当约定

15.1　存货流转管理[⊖]

存货流转管理不完善，尤其是存货进出、调拨和销售出库等关键环节缺乏恰当的审批和记录，不仅损害存货管理内部控制的有效性，增加操作风险，还可能对财务报告的准确性与可靠性产生重大影响。

例如本书第 12 章及第 17 章所述的北农大案例（2022 年 3 月创业板被否案例），除了该公司销售单据不规范和不相容岗位未分离问题，上市委会议同样指出其"部分原材料出库单及产成品入库单缺少审批人签名或签章等不规范情形"。在第 6 章丰盛光电案例（2021 年 6 月申报，2021年 7 月被随机抽取确定为现场检查对象，2021 年 12 月终止撤回）中，虽然发行人已撤回材料终止审核，但深圳证券交易所仍然于 2022 年下达了关于对丰盛光电的监管函（审核中心监管函〔2022〕4 号），其中指出的违规行为之一为，"现场检查发现，丰盛光电存货管理缺乏有效的内部控制，成本核算真实性、准确性难以核实，招股说明书中未充分披露内部控制缺失相关风险。一是原材料领用方面，存在两类单据，财务入账使用的领料单并非原材料领用的原始单据；部分领料单存在规律性签名补签、代签等不合规情形。二是废料管理方面，2018 年至 2020 年废料处置数量分别为1 117.86 吨、1 219.83 吨和 1 060.81 吨，但废料的产生、认定、入库、出库均未按照丰盛光电内部控制要求留存任何记录，仅以发票作为废料处置入账的依据。库管员及仓储负责人均无法合理说明废料处置情况"。

另外，在上市委审议阶段指出存在存货流转内部控制缺陷的还有武汉蓝电（2023 年 4 月北交所注册生效）和百甲科技（2023 年 1 月北交所注册生效）等案例，其中针对武汉蓝电指出"生产领料出库单未经过适当审批"，针对百甲科技指出"领发料及现场用料未通过系统留痕，发行人亦

[⊖]　本节相关表述和分析所依据的资料来源于深圳证券交易所关于对常州丰盛光电股份有限公司的监管函（审核中心监管函〔2022〕4 号）、武汉蓝电北京证券交易所上市委员会2023 年第 12 次审议会议结果公告、百甲科技北京证券交易所上市委员会 2022 年第 81 次审议会议结果公告，详见深圳证券交易所网站 https://www.szse.cn 和北京证券交易所网站https://www.bse.cn。

未进行现场盘点"。虽然上述问题最终未构成通过审核的重大障碍，但也揭示了存货流转管理内部控制的重要性。

15.2 存货质量管理

存货质量管理有助于确保企业产品满足客户需求，维护企业声誉和降低退货成本。为加强存货质量管理，拟申报 IPO 企业应重点关注以下方面：确保原材料质量符合标准，制定严格的生产标准和流程，实施全面的质量检测以及实现批次追踪与记录管理，定期对生产设备和工艺进行维护和校准，开展员工培训，建立完善的质量反馈及改进机制等。这些措施旨在从源头到最终产品，在各个环节保障存货质量的持续优化和风险的有效控制。

♣ 案例 15-1 东威科技（2021 年 5 月科创板注册生效案例）

2021 年 5 月 11 日，昆山东威科技股份有限公司（简称"东威科技"）注册生效。该案例中，第一轮、第二轮交易所反馈意见及上市委会议均提及了"客户取消订单"问题。其中第二轮交易所要求"避免大篇幅列示客户调整、取消订单或采购意向的罚则及单个客户的具体合同条款，请正面说明客户调整、取消订单或采购意向的主要责任在于公司产品质量还是客户，各方是否按照合同条款履行并承担相应责任，未按合同履行的原因，相关的存货跌价准备计提情况及充分性"；在上市委会议中要求说明"①取消订单是否是因为发行人的产品质量问题；②发行人关于质量管理的内部控制制度是否健全并有效执行"。

资料来源：东威科技第二轮审核问询函的回复，详见上海证券交易所网站 https://www.sse.com.cn。

东威科技在反馈回复中披露："报告期各期，公司存在客户调整、取消订单或采购意向的情况共涉及设备 17 台，其中：9 台设备的合同 / 订单系由于客户需求变更而调整、取消，6 台设备的合同 / 订单系因设备运行情况未达到客户要求的相关参数指标而调整、取消，2 台设备的合同 / 订单调整、取消原因与客户和公司均存在一定关系。"虽然客户调整、取消订单所涉及的合同金额在整体销售收入中占比较小，但由于东威科技 PCB 电镀设备的生产具有高度客户定制化的特性，这导致审核机构在审核过程中特别关注订单取消的原因，尤其是这些取消是否可能是由产品质量管理内部控制的缺失所引起的。同时，审核机构也特别关注企业订单取消后的存货相应跌价准备是否已充分计提。因此，拟申报 IPO 企业应当重视产品质量并加强内部控制管理。

15.3　存货盘点管理

存货盘点管理是企业库存控制和财务管理的重要环节，其目的是确保库存记录的准确性和发现并解决库存差异问题。一方面，如果缺乏有效的存货盘点程序，或者盘点发现的差异未恰当处理，可能导致库存记录与实际库存不符，进而影响订单履行、生产计划和财务报告的准确性。另一方面，盘点时出现差异可能意味着库存丢失、损坏或偷盗行为的发生，不进行调查处理可能会导致企业资产的损失。

存货定期盘点是企业日常管理的一项重要工作。企业不仅需要建立健全存货盘点的内部控制制度，还要确保这些制度得到有效执行。企业需要定期对存货进行适当的盘点，以核实存货的存在性和完整性。如果由于企业管理不善导致存货盘盈或盘亏的数量和金额过大，这可能会对企业的利润产生较大影响，并可能在审核过程中引起审核机构对企业存货管理内部控制有效性的质疑。

此外，在 IPO 审核过程中审核机构对企业存放异地仓库（特别是境外）或第三方仓库的存货盘点情况较为关注。例如，在上纬新材案例[⊖]（2020 年 9 月科创板注册生效）中，上市委审议提出，"进一步说明公司未

⊖　相关表述和分析所依据的资料来源于上纬新材科创板上市委 2020 年第 53 次审议会议结果公告，详见上海证券交易所网站 https://www.sse.com.cn。

委派员工对 TPI 墨西哥寄库销售进行盘点的情况下，防范相关方合谋舞弊的内部控制措施"。再如，泰德股份案例（2022 年 5 月北交所注册生效）中，上市委审议提出，"发行人对部分寄售客户、第三方仓库未进行盘点，而直接采取了获取寄售报表对账的替代程序。补充说明未进行盘点和函证的原因及合理性"。因此，拟申报 IPO 企业应当对存货盘点范围的适当性加以关注，避免因忽视某些特殊类别存货盘点而导致相关审核风险。

15.4　存货所有权管理

如果企业未能严格区分自有存货和代管存货的管理，或者未能恰当约定代管存货损毁灭失的风险，可能导致包括资产损失、会计记录错误、成本计算不准确以及潜在的法律诉讼和赔偿等财务和内部控制风险。这些风险会导致无法确保资产管理和财务核算的完整性和准确性。

♣ 案例 15-2　雷尔伟（2021 年 5 月创业板注册生效案例）

2021 年 5 月 18 日，南京雷尔伟新技术股份有限公司（简称"雷尔伟"）注册生效。上市委会议针对客户集中度高、核心竞争力和存货仓库管理内部控制提出了三大问题。其中，关于存货仓库管理，上市委指出，"发行人业务分为买料模式和领料模式。请发行人代表说明两种模式下存货仓库管理的流程，相关内控制度是否健全有效"。

资料来源：雷尔伟创业板上市委 2021 年第 5 次审议会议结果公告，详见深圳证券交易所网站 https://www.szse.cn。

在雷尔伟案例中，根据主要原材料取得方式的不同，其业务分为买料模式和领料模式。在买料模式下，公司向合格供应商采购各类原材料用来进行生产，公司购买原材料后获得其所有权，并承担原材料的保管和灭失风险。在领料模式下，公司生产所用的主要原材料向客户领用，生产完成最终产品后向客户交付，原材料的所有权不发生转移，公司不用完全承担原材料的保管和灭失风险。由于这两种模式下存货所有权归属不同，在审核过程中，审核机构对存货管理情况保持了高度关注。针对这一问题，雷尔伟披露："公司对买料模式下和领料模式下的原材料分区域存放，并在 ERP 系统中设置不同编码区分，公司根据不同项目按 ERP 系统存货编码领用原材料。报告期内，公司对原材料进行定期盘点，确保不同模式下原材料不会相互混用，公司相关内部控制制度健全有效。"在实务中，这种情形较为普遍，许多企业都存在正常采购和客供料两种物料使用方式。因此，拟申报 IPO 企业应加强对存货所有权归属存在差别的不同模式的内部控制管理，以避免因实物混用或核算错误导致管理风险和审核风险。

第16章　关联交易管理内部控制

关联交易管理的主要作用，在于确保公司的关联交易基于真实、公允的市场原则，防止不透明或不合理的交易行为损害公司及其他股东的利益。企业应通过严格管理和监督关联交易，避免潜在的利益冲突和利益输送，保护所有投资者尤其是中小股东的权益，从而维护企业的良好声誉和持续发展。

实务中，关联交易管理常见的内部控制缺陷，主要包括对关联方关系的错误认定，关联交易的价格设定与非关联交易相比缺乏公允性，或者关联交易缺乏必要性。关联方关系的认定以及关联交易的公允性及必要性，是 IPO 审核过程中重点关注的事项之一。若存在披露不恰当或错误的情形，有可能导致拟申报 IPO 企业 IPO 失败。

1. 关于关联方认定合理性存疑的案例

♣ 案例 16-1　扬瑞新材（2021 年 12 月创业板被否案例）

2021 年 12 月 17 日，江苏扬瑞新型材料股份有限公司（简称"扬瑞新材")上市委会议审核未获通过。上市委会议主要围绕关联方认定和关联交易价格公允性提出了五大问题，最终在交易所发布的《关于终止对江苏扬瑞新型材料股份有限公司首次公开发行股票并在创业板上市审核的决定》中，上市委审议认为，"发行人第一大客户奥瑞金间接持有发行人4.9%的股份，且在报告期内与发行人的关联公司存在资产买卖行为，以及奥瑞金高管与发行人实际控制人陈勇持续发生大额资金往来的情形。发行人的前五大客户之一昇兴集团的相关子公司的高管与发行人的主要股东存在亲属关系。发行人未按照'实质重于形式'的要求，将奥瑞金、昇兴集团认定为关联方并披露。会议认为，发行人不符合《注册管理办法》《审核规则》等相关规定"。

资料来源：扬瑞新材创业板上市委2021年第72次审议会议结果公告，详见深圳证券交易所网站 https://www.szse.cn。

值得注意的是，扬瑞新材曾两度冲击IPO均未通过审核。无论是证监会发审会审核还是交易所上市委审核，两次审核都对发行人关联方的认定和关联交易的公允性提出质疑，且两次审核问询问题的核心内容基本一致。

其中事项一：上市委审议中提出，"报告期各期，中国红牛对发行人营业收入的影响比例为37.54%、30.64%、28.75%和26.76%，对净利润的影响比例为56.10%、53.15%、42.78%和43.09%。奥瑞金系发行人多年以来的第一大客户，报告期的销售占比一直在30.00%以上，其持有发行人4.90%的股份。奥瑞金也是发行人实际控制人陈勇控制的博瑞特系列公司的主要客户，山东博瑞特与奥瑞金股东之间存在资金拆借行为。报告期内，陈勇与奥瑞金高管存在大额资金往来"。针对该问题，上市委重点关注："奥瑞金间接持有发行人4.90%的股份，发行人向奥瑞金销售部分产品的价格及毛利率较高，实际控制人陈勇与奥瑞金高管存在大额资金往来，发行人未将奥瑞金认定为关联方是否合理。"

从商业逻辑的角度来看，奥瑞金作为发行人的第一大客户，双方之间有着长期的战略合作，奥瑞金入股成为发行人的股东具备相应的合理性，并不应构成审核的重大障碍。但是：①奥瑞金持有发行人的 4.90% 股份，这存在规避企业会计准则和相关上市规则中认定持股 5% 及以上为重要股东作为关联方的嫌疑，且审核机构认为发行人向奥瑞金销售部分产品的价格及毛利率高于其他客户，可能因此存在利益输送的问题。②发行人实际控制人与第一大客户高管之间存在大额资金往来，这使得双方之间的关联方认定和交易公允性问题变得更加敏感。

其中事项二：上市委审议中提出，"报告期内，发行人第二大股东郑丽珍持有发行人 18.20% 的股份，其丈夫陈彬任昇兴集团子公司昇兴昆明总经理，其姐夫林建伶曾任昇兴北京、昇兴山东经理，现任昇兴安徽的三片罐总经理。昇兴集团是发行人的前五大客户之一"。针对该问题，上市委重点关注："发行人主要股东与昇兴集团子公司高管存在亲属关系，发行人未将昇兴集团认定为关联方是否合理。"

发行人第二大股东持股超过 5%，其直系亲属担任发行人重要客户昇兴集团的高管。发行人在 2019 年第一次申报时，审核已关注了该问题，但第二次申报时仍未解决。

从该案例可以看出，在目前强监管的审核环境下，拟申报 IPO 企业若疑似关联方关系未妥善整改处理，可能最终成为上市过程中的重大障碍。

2. 关联方交易公允性存疑的案例

♣ 案例 16-2　胜华波（2024 年 1 月上交所主板被否案例）

2024 年 1 月 30 日，浙江胜华波电器股份有限公司（简称"胜华波"）上市委会议审核未获通过。上市委会议重点关注事项主要包括：公司治理及内部控制有效性、客户与收入真实性、关联方与关联交易以及应收账款与现金流。其中，关于关联方与关联交易，上市委审议现场问询问题为："说明发行人及其关联方历史上与骞顺贸易、瑞安万顺、昆山爱国者之间存在的资金往来情况，关联方和关联交易披露是否真实、准确、完整。"

最终在交易所发布的《关于终止浙江胜华波电器股份有限公司首次公开发行股票并在沪市主板上市审核的决定》中，上市委审议认为，"发行人未能说明内部控制制度健全且被有效执行，未能充分说明财务报表在所有重大方面公允反映发行人的财务状况、经营成果和现金流量"。

资料来源：胜华波上海证券交易所上市审核委员会 2024 年第 2 次审议会议结果公告、审核中心意见落实函的回复，详见上海证券交易所网站 https://www.sse.com.cn。

关于关联交易问题，上市委列出了三家企业，分别为骞顺贸易、瑞安万顺和昆山爱国者。根据相关披露，骞顺贸易是发行人 2019 年至 2021 年的第一大材料供应商，向发行人提供钢材，其实际控制人方毅为发行人子公司上海胜华波的前员工。2019 年至 2021 年，发行人累计向骞顺贸易采购 23 513.45 万元钢材，骞顺贸易累计实现营业收入 24 194.95 万元，发行人采购金额占骞顺贸易销售金额约 97.18%，毛利率均不足 5%。骞顺贸易由方毅及其家人共同经营，并拥有几名兼职人员。报告期各期末，骞顺贸易员工人数合计分别为 6 人、6 人、5 人。

根据反馈回复披露，发行人向骞顺贸易采购的钢材主要类型为冷轧、热轧和镀锌，2020 年和 2021 年占各期向骞顺贸易采购钢材金额的 80% 以上。报告期内，发行人向骞顺贸易采购的金额与非关联方可比型号的采购价格比较如表 16-1 所示。

从发行人对骞顺贸易的关联采购价格与非关联方的采购价格对比来看，采购价格差异总体上处于相对合理的水平。但考虑到关联公司的业务收入基本来源于发行人，结合审核问询的要求——"说明对规模较小、成立时间较短、业务范围不匹配或主要依赖发行人业务等情形供应商，以及关联方完整性、关联交易的合理性和公允性核查的具体内容、方法及核查结论"，这可能反映出审核机构对关联方是否代发行人承担成本费用持怀疑态度。

根据上述相关实务案例，拟申报 IPO 企业在关联交易内部控制方面应当重点关注以下几个方面。

首先，关联方关系的认定对于确保信息披露的准确性和完整性至关重要。关联方和关联交易事项可能会影响发行人的独立性和真实盈利能力，因此，准确识别关联方是评估发行人治理结构和财务透明度的基础。在IPO审核过程中，企业应依据《公司法》《企业会计准则》以及中国证监会和证券交易所等的相关法律规定，正确识别并披露关联方，以确保所有潜在的利益冲突和风险得到充分披露。

表　16-1

年份	采购物料	骞顺贸易			非关联方可比型号采购均价（元／吨）	均价差异
		可比型号采购金额（万元）	占向骞顺贸易采购比例	均价（元／吨）		
2022 年	冷轧	128.53	5.92%	5 395.44	5 187.32	4.01%
	镀锌	1 299.99	59.90%	6 130.84	5 953.25	2.98%
	小计	1 428.52	65.82%	—	—	—
2021 年	冷轧、热轧	5 642.69	51.50%	5 609.06	5 688.11	−1.41%
	镀锌	3 727.11	34.02%	6 227.07	6 442.62	−3.46%
	小计	9 369.81	85.52%	—	—	—
2020 年	冷轧、热轧	3 958.66	56.05%	4 133.02	4 276.09	−3.46%
	镀锌	2 259.10	31.99%	4 748.63	4 957.53	−4.40%
	小计	6 217.77	88.03%	—	—	—

注：2022 年度发行人向骞顺贸易的采购主要集中于 2022 年上半年，占比约 99%，而 2022
　　年上、下半年钢材市场价格存在较大差异，因此 2022 年度与非关联方可比型号的采
　　购价格比较使用的为 2022 年可比月份价格数据。非关联方为发行人其他钢材供应商，
　　2021 年 7 月起包含向马钢集团采购。2023 年 1 ～ 6 月发行人未向骞顺贸易采购。

其次，关联交易的公允性是评估拟申报 IPO 企业财务健康的关键因素。公允性涉及交易价格是否合理，是否存在利益输送或粉饰报表的行为。如果关联交易的价格与非关联交易的价格相比明显不合理，这可能会被视为存在利益输送和财务报表虚假陈述等违法风险。

最后，关联交易的必要性也是监管部门关注的重点。关联交易应当基于合理的商业逻辑，如上下游关系，且能够提升企业业绩或市场份额。如果关联交易不具有必要性或者占比过高，可能会被视为对企业独立性产生

重大影响，这在 IPO 审核过程中可能会成为拒绝企业上市的理由。

综上所述，关联方关系的准确认定以及关联交易的公允性与必要性，对于 IPO 审核的成功至关重要。这不仅关系到信息披露的质量，还直接影响到投资者对企业价值的判断。因此，拟申报 IPO 企业必须确保在这两方面符合监管要求，以提高自身的财务透明度。

第17章 不相容岗位分离内部控制

不相容岗位分离控制是企业内部控制的一项基础工作，其目的是通过合理设置会计及相关工作岗位，明确职责权限，形成相互制衡的机制。

不相容岗位分离的常见内部控制缺陷主要包括：经济业务的授权与执行未实现有效分离，执行与记录、监督的职责未得到清晰划分，物资财产的保管、使用与记录未形成独立的责任体系等。

♣ 案例 17-1 北农大（2022 年 3 月创业板被否案例）

根据北农大第四轮审核问询函回复报告披露，证监会现场督导发现其存在内部控制中不相容岗位混同的情形，具体包括：①发行人会计与出纳岗位存在混同。发行人存在出纳编制会计凭证的情形，发行人母公司及子公司共 22 家主体全部会计凭证中制单人为出纳的比例为 74.97%，审核人与记账人为同一人的会计凭证数占总会计凭证数比例为 98.26%。同时，发行人还存在会计人员从事出纳工作的情形，会计与出纳岗位存在混同。

②发行人会计凭证制单与审核岗位存在混同。发行人存在会计凭证制单人与审核人为同一人的情形，发行人全部会计凭证中制单人与审核人为同一人的占比为 13.79%，其中发行人母公司以及浙江金华北农大农牧科技有限公司等 4 个子公司的占比超过 30%。③发行人销售业务不相容岗位存在混同。在 265 个销售与收款细节测试样本中，存在 170 个样本销售订单的制单人、审批人与出库单的制单人、签字人（也即实际出库操作人）均为同一人，占比 64.15%。④发行人采购业务不相容岗位存在混同。在 112 个采购与付款细节测试样本中，存在 111 个样本采购订单制单人与审批人为同一人，占比 99.11%；45 个样本采购入库单制单人与审批人为同一人，占比 40.18%。

2022 年 3 月 17 日北农大审核未获通过，上市委会议提出的问询问题之一包括上述内部控制岗位混同的情形。

资料来源：北农大第四轮审核问询函的回复，详见深圳证券交易所网站 https://www.szse.cn。

在交易所做出的终止北农大上市审核决定的公告中，上市委审议认为，"报告期内发行人存在代管客户银行卡、重要子公司负责人与发行人客户之间异常资金往来、发行人及其子公司财务人员混同、岗位分离失效等会计基础不规范、内部控制不健全的情形，在上述重大方面未能公允反映报告期内发行人的财务状况和经营成果"。在以往被否的案例中，"不相容岗位未分离控制"问题相对较少，而该案例中上市委的明确意见，不仅揭示了北农大内部控制问题的严重性，也反映出上市委对其财务信息质量的质疑。

根据上述实务案例，拟申报 IPO 企业应当加强对不相容岗位的分离控制。此外，企业还应严格规范重要岗位和关键人员在授权、审批、执行、报告等方面的权责，确保各项工作有效进行，防止因部分人员的失误或不当行为而对整体业务流程造成影响。

第四部分

企业经营合法合规

《首次公开发行股票注册管理办法》第十三条规定："发行人生产经营符合法律、行政法规的规定，符合国家产业政策。最近三年内，发行人及其控股股东、实际控制人不存在贪污、贿赂、侵占财产、挪用财产或者破坏社会主义市场经济秩序的刑事犯罪，不存在欺诈发行、重大信息披露违法或者其他涉及国家安全、公共安全、生态安全、生产安全、公众健康安全等领域的重大违法行为。董事、监事和高级管理人员不存在最近三年内受到中国证监会行政处罚，或者因涉嫌犯罪正在被司法机关立案侦查或者涉嫌违法违规正在被中国证监会立案调查且尚未有明确结论意见等情形。"

本书结合 IPO 实务经验，对 IPO 审核重点关注的法律问题进行梳理和提示，主要包括股权结构清晰、公司治理有效、劳务用工、违法违规、环保及安全等问题。拟申报 IPO 企业必须遵守相关的法律法规，确保经营的合法性和合规性，避免相关的法律审核风险。

第18章　股权结构清晰

对于拟申报 IPO 企业，其历史沿革中的每一次股权融资和股权转让都应当符合相关法律法规的规定。股权融资是企业通过增资引入新股东，从而获得资金支持的一种方式。对此，审核机构通常关注出资瑕疵、出资真实性以及是否存在特殊权利安排等问题。例如，非货币出资应依法办理财产权转移手续，否则可能被视为未足额出资；股东的货币出资来源需合法，以避免出资不实及抽逃出资的问题。此外，企业股权转让的作价应当公允，尤其是涉及国有股权转让时，是否符合相关法规规定，是否履行了评估、审批、进场交易等程序，以及是否可能导致国有资产流失等问题也是审核机构重点关注的问题。任何未按照法律法规要求进行的股权变动都可能被视为存在瑕疵，企业需要在申报 IPO 前采取补救措施或取得相关部门的确认意见。

股权结构是否清晰是 IPO 审核机构关注的重点之一。拟申报 IPO 企业需要确保其股权结构清晰，股东之间的权利和义务明确，并且不存在股权纠纷或其他潜在的纠纷。这包括对历史上存在的对赌协议、股份支付安排等进行彻底清理，以确保股权的清晰和稳定。同时，企业还需要注意，历史上的股权变动是否已按照规定进行了充分的信息披露，以及是否存在股份代持等违规行为，因为这些因素都可能影响到股权结构的清晰和稳定。

♣ 案例 18-1 维嘉科技（2022 年 9 月创业板被否案例）

2022 年 9 月 22 日，苏州维嘉科技股份有限公司（简称"维嘉科技"）上市委会议审核未获通过。上市委会议中关于发行人股权问题做了以下问询："报告期内，胡泽洪在急需资金时两次低价出售发行人股权。请发行人说明：①胡泽洪在面临迫切资金需求且可以主张债权的情况下，未要求发行人实际控制人邱四军偿还借款和足额支付利息，而选择两次低价出售发行人股权的商业合理性；②胡泽洪的两次股权转让是不是真实交易；③邱四军与胡泽洪及其关联方之间是否有代持和任何形式的利益输送安排。"

第三轮审核问询函中提出，现场督导发现："① 2010 年 4 月由王成东受让 BVI 维嘉持有的发行人 80% 的股权，本次股权转让的对价为 2 719 万港元。其中，王成东代发行人实际控制人邱四军持有发行人 48% 的股权，代胡泽洪持有发行人 30% 的股权。邱四军分别向胡泽洪、王清华借款 700 万元和 452 万元用于受让上述股权，借款的协议约定年利率为 12%，期限为 2 年。邱四军已于 2011 年按照协议约定向王清华偿付借款本息。② 2019 年 1 月，胡泽洪称因存在迫切的资金需求，将其持有的发行人 20% 的股权以 1 000 万元（每股 1.93 元）转让给邱四军实际控制的维嘉凯悦。根据评估公司出具的评估报告，截至 2018 年 12 月 31 日，发行人每股净资产评估值约为 8.31 元。③维嘉凯悦受让胡泽洪股权后，2019 年 5 月邱四军将其持有的维嘉凯悦 13.10% 的财产份额作价 262 万元转给 11 名员工，折合发行人股权每股 3.87 元。前述员工已于 2019 年 1 月向发行人转入 176 万元，发行人随后批量转回至员工用于其受让维嘉凯悦财产份额。④ 2020 年 3 至 9 月邱四军向胡泽洪陆续偿付 700 万元借款本金及 100 万元利息。经测算，按借款时约定利率计算的利息约为 840 万元。⑤ 2020 年 8 月，胡泽洪因存在迫切的资金需求，将持有的发行人 10% 的股权以 700 万元（每股 2.71 元）的价格转让给发行人实际控制人邱四军，转让价格低于每股净资产。2020 年 10 月，邱四军将其持有的发行人 13% 的股权以 6 500 万元（每股 19.35 元）的价格转让给外部机构投资者木立创投和丰年君合。发行人披露，胡泽洪低价转让的原因之一是潜在受让对象较为有限。根据保荐人对胡泽洪的访谈记录，胡泽洪在转让 10% 的股权时，已知悉发行人与外部投资者正在接洽。"

资料来源：维嘉科技第三轮审核问询函的回复、创业板上市委 2022 年第 68 次审议会议结果公告，详见深圳证券交易所网站 https://www.szse.cn。

维嘉科技是经历过现场督导但最终上市委会议未通过的少数案例之一。在交易所发布的《关于终止对维嘉科技首次公开发行股票并在创业板上市审核的决定》中，上市委审议认为，"发行人未充分说明两次低价转让发行人股权的合理性和真实性，实际控制人所持发行人的股份权属清晰性存疑"。关于股权清晰问题，从上述现场督导发现的问题可见一斑。维嘉科技前股东胡泽洪在急需资金时两次低价出售股权，而非要求实际控制人邱四军偿还借款，股权转让价格甚至低于每股净资产。实际控制人在受让该两次股权后，短时间内将部分股权以明显高于原受让价格的价格，转让给其他员工和外部投资者，成为这两次股权转让的直接受益人。这种违背商业逻辑且价格明显不公允的转让行为，引发了审核机构对发行人股权结构清晰度的质疑，最终导致发行人审核未获通过。

该案例也表明，股权结构的任何不透明或混乱，都可能最终阻碍企业的上市进程。因此，企业在规划上市前必须确保股权结构合理、清晰，无任何潜在纠纷和隐患，以满足法律法规和监管的要求。

第 19 章　公司治理有效

公司治理及三会运作的有效性是企业可持续发展的重要因素之一。良好的公司治理结构，确保了权力制衡与决策透明，使股东、董事会和管理层之间能够有效沟通与合作，从而降低代理成本和提升决策质量。企业有效的股东大会、董事会和监事会（即"三会"）运作，是公司治理结构良好的体现，规范的会议程序、合理的决策机制和积极的监督功能，保障了企业管理策略的合理性、风险控制的有效性以及所有股东利益的平衡。因此，在企业 IPO 审核过程中，公司治理和三会运作的有效性，不仅直接影响投资者的信心和企业的市场评价，也是企业法律责任、合规性和透明度的重要体现，是提升企业价值和实现长期战略目标的基石。

♣ 案例 19-1　胜华波（2024 年 1 月上交所主板被否案例）

2024 年 1 月 30 日，浙江胜华波电器股份有限公司（简称"胜华波"）上市委会议审核未获通过。上市委会议重点关注事项主要包括：公司治理及内部控制有效性、客户与收入真实性、关联方与关联交易以及应收账款与现金流。其中，关于公司治理及内部控制有效性，上市委审议提出，"审核关注发行人股权架构及亲属任职情况对内控有效性的影响，报告期内各项财务内控不规范情形的影响及整改情况"。

最终在交易所发布的《关于终止浙江胜华波电器股份有限公司首次公开发行股票并在沪市主板上市审核的决定》中，上市委审议认为，"发行人未能说明内部控制制度健全且被有效执行，未能充分说明财务报表在所有重大方面公允反映发行人的财务状况、经营成果和现金流量"。

资料来源：胜华波审核中心意见落实函的回复、上海证券交易所上市审核委员会2024年第2次审议会议结果公告、关于终止浙江胜华波电器股份有限公司首次公开发行股票并在沪市主板上市审核的决定，详见上海证券交易所网站 https://www.sse.com.cn。

在胜华波案例中，发行人的公司治理结构安排主要如下：公司董事会由9名董事组成，其中王上胜、王上华、王少波、王佳佳4名董事系实际控制人及其近亲属，其他5名董事（包括3名独立董事）均非实际控制人亲属，非实际控制人亲属董事占发行人董事会席位的半数以上。公司监事会由3名监事组成，其中职工代表监事1名，3名监事均非实际控制人亲属。公司高级管理人员共有8名，其中4名为实际控制人亲属，占比未超过1/2。发行人在审核问询函中称："实际控制人及其近亲属在公司任职董事、高级管理人员的选举/聘任均履行了相应的审议程序，符合相关法律法规、规范性文件和公司制度的规定。在公司任职董事、高级管理人员的实际控制人近亲属，在公司工作时间均在十年以上，具备与担任职务匹配的职业能力和管理经验。上述实际控制人及其亲属担任董事、高级管理人员不会损害公司及股东的利益。"

发行人在审核问询函中，还列举了近期部分上市前由实际控制人100%控制且实际控制人及其亲属在董事会及高级管理人员中占比较高的企业情况。

尽管发行人可以通过查询过往已上市或已过会的案例找到相似的情况，但是与那些案例相比，该案例中发行人在上会时所面对的审核环境无疑更为严苛。此外，公司治理结构问题并非导致发行人审核被否的唯一因素，对财务报表真实性的质疑等其他问题也可能进一步放大了问题的严重性，最终导致发行人审核未获通过。

第 20 章　劳务用工

　　劳务派遣和劳务外包是在 IPO 审核过程中被重点关注的法律问题，这两者所需遵守的法律规定以及审核关注点有所不同。

　　劳务派遣是指劳务派遣单位与被派遣劳动者订立劳动合同，将劳动者派遣到接受劳务派遣用工的单位工作，由接受劳务派遣用工的单位向劳务派遣单位支付服务费用的一种用工形式。劳务派遣通常受《中华人民共和国劳动合同法》和《劳务派遣暂行规定》的约束。劳务外包是指企业将其部分或全部的劳务需求，外包给专业的外包服务商，由外包服务商负责提供劳务人员，并承担相应的管理责任。劳务外包不属于劳动关系，而是一种民事合同关系。在实践中，劳务外包应遵循《中华人民共和国合同法》《中华人民共和国劳动法》等相关法律法规的规定。

　　在 IPO 实务中，对于企业劳务派遣或劳务外包，审核机构通常对以下几个方面进行重点关注。

　　（1）劳务用工的原因及必要性。例如，属于劳动密集型且存在明显生产季节性的企业，会较多地采用劳务派遣的方式，审核机构通常关注企业劳务派遣用工是否符合《劳务派遣暂行规定》规定的"临时性、辅助性或者替代性的工作岗位",避免核心岗位采用劳务派遣而对企业生产经营造成影响。针对劳务外包,审核机构通常也会关注是否涉及企业核心业务环节外包的情形。

(2)劳务用工比例。审核机构通常关注拟申报 IPO 企业是否按照《劳务派遣暂行规定》严格控制劳务派遣用工数量,企业使用的被派遣劳动者数量不得超过其用工总量的 10%,若超过,审核机构会关注企业是否采取实质性措施进行整改并逐年降低比例。劳务外包的用工比例没有明确限制,若占比不过高,且取得当地人事主管部门出具的无违规证明,一般不会构成 IPO 审核的实质性障碍。但是,企业应当避免"假外包真派遣"的情形。

(3)劳务用工提供方的资质要求。审核机构通常关注劳务派遣单位是否取得劳务派遣经营许可证,劳务外包服务商是否具有承担相应业务的资质和能力。无论是劳务派遣还是劳务外包,在 IPO 审核过程中,审核机构都会对劳务派遣单位和劳务外包服务商的相关情况进行详细了解,包括企业与其是否存在关联关系,是否存在专门或基本只为发行人提供服务等可能导致利益输送的情形。

(4)劳务用工定价的公允性。审核机构通常关注劳务派遣和劳务外包用工价格与企业相同岗位自有员工的薪酬差异,是否存在明显定价不公允而可能影响财务报表真实性的情形。此外,根据《劳务派遣暂行规定》,劳务派遣单位应当"依法为被派遣劳动者缴纳社会保险费",但实务中,很多企业存在劳务派遣员工无须缴纳社保的错误观念,虽然缴纳义务在劳务派遣单位,但出于保护劳务派遣员工的合法权益考虑,这在申报过程中通常也会被审核机构重点关注。

♣ 案例 20-1　电旗股份(2022 年 3 月创业板被否案例)

2022 年 3 月 23 日,北京电旗通讯技术股份有限公司(简称"电旗股份")上市委会议审核未获通过。上市委审议提出:"一是通信网络优化业务、无线网络工程服务存在偶发性、阶段性、临时性、地域性特点，发行人的劳务采购模式与同行业上市公司通常就近采购的模式存在差异，且前五大劳务供应商集中度大幅高于同行业公司。报告期内，多个劳务供应商主要为发行人提供服务，部分劳务供应商存在成立后即与发行人合作、合作一两年后即注销情形，且相关信息披露与新三板挂牌期间存在差异。二是发行人劳务采购费金额较大，占营业成本比例较高，对成本核算的准确性有较大影响。报告期内，发行人劳务采购费占营业收入比例持续低于同行业上市公司，且主要工种初级工程师的采购价格低于部分主要业务城市的社会平均工资。"

最终在交易所发布的《关于终止对电旗股份首次公开发行股票并在创业板上市审核的决定》中，上市委审议认为，"发行人未能对劳务采购模式的合理性、相关供应商主要为发行人服务的合理性及规范性、劳务采购价格的公允性及劳务采购费的完整性做出合理充分说明，在上述重大方面未能公允反映发行人的财务状况、经营成果和现金流量，发行人不符合《创业板首次公开发行股票注册管理办法（试行）》第十一条、《深圳证券交易所创业板股票发行上市审核规则》第十八条的规定"。

资料来源：电旗股份招股说明书、创业板上市委2022年第14次审议会议结果公告，详见深圳证券交易所网站 https://www.szse.cn。

电旗股份是一家第三方通信技术服务企业，主要向主设备商和通信运营商提供移动通信网络优化及规划服务、无线网络工程服务和物联网全流程物资管理系统集成服务，发行人的主要客户为华为、中兴通讯、中国移动、中国电信和爱立信。报告期内，发行人对前五名客户的销售额占其当期营业收入的比例分别为97.20%、99.01%、99.60%和99.09%。虽然发行人前五大客户均为知名企业，但报告期内发行人的毛利率分别为20.83%、22.17%、19.49%和13.50%，毛利率相对较低且整体呈大幅下降趋势。

从最终终止审核的意见来看，上市委会议未通过的理由主要集中于劳务采购事项，涉及劳务采购模式的合理性、劳务供应商的规范性以及劳务采购价格的公允性等方面。在上市委会议中，除了对上述劳务采购问题进行问询，上市委还特别关注了发行人净利润连续两年下滑的情况。具体来看，2018 年至 2021 年上半年，发行人扣除非经常性损益后的净利润分别为 4 039.13 万元、5 658.07 万元、5 117.01 万元和 1 278.00 万元（半年度数据）。同时，发行人预计 2021 年全年扣非后净利润将在 3 960 万元至 4 460 万元，发行人财务业绩整体呈明显下降趋势。考虑到发行人净利润较低且持续大幅下滑，劳务采购事项存在的异常情况可能进一步放大了上市委的质疑，发行人最终审核未获通过。

第 21 章　违法违规

《公开发行证券的公司信息披露内容与格式准则第 57 号——招股说明书》第三十五条规定："发行人应披露控股股东、实际控制人报告期内是否存在贪污、贿赂、侵占财产、挪用财产或者破坏社会主义市场经济秩序的刑事犯罪，是否存在欺诈发行、重大信息披露违法或者其他涉及国家安全、公共安全、生态安全、生产安全、公众健康安全等领域的重大违法行为。"第七十一条规定："发行人应披露报告期内存在的违法违规行为及受到处罚、监督管理措施、纪律处分或自律监管措施的情况，并说明对发行人的影响。"

《证券期货法律适用意见第 17 号》对"国家安全、公共安全、生态安全、生产安全、公众健康安全等领域的重大违法行为"进行了解释，指出这些行为是指"发行人及其控股股东、实际控制人违反相关领域法律、行政法规或者规章，受到刑事处罚或者情节严重行政处罚的行为"。

1. 发行人涉嫌违法违规行为的案例

♣ 案例 21-1　华夏万卷（2021 年 3 月创业板被否案例）

2021 年 3 月 19 日，四川华夏万卷文化传媒股份有限公司（简称"华夏万卷"）上市委会议审核未获通过。上市委审议主要提出以下问题："一是发行人自 2006 年至 2020 年，在部分产品封面印有'教育部门推荐练字用书'字样。发行人经营是否合法合规，前述事项是否违反有关部门规定，对字帖图书销量、退库等的影响，是否构成重大违法违规行为；发行人及其相关经销商存在被消费者投诉举报情形，是否会导致后续纠纷或投诉风险。二是发行人与田英章存在著作权许可使用合同纠纷。2021 年 1 月，田英章向最高人民法院申请案件再审，该合同纠纷事项产生的原因、与书法家的具体合作模式及相关风险、对发行人财务数据的影响。"

最终，在交易所发布的《关于终止对华夏万卷首次公开发行股票并在创业板上市审核的决定》中，上市委审议认为，"发行人产品销售涉嫌违法违规，且持续时间较长、涉及金额较大，内部控制未能合理保证发行人经营合法合规，不符合《创业板首次公开发行股票注册管理办法（试行）》和《深圳证券交易所创业板股票发行上市审核规则》等的相关规定"。

资料来源：华夏万卷创业板上市委 2021 年第 17 次审议会议结果公告、关于终止对华夏万卷首次公开发行股票并在创业板上市审核的决定，详见深圳证券交易所网站 https://www.szse.cn。

在华夏万卷案例中，上市委重点关注了发行人销售涉嫌违法违规，以及与书法家田英章的合同纠纷两个事项，其中销售涉嫌违法违规是发行人最终在上市委会议未通过的主要理由。发行人在其部分产品封面私自使用"教育部门推荐练字用书"等字样，但 2020 年 7 月教育部教材局发布了《关于从未以"教育部推荐""新课标指定"等名义出版、推荐图书的声明》（以下简称《声明》），《声明》旨在澄清有关图书是"教育部推荐"的虚假信息，避免学生和家长被严重误导。发行人在反馈回复中认为，公司使用

"教育部门推荐练字用书"字样的宣传用语存在不当，但并未使用"教育部推荐"字样，因此不属于《声明》明确列明的虚假信息。尽管发行人解释称，在《声明》发布之前未曾收到投诉或举报，也未受到市场监督管理部门对上述情形采取的行政监管或行政处罚措施，并且在《声明》发布之后已对相关产品进行清理，但是考虑到发行人违规使用"教育部门推荐练字用书"等字样已超过 10 年，这种行为可能无形中对发行人的财务业绩产生了助推作用，一旦进行彻底规范，有可能对其财务业绩产生影响。

除违规事项外，审核机构对发行人的合同纠纷事项也高度关注。发行人与著名书法家田英章自 2004 年开始合作，田英章的相关作品逐步成为发行人的最大收入来源，占发行人收入比例最高时接近 80%。在发行人与田英章产生合同纠纷后，发行人积极开拓其他业务，将部分出版物的字体替换为其他书法家的字体，田英章相关作品最后一期收入占比降至 30%。但是，与其他书法家的合作是否能够保障发行人的财务业绩，难免引起审核机构对其业绩可持续性的担忧。综合上述因素，发行人最终审核未获通过。

2. 实际控制人、高管等人员涉嫌违法违规行为的案例

♣ 案例 21-2　万香科技（2022 年 7 月创业板被否案例）

2022 年 7 月 14 日，万香科技股份有限公司（简称"万香科技"）上市委会议审核未获通过。在交易所发布的《关于终止对万香科技首次公开发行股票并在创业板上市审核的决定》中，上市委审议认为，"2005 年至 2019 年，发行人实际控制人、时任高管、核心技术人员涉及 9 项行贿事项，报告期内仍有发生。上市委会议认为，发行人不符合《创业板首次公开发行股票注册管理办法（试行）》《深圳证券交易所创业板股票发行上市审核规则》的相关规定"。

资料来源：万香科技创业板上市委 2022 年第 39 次审议会议结果公告、关于终止对万香科技首次公开发行股票并在创业板上市审核的决定，详见深圳证券交易所网站 https://www.szse.cn。

在万香科技案例中，发行人在审核问询函中披露，共有 9 个刑事判决，提及发行人部分董监高、核心技术人员涉嫌行贿事项，其中发行人实际控制人李某某参与的行贿案件多达 6 个。上述案件的行贿发生时间自 2005 年至 2019 年春节前，时间跨度长达多年，行贿内容主要是通过受贿人职务上的便利，为发行人万香科技及其子公司，以及发行人实际控制人李春南对外投资的房地产开发项目谋取不当利益等。上述案件与发行人万香科技及其子公司直接相关，主要涉及政府补助申报、排污督查、燃煤蒸汽锅炉建设和查处等方面的贿赂行为；而与实际控制人李春南对外投资的房地产开发项目相关的案件，则涵盖了从项目规划、审批、销售到资金回笼等各个环节的贿赂行为。

频繁行贿可能反映出发行人实际控制人及管理层对法律法规的漠视。尽管大部分案件发生在报告期外且时间较为久远，但审核机构仍认为发行人存在的屡次违法行为构成了上市的重大障碍，发行人最终审核未获通过。

第 22 章 环保及安全

《监管规则适用指引——发行类第 4 号》中关于"环保问题的披露及核查要求",要求拟申报 IPO 企业应当充分做好相关信息披露,包括:"生产经营中涉及环境污染的具体环节、主要污染物名称及排放量、主要处理设施及处理能力;报告期内,发行人环保投资和相关费用成本支出情况,环保设施实际运行情况,报告期内环保投入、环保相关成本费用是否与处理公司生产经营所产生的污染相匹配;募投项目所采取的环保措施及相应的资金来源和金额等;公司生产经营与募集资金投资项目是否符合国家和地方环保要求,发行人若发生环保事故或受到行政处罚的,应披露原因、经过等具体情况,发行人是否构成重大违法行为,整改措施及整改后是否符合环保法律法规的有关规定。"

保荐机构和发行人律师应对发行人的环保情况进行核查,包括:"是否符合国家和地方环保要求,已建项目和已经开工的在建项目是否履行环评手续,公司排污达标检测情况和环保部门现场检查情况,公司是否发生环保事故或重大群体性的环保事件，有关公司环保的媒体报道。在对发行人全面系统核查基础上，保荐机构和发行人律师应对发行人生产经营总体是否符合国家和地方环保法规和要求发表明确意见，发行人曾发生环保事故或因环保问题受到处罚的，保荐机构和发行人律师应对是否构成重大违法行为发表明确意见。"

🎐 案例22-1　鲁华泓锦（2021年9月创业板被否案例）

2021年9月23日，淄博鲁华泓锦新材料股份有限公司（简称"鲁华泓锦"）上市委会议审核未获通过，其中关于"生态安全"问题，上市委会议提出，"2018年以来，发行人重要子公司天津鲁华先后受到4项涉及生产安全、1项涉及生态安全的行政处罚，且还有2项涉及生态安全的违法违规行为可能受到有关部门的行政处罚"。

最终，在交易所发布的《关于终止对鲁华泓锦首次公开发行股票并在创业板上市审核的决定》中，上市委审议认为发行人不符合《创业板首次公开发行股票注册管理办法（试行）》和《深圳证券交易所创业板股票发行上市审核规则》等相关规定，其中一个原因为"发行人重要子公司天津鲁华多次出现涉及生态安全、生产安全的违法违规行为"。

资料来源：鲁华泓锦创业板上市委2021年第60次审议会议结果公告、关于终止对鲁华泓锦首次公开发行股票并在创业板上市审核的决定，详见深圳证券交易所网站https://www.szse.cn。

如果企业在生产过程中存在重大安全隐患，或者频繁发生重大安全事故，这不仅会对企业员工和环境造成损害，也会对企业的社会形象和信誉造成负面影响。此外，安全事故可能导致企业停工停产或受到法律处罚，可能会对企业的财务状况和经营情况造成影响。因此，良好的安全生产记录和有效的风险控制措施，是企业成功进行IPO的重要因素，拟申报IPO企业应当予以重视。

从发行人招股说明书披露的子公司财务数据来看，子公司天津鲁华

2020 年度净利润为 6 778.31 万元，占发行人合并净利润的约 46.13%，天津鲁华是发行人的重要子公司之一。重要子公司多次出现涉及生态安全、生产安全的违法违规行为，难免引起审核机构对发行人风险管理能力的质疑。综合考虑发行人大客户依赖、实际控制人资金流水异常以及大额调整期初固定资产减值等问题，发行人最终审核未获通过。

第五部分

上市路径选择恰当

《首次公开发行股票注册管理办法》第三条规定："发行人申请首次公开发行股票并上市，应当符合相关板块定位。主板突出'大盘蓝筹'特色，重点支持业务模式成熟、经营业绩稳定、规模较大、具有行业代表性的优质企业。科创板面向世界科技前沿、面向经济主战场、面向国家重大需求。优先支持符合国家战略，拥有关键核心技术，科技创新能力突出，主要依靠核心技术开展生产经营，具有稳定的商业模式，市场认可度高，社会形象良好，具有较强成长性的企业。创业板深入贯彻创新驱动发展战略，适应发展更多依靠创新、创造、创意的大趋势，主要服务成长型创新创业企业，支持传统产业与新技术、新产业、新业态、新模式深度融合。"

《北京证券交易所向不特定合格投资者公开发行股票注册管理办法》第三条规定："北交所充分发挥对全国中小企业股份转让系统的示范引领作用，深入贯彻创新驱动发展战略，聚焦实体经济，主要服务创新型中小企业，重点支持先进制造业和现代服务业等领域的企业，推动传统产业转型升级，培育经济发展新动能，促进经济高质量发展。"

选择恰当的上市路径有助于企业价值最大化，便于企业获得融资渠道，以增强企业的可持续发展能力。各上市板块有不同的硬性指标要求，企业如果选择上市路径不恰当，可能会因不符合板块定位而导致失败。

第 23 章　各板块的基本要求

拟申报 IPO 企业应当清晰了解适合自身的上市板块，并重点关注各上市板块的板块定位和上市条件，包括财务指标要求、公司治理标准以及信息披露规则等，这些因素共同决定了一家企业是否适合在某个板块申报上市。

2024 年 4 月 30 日，沪、深、北交易所分别修订发布了股票发行上市规则，以进一步从源头上提高上市公司的质量。其中，《上海证券交易所股票上市规则（2024 年 4 月修订）》《上海证券交易所科创板股票上市规则（2024 年 4 月修订）》《深圳证券交易所股票上市规则（2024 年修订）》《深圳证券交易所创业板股票上市规则（2024 年修订）》和《北京证券交易所股票上市规则（试行）》等文件，对各上市板块上市条件的相关规定如表 23-1 所示。

表 23-1

注册制下各主要板块上市条件（市值及财务标准）对比

项目	上交所/深交所主板	创业板	科创板	北交所
市值及财务标准	境内发行人申请在主板上市，市值及财务指标应当至少符合下列标准中的一项： 标准一：最近三年净利润均为正，且最近三年净利润累计不低于2亿元，最近一年净利润不低于1亿元，最近三年经营活动产生的现金流量净额累计不低于2亿元或营业收入累计不低于15亿元 标准二：预计市值不低于50亿元，且最近一年净利润为正，最近一年营业收入不低于6亿元，且最近三年经营活动产生的现金流量净额累计不低于2.5亿元 标准三：预计市值不低于100亿元，且最近一年净利润为正，最近一年营业收入不低于10亿元	发行人为境内企业且不存在表决权差异安排的，市值及财务标准应当至少符合下列标准中的一项： 标准一：最近两年净利润均为正，累计净利润不低于1亿元，且最近一年净利润不低于6000万元 标准二：预计市值不低于15亿元，最近一年营业收入不低于4亿元，且最近三年经营活动产生的现金流量净额累计不低于4亿元 标准三：预计市值不低于50亿元，且最近一年营业收入不低于3亿元	发行人申请在科创板上市，市值及财务指标应当至少符合下列标准中的一项： 标准一：预计市值不低于10亿元，且最近两年净利润均为正，累计净利润不低于5000万元，或者预计市值不低于10亿元，最近一年净利润为正，且营业收入不低于1亿元，且最近三年营业收入不低于15亿元，且最近三年累计研发投入占最近三年累计营业收入的比例不低于15% 标准二：预计市值不低于15亿元，最近一年营业收入不低于2亿元，且最近三年累计研发投入占最近三年累计营业收入的比例不低于15% 标准三：预计市值不低于20亿元，且最近一年营业收入不低于3亿元，且最近三年经营活动产生的现金流量净额累计不低于1亿元，且最近一年营业收入不低于3亿元 标准四：预计市值不低于30亿元，且最近一年营业收入不低于3亿元 标准五：预计市值不低于40亿元，主要业务或产品需经国家有关部门批准，市场空间大，目前已取得阶段性成果。医药行业企业需至少有一项核心产品获准开展二期临床试验，其他符合科创板定位的企业需具备明显的技术优势并满足相应条件	发行人申请公开发行并上市，市值及财务指标应当至少符合下列标准中的一项： 标准一：预计市值不低于2亿元，最近两年净利润均不低于1500万元，且加权平均净资产收益率平均不低于8%，或者最近一年净利润不低于2500万元，且加权平均净资产收益率不低于8% 标准二：预计市值不低于4亿元，最近两年营业收入平均不低于1亿元，且最近一年营业收入增长率不低于30%，最近一年经营活动产生的现金流量净额为正 标准三：预计市值不低于8亿元，最近一年营业收入不低于2亿元，且最近两年研发投入合计占最近两年营业收入合计比例不低于8% 标准四：预计市值不低于15亿元，最近两年研发投入合计不低于5000万元

注：
1. 关于表决权差异安排、红筹企业上市标准、股份减持安排等，不同上市板块相应的标准有所差异，表中未予以列示。具体内容参见《上海证券交易所股票上市规则》（2024年4月修订）《上海证券交易所科创板股票上市规则》（2024年4月修订）《深圳证券交易所股票上市规则》（2024年修订）《深圳证券交易所创业板股票上市规则》等文件规定。
2. 表中的净利润以扣除非经常性损益前后的孰低者为准，净利润、营业收入、经营活动产生的现金流量净额均指经审计的数值。预计市值是指股票公开发行后按照总股本乘以发行价格计算出来的发行人股票总价值。

　　相较于原规定，本次修订后的新规提升了相应的市值及财务标准，涉及市值、净利润、营业收入、经营活动产生的现金流量净额等，拟申报IPO 企业需要持续关注中国证监会及各交易所的上市要求。在上市标准逐渐提升的情况下，若企业的财务业绩仅是勉强达到相关标准，可能会面临较大的审核风险，因此企业需要审慎评估自身的财务表现与市值预期。

　　从表 23-1 来看，主板对最近一年仍有盈利要求，目前主板上市的净利润指标仍高于科创板和创业板；创业板、科创板和北交所则允许亏损企业在满足营业收入和市值等其他要求的情况下上市。

第 24 章　选择上市路径主要考虑因素

　　中国境内 IPO 路径主要包括上交所主板和科创板、深交所主板和创业板以及北交所等，企业应当基于自身的行业特征、发展阶段、财务状况、资本需求、市场定位等因素做出选择。不同的上市地点和板块对于拟申报 IPO 企业的资质要求、信息披露要求和交易规则等都有所不同。此外，各板块的市场活跃度、投资者结构和估值水平也存在差异。为了上市后能获得更好的市场表现，实现企业价值最大化，企业应当对上述因素加以考虑。因此，企业应根据自身的实际情况做出选择：一是选择适合的上市地点或板块，避免因选择错误造成的重大不利影响；二是计划申报创业板或科创板的企业，应当重点关注这两个板块对企业的相关定位要求。

24.1　板块选择错误的影响⊖

　　IPO 的初始决策或许将决定其结果，拟申报 IPO 企业应避免在 IPO 路

⊖　本节相关表述和分析所依据的资料来源于上海证券交易所、深圳证券交易所和北京证券交易所的 IPO 审核动态，详见上海证券交易所网站 https://www.sse.com.cn、深圳证券交易所网站 https://www.szse.cn 和北京证券交易所网站 https://www.bse.cn。

径选择上出现失误。一旦选择了错误的上市板块，可能会导致需要重新申报，从而耗费大量时间。笔者对各上市板块自实施注册制以来的审核情况进行了梳理统计（截至 2024 年 6 月 15 日），部分企业首次申报未能成功而选择重新申报的具体情况如下。

情形一：重新申报时，不变更交易所但变更上市板块，如表 24-1 所示。

表　24-1

交易所	变更上市板块	公司名称及审核状态	重新申报是否成功	首次申报受理至第二次申报最后更新时间耗时
上交所	科创板→主板	盛景微 2021 年 6 月首次申报，2021 年 12 月撤回材料终止；2023 年 3 月重新申报，2023 年 11 月注册生效	是	876 天
		华勤技术 2021 年 6 月首次申报，2022 年 4 月撤回材料终止；2023 年 3 月重新申报，2023 年 6 月注册生效		729 天
		天和磁材 2020 年 9 月首次申报，2021 年 1 月撤回材料终止；2023 年 3 月重新申报，目前处于提交注册阶段	待定	1 009 天
		华之杰 2020 年 9 月首次申报，2022 年 5 月提交注册后撤回材料终止；2023 年 2 月重新申报，目前处于问询阶段		1 299 天
		先正达 2021 年 6 月首次申报，2023 年 5 月撤回材料终止；2023 年 5 月重新申报，2023 年 6 月上市委会议通过后，2024 年 3 月撤回材料终止	否	1 003 天
深交所	创业板→主板	速达股份 2020 年 6 月首次申报，2021 年 1 月上市委审核未获通过；2023 年 2 月重新申报，2024 年 5 月注册生效	是	1 410 天
		八马茶业 2021 年 4 月首次申报，2022 年 5 月撤回材料终止；2023 年 3 月重新申报，2023 年 9 月撤回材料终止	否	896 天

注：1. 表中审核状态统计截至 2024 年 8 月 15 日。

2. 表中"重新申报是否成功"，以企业重新申报是否最终注册生效作为判断标准。

3. 表中部分案例第二次申报撤回材料终止，与该部分论证"板块定位"不具有必然关系，可能由其他原因导致。

情形二：重新申报时，同时变更交易所和上市板块，如表 24-2 所示。

表 24-2

变更交易所	变更上市板块	公司名称	重新申报是否成功	首次申报受理至第二/三次申报最后更新时间耗时	平均耗时
1.深交所变更为上交所	创业板→上交所主板	恒兴科技	是	962天	962天
		金田新材、安凯特、想念食品、星邦智能	否	1175天、1338天、1147天、1367天	1257天
		钵施然	待定	1367天	1367天
2.深交所变更为北交所	创业板→北交所	汉维科技、铁拓机械、宏裕包材、保丽洁、宁新新材、东和新材、艾能聚、前进科技	是	713天、1253天、754天、786天、1014天、891天、951天、1201天	945天
		蓝色星际、聚合科技、集美新材、潜阳科技	否	1124天、966天、1137天、1127天	1089天
		九州风神、伟邦科技、大鹏工业、东昂科技、聚星科技、千禧龙纤、珠海鸿瑞、天威新材	待定	1253天、1096天、1150天、613天、655天、1331天、1267天、1215天	1073天
3.上交所变更为深交所	科创板→创业板	森泰股份、蓝箭电子、联动科技、鸿铭股份、国泰环保、慧翰股份、天益医疗、冠龙股份、中远通、快可电子	是	904天、1075天、697天、939天、742天、1525天、630天、467天、1078天、615天	867天
		木瓜移动、诺康达、佛朗斯、犄能新材、科隆新能、辉芒微、昆腾微、芯龙技术、珈创生物、晨泰科技、和泽医药、中联数据	否	696天、1560天、610天、416天、1025天、744天、1088天、573天、705天、1054天、441天、778天	808天
		大汉软件、金智教育、容汇锂业、中超股份、泰丰智能	待定	817天、1284天、1194天、1263天、1370天	1186天

（续）

变更交易所	变更上市板块	公司名称	重新申报是否成功	首次申报受理至第二/三次申报最后更新时间耗时	平均耗时
3. 上交所变更交易所变更为深交所	科创板→深交所主板	德冠新材、广合科技	是	1 149 天、1 130 天	1 140 天
		朗微电子、中巨特	否	1 231 天、1 423 天	1 327 天
		芬尼科技、赛克赛斯	待定	1 279 天、1 370 天	1 325 天
	科创板→创业板→深交所主板	兴欣新材	是	1 578 天	1 578 天
4. 上交所变更为北交所	科创板→北交所	雅达电子、秋乐种业、锦波生物、天罡股份	是	604 天、882 天、1 123 天、1 251 天	965 天
		先临三维	否	717 天	717 天
5. 北交所变更为创业板	北交所→创业板	丹娜生物	待定	1 158 天	1 158 天
		艾芬达	待定	1 365 天	1 365 天
6. 北交所变更为上交所主板	北交所→上交所主板	汇通控股	待定	1 229 天	1 229 天

注：1. 表中审核状态统计截至 2024 年 8 月 15 日。表中"重新申报是否成功"，以企业重新申报是否最终注册生效作为判断标准。

2. 表中部分案例第二次申报结果未成功的案例，为上市委会议审核未通过或者上市委会议已通过但未能在证监会证券注册成功注册。第二次申报结果或被否定待定的案例，与该案例部分论证"板块定位"不具有必然关系，可能由其他原因导致。因过会但尚未提交注册或已提交注册但尚未取得注册批文，上、述被否或或待定的案例，为截至统计日尚处于问询阶段，已过会但尚未能在证监会取得注册批文。

3. 表中兴欣新材，其经历过三次变更上市板块情况，由科创板转换至创业板后，再由创业板转至深交所主板，由于经历过更交易所，该案例统计于情形一而未重复列示于情形二。

从上述情形一和情形二的数据统计可以发现，重新申报的企业中，有68家企业选择同时变更交易所和上市板块，仅有7家企业选择不变更交易所但变更上市板块，这表明大部分企业在第二次申报时倾向于做出较大的调整。从首次申报受理至第二或第三次申报最后更新时间，企业通常需要耗费2～5年的时间，其中大多数企业耗费时间集中于3年左右。值得注意的是，这仅是从首次申报受理开始计算的时间，若将3年或3年一期的申报期也考虑在内，这部分企业完成IPO所需的时间将长达5～8年，可见时间成本之高。

从重新申报的结果来看，情形一和情形二下重新申报成功的案例数量占比分别为42.86%和38.24%。假设结果为"待定"的案例最终都能成功过会并注册生效，则申报"成功"的案例数量占比将分别提升至71.43%和66.18%。这意味着，大部分企业符合重新申报上市板块的相关上市标准，重新申报具有一定的成功概率。若这些企业在首次申报时未错误选择上市板块，可能早已成功上市。

24.2 各板块定位要求

在选择交易所和上市板块时，通常主板突出"大盘蓝筹"特色，重点支持业务模式成熟、经营业绩稳定、规模较大、具有行业代表性的优质企业；北交所一般适合创新型中小企业上市。这部分上市板块的定位要求相对较为明确，实务中也较容易归类判断。创业板的"三创四新"和科创板的"硬科技"定位要求，则对企业提出了更高的标准。

1. 关于创业板"三创四新"定位要求

《深圳证券交易所创业板企业发行上市申报及推荐暂行规定（2024年修订)》要求保荐机构针对创业板定位情况进行专项核查，具体内容如表24-3所示。

表 24-3

核查要求	具体核查要求
（一）发行人能够通过创新、创造、创意促进新质生产力发展的核查情况	1. 能够依靠创新、创造、创意促进企业摆脱传统经济增长方式和生产力发展路径，促进科技成果高水平应用、生产要素创新性配置、产业深度转型升级、新动能发展壮大的成长型创新创业企业 2. 能够通过创新、创造、创意促进互联网、大数据、云计算、自动化、人工智能、新能源等新技术、新产业、新业态、新模式与传统产业深度融合，推动行业向高端化、智能化、绿色化发展的企业
（二）发行人技术创新性的核查情况（如适用）	保荐人应对发行人研发的技术及其功能性能、取得的研发进展及其成果、获得的专业资质和主要奖项等进行核查，并就发行人拥有和应用的技术及其先进性，发行人是否具备较强的创新能力发表核查意见
（三）发行人属于现代产业体系的核查情况（如适用）	保荐人应对发行人是否具备进一步研发、深度利用相关技术及模式的能力，上述能力是否具备可持续性；涉及现代产业体系领域的产品、服务是否属于发行人的核心产品及服务，发行人是否具备较强的创新能力发表核查意见
（四）发行人成长性的核查情况	保荐人应对发行人所处市场空间的表述是否准确，报告期内发行人收入、利润变动情况是否符合成长性特征，发行人成长性是否来源于其核心技术或产品，发行人创新能力是否能够支撑其成长，发行人成长性是否可持续等发表核查意见
（五）发行人符合创业板行业领域的核查情况	保荐人应根据上市公司行业分类相关规则，核查发行人所属行业是否属于《深圳证券交易所创业板企业发行上市申报及推荐暂行规定（2024 年修订）》第五条规定的原则上不支持其申报在创业板发行上市的行业或禁止类行业，说明理由和依据，并就发行人主营业务与所属行业归类是否匹配，与可比公司行业领域归类是否存在显著差异，发行人是否主要依赖国家限制产业开展业务等发表核查意见
（六）发行人符合创业板定位相关指标的核查情况	保荐人应对报告期内发行人的研发投入归集、营业收入的确认及增长、是否属于现代产业体系领域等情况进行核查，并就发行人是否符合成长型创新创业企业相关指标发表核查意见

笔者梳理了因不符合创业板"三创四新"要求而上市委会议未通过的企业案例（目前暂未选择重新申报），如表 24-4 所示。

表　24-4

公司名称及被否时间	不符合"三创四新"的表现
裕鸢航空 2023 年 4 月被否	我国航空零部件制造行业以主制造商内部配套企业为主，2021 年发行人在该市场的占有率为 0.11%。发行人根据自身科研生产能力承接科研件试制任务，承担科研试制任务的供应商在未来批产业务的承接中更具稳定性。报告期内，发行人科研件销售收入占比分别为 28.26%、19.72%、17.87%。2020 年 6 月，科研件重要客户中国航发 B02 单位和 B04 单位变更招标方式为公开招标后，发行人来自前述客户的科研项目收入规模及毛利率均出现较大幅度下降。报告期内，发行人研发费用率和研发人员占比等指标低于同行业可比公司
文依电气 2023 年 3 月被否	报告期内，发行人研发投入金额为 713.13 万元、1 121.90 万元、1 290.14 万元，研发投入增长主要来源于研发人员薪酬增加，研发人员平均工资高于同行业可比公司，发行人研发费用率、研发人员数量均低于同行业可比公司；发行人目前拥有专利 76 项，发明专利仅 1 项，没有涉及电缆保护产品的发明专利
卓海科技 2023 年 1 月被否	发行人主营业务为 28nm 以上成熟制程前道量检测修复设备销售及技术服务。发行人技术路径以修复进口退役设备为主，兼顾自研技术。发行人开展修复业务使用的设备和工具较为基础，生产相关的电子设备等固定资产期末原值不足 200 万元。发行人核心技术主要是设备修复的技术提升，更多来自日常生产过程中经验和修复技术的持续积累
安天利信 2022 年 11 月被否	安天利信在全国招标代理细分市场的占有率约为 0.4%，在工程造价咨询细分市场的占有率在 0.03% 左右，而工程咨询服务行业是一个充分竞争且地域性明显的行业。2019 年至 2022 年上半年，公司主营业务收入的 90% 以上来自安徽省省内。传统招标业务主要通过手工及纸质材料对整个招标过程进行控制，而发行人认为符合创业板定位的理由之一是通过开发的"信 e 采"电子化招标采购平台实现了招投标过程的信息化管理。安天利信在 2019 年之前并无专职研发人员，2019 年超过 200 万元的研发费用全部是委外形式，公司从 2020 年才开始配备专职研发人员进行"信 e 采"平台的自主研发。发行人拥有实用新型专利 5 项，软件著作权 15 项，无发明专利
贝迪新材 2022 年 9 月被否	发行人所处功能高分子膜材料精加工与生产行业参与企业众多，市场竞争激烈。发行人下游行业具有典型的周期属性。报告期内，发行人主营业务毛利率分别为 20.83%、18.60%、15.52%，呈下降趋势。发行人主要产品市场占有率较低。发行人新业务 LCP 膜生产线仍处于调试状态，尚未实现工业化量产及市场化推广

（续）

公司名称及被否时间	不符合"三创四新"的表现
伟康医疗 2022 年 8 月被否	发行人研发投入占营业收入的比例分别为 3.02%、2.69%、3.12%，研发投入年均复合增长率为 -1.97%，累计研发投入为 2 233.13 万元。从研发人员看，报告期各期末，伟康医疗研发人员数量分别为 20 人、23 人、20 人。2021 年，公司研发人员占公司总员工数量的比例为 3%，从学历构成来看，本科及以上人数仅为 4 人，占比为 20%，而可比公司研发人员中，维力医疗、康德莱等多家公司本科及以上人数占比均超 20%。从专利和产品注册证数量来看，伟康医疗原始取得 59 项专利，其中 4 项为发明专利，与威高股份、康德莱等境内龙头公司存在一定差距；公司拥有 64 个医疗器械产品证书，也远低于前述几家龙头公司
艺虹股份 2022 年 8 月被否	作为一家印刷包装企业，艺虹股份与其他同行企业相比，在创新、创造、创意方面并无差异化和先进性竞争优势。报告期各期，彩色包装盒产品及水印包装箱的毛利是公司毛利的主要来源，各期艺虹股份主营业务毛利率分别为 20.05%、15.40% 和 12.11%（不考虑运费影响），报告期毛利率持续下降，且低于同行业可比公司的平均值。发行人拥有的 105 项专利中，有 103 项实用新型和 2 项外观设计，并没有真正能体现技术先进性的发明专利
亚洲渔港 2022 年 2 月被否	发行人 2018 年至 2020 年营业收入和净利润复合增长率均为负，报告期内研发费用占营业收入的比例分别为 1.17%、0.83%、0.84% 和 0.71%；发行人拥有的 4 项发明专利均为 2013 年取得，发明专利相关产品收入占比分别为 5.00%、2.74%、2.45% 和 2.16%；发行人目前仅对自有工厂和部分代工工厂通过 Z 网进行管控，尚未做到全流程管控；发行人主要采用外协加工模式开展生产
鸿基节能 2021 年 3 月被否	发行人所属证监会行业为"土木工程建筑业"，属于《深圳证券交易所创业板企业发行上市申报及推荐暂行规定》第四条规定的原则上不支持在创业板发行上市的行业之"（七）建筑业"。鸿基节能未能充分证明掌握并熟练运用行业通用技术属于传统产业与新技术深度融合，也未能充分证明既有建筑维护改造业务属于新业态。同时，鸿基节能招股书披露的新技术、新业态相关业务收入占比、毛利占比分别从 2017 年度的 51.94%、60.24% 下降到 2020 年 1 至 6 月的 24.94%、29.30%

资料来源：深圳市证券交易所关于终止对裕鸢航空、文依电气、卓海科技、安天利信、贝迪新材、伟康医疗、艺虹股份、亚洲渔港、鸿基节能首次公开发行股票并在创业板上市审核的决定，详见深圳证券交易所网站 https://www.szse.cn。

2. 关于科创板"硬科技"定位要求

《上海证券交易所科创板企业发行上市申报及推荐暂行规定（2024 年 4 月修订）》对支持的行业领域做出了明确规定，具体内容如表 24-5 所示。

表 24-5

科创板要求	支持的行业领域
第五条 申报科创板发行上市的发行人，应当属于下列行业领域的高新技术产业和战略性新兴产业	（一）新一代信息技术领域，主要包括半导体和集成电路、电子信息、下一代信息网络、人工智能、大数据、云计算、软件、互联网、物联网和智能硬件等 （二）高端装备领域，主要包括智能制造、航空航天、先进轨道交通、海洋工程装备及相关服务等 （三）新材料领域，主要包括先进钢铁材料、先进有色金属材料、先进石化化工新材料、先进无机非金属材料、高性能复合材料、前沿新材料及相关服务等 （四）新能源领域，主要包括先进核电、大型风电、高效光电光热、高效储能及相关服务等 （五）节能环保领域，主要包括高效节能产品及设备、先进环保技术装备、先进环保产品、资源循环利用、新能源汽车整车、新能源汽车关键零部件、动力电池及相关服务等 （六）生物医药领域，主要包括生物制品、高端化学药、高端医疗设备与器械及相关服务等 （七）符合科创板定位的其他领域 限制金融科技、模式创新企业在科创板发行上市。禁止房地产和主要从事金融、投资类业务的企业在科创板发行上市

结合上述文件的规定及相关审核案例，创业板的"三创四新"和科创板的"硬科技"定位判断通常较为严格，且通常是审核机构审核申报企业是否满足这两大板块要求的第一道关卡。如本书第 23 章所列案例，大部分企业选择重新更换交易所或上市板块主要是因为不符合原申报上市板块的定位要求，这种情况往往是由于初始决策错误所致。虽然部分企业重新申报后取得了圆满结果，但也有部分企业重新申报的结果并不尽如人意。

第六部分

信息披露公开透明

《首次公开发行股票注册管理办法》第三十四条规定："发行人申请首次公开发行股票并上市，应当按照中国证监会制定的信息披露规则，编制并披露招股说明书，保证相关信息真实、准确、完整。信息披露内容应当简明清晰、通俗易懂，不得有虚假记载、误导性陈述或者重大遗漏。中国证监会制定的信息披露规则是信息披露的最低要求。不论上述规则是否有明确规定，凡是投资者做出价值判断和投资决策所必需的信息，发行人均应当充分披露，内容应当真实、准确、完整。"

IPO 企业的招股说明书及其他申报文件在申报受理后即在交易所网站公开披露，接受全社会的监督。审核过程中，企业还需要接受审核机构的问询，并对相关问题进行书面回复，相关内容也会公开披露。因各种原因导致的信息披露出现错误或遗漏，都可能会成为企业 IPO 成功的障碍。

第 25 章　全面注册制下的审核理念

2023 年 2 月 1 日，党中央、国务院批准《全面实行股票发行注册制总体实施方案》，标志着股票发行注册制正式落地。全面实行股票发行注册制是继设立科创板并试点注册制、创业板改革并试点注册制以及设立北交所并试点注册制之后，资本市场又一项全局性重大改革部署，对我国资本市场发展具有重大战略意义。

25.1　全面注册制的核心变化

注册制改革是一场涉及监管理念、监管体制、监管方式的深刻变革。与核准制相比，全面注册制不仅涉及审核主体的变化，更重要的是充分贯彻以信息披露为核心的理念，使发行上市全过程更加规范、透明、可预期。实行注册制，审核注册的标准、程序、内容、过程、结果全部向社会公开，公权力运行全程透明，严格制衡，接受社会监督，与核准制存在根本的区别。

　　此外，全面注册制加大了发行上市全链条各环节的监管力度，坚持"申报即担责"原则，以"零容忍"的态度严厉打击欺诈发行、财务造假等违法违规行为，切实保护投资者的合法权益。实务中，IPO 审核工作主要通过问询来进行，督促发行人真实、准确、完整地披露信息。同时，监管部门综合运用现场督导、现场检查、投诉举报核查、监管执法等多种方式，压实发行人的信息披露第一责任、中介机构的"看门人"责任。

25.2　全面注册制的不变之处

　　虽然全面注册制强调"信息披露"，但是这并不意味着审核机构无须再对申报企业进行实质性审核，也并不是降低审核的要求和标准，而是审核的角度和侧重点发生了变化。信息披露是判断企业是否符合上市条件的必要条件，但非充分条件。在我国资本市场尚未完全成熟之前，企业信息披露的真实性、准确性和完整性，不适合直接交给市场进行判断。中介机构需要在辅导和申报过程中承担应有的尽职责任，而审核机构仍需发挥强有力的监督和管理责任。

　　对于发行人财务规范的要求和目标，无论是之前的核准制，还是当前的全面注册制，并未发生变化。从近几年注册制实施的情况来看，有些财务问题的审核相比以往甚至更加严格，企业需要经过若干轮对反馈问询的回复才能最终消除审核机构的疑虑。在充分保护中小投资者利益的前提下，全面注册制要求企业充分履行信息披露义务。

第 26 章　强化信息披露

强化信息披露是维护资本市场公平性和透明度的重要环节，对于保护投资者权益具有不可或缺的作用。为提升 IPO 信息披露的质量，拟申报 IPO 企业应当把握以下两个重要方面：一是企业在这一过程中应避免出现信息披露的重大遗漏或错误；二是企业应当充分披露有利于投资者的重要信息，同时确保相关信息披露的谨慎性和客观性。

26.1　避免重大遗漏或错误

在 IPO 过程中，企业有责任保证其对外披露的信息真实、准确、完整，避免重大遗漏或错误。企业应建立完善的内部信息管理和披露流程，确保及时更新披露有关企业财务数据、管理层变动、市场风险、法律诉讼等方面的各类关键信息。实务中，企业在信息披露过程中，若关键信息出现披露错误，可能会在审核机构的反馈问询中陷入被动，并可能出现更多失误，面临最终审核被否的风险。为此，企业应当加强各责任部门对招股说明书、法律意见书、审计报告及反馈意见回复等相关申报文件的复核力度，以防止出现故意或无意的信息操纵。

全面注册制下，监管部门通过加强现场检查和问询力度，督促企业及中介机构提高信息披露质量。例如，审核机构对发行人、中介机构实施严格的制度约束，并通过对问题导向的检查，督促发行人提高信息披露质量。存在违法违规行为的企业，即使撤回 IPO 申报材料，也可能会被监管部门事后追责。这些措施共同构成了防止企业"带病闯关"的监管体系。

♣ 案例 26-1　兴嘉生物（2020 年 11 月科创板被否案例）

2020 年 11 月 26 日，长沙兴嘉生物工程股份有限公司（简称"兴嘉生物"）上市委会议审核未获通过，上市委会议重点关注事项主要包括："一是发行人认定其属于科创板'生物医药'行业的具体理由及依据；二是发行人所拥有的 53 项发明专利对构建核心竞争能力的作用及与主营业务收入的关系；三是发行人将董事长 70% 工资、总经理 40% 工资列支计入研发费用是否符合《企业会计准则》的规定。问询回复及相关文件中，发行人将所属科创板行业修改为符合科创板定位的其他领域，将 53 项发明专利（其中两项于 2020 年 8 月到期）修改为 51 项，将公司《研发管理制度》中董事长薪酬的 70% 和总经理薪酬的 40% 计入研发费用的相关规定予以修订，并对董事长和总经理薪酬统一在管理费用列报。"

最终在交易所发布的《关于终止长沙兴嘉生物工程股份有限公司首次公开发行股票并在科创板上市审核的决定》中，上市委审议认为："发行人的行业归属和多项科创属性指标，包括研发投入和发明专利数量等信息披露前后不一致。发行人在审核期间，曾修改其研发费用中的高管薪酬列支情况，表明其关于研发投入的内部控制存在缺陷。相关信息披露未能达到注册制的要求，不符合《科创板首次公开发行股票注册管理办法（试行）》第五条、第十一条、第三十四条和第三十九条的规定；不符合

《上海证券交易所科创板股票发行上市审核规则》第五条、第二十八条的规定。"

资料来源：兴嘉生物招股说明书、审核中心意见落实函的回复、关于终止长沙兴嘉生物工程股份有限公司首次公开发行股票并在科创板上市审核的决定，详见上海证券交易所网站 https://www.sse.com.cn。

兴嘉生物的产品包括氨基酸络（螯）合物、羟基氯化物、复合微量元素、微平衡生态有机肥四大类产品，核心技术产品作为添加剂，添加到饲料或预混料中为动物提供矿物微量元素营养，或添加到肥料中为植物提供矿物微量元素营养。在该案例中，发行人将所属行业定位为"生物医药"属性，但其最终在回复审核中心意见落实函中对其科创板所属行业进行了修订，并披露，"经发行人复核，公司不属于科创板'生物医药'行业定位。根据《高新技术企业认定管理办法》（国科发火〔2016〕32号）之附件《国家重点支持的高新技术领域》，发行人主要产品属于'二、生物与新医药'之'（七）农业生物技术'之'2、畜禽水产优良新品种与健康养殖技术'之'安全、优质、专用新型饲料、饲料添加剂'，因此，公司已修订相关申报材料，并将公司所属行业重新定位为《上海证券交易所科创板企业发行上市申报及推荐暂行规定》'第三条'之'（七）符合科创板定位的其他领域'"，发行人最终审核未获通过。

26.2　充分披露重要信息

除了避免信息披露的遗漏和错误，企业还应主动披露对投资者判断公司价值和做出投资决策有显著影响的信息。这包括但不限于企业的财务状况、业务发展状况、盈利能力以及潜在风险等。招股说明书作为信息披露的主要载体，其内容应紧贴投资者需求，避免冗余信息，提高可读性和针对性。证监会发布的《关于注册制下提高招股说明书信息披露质量的指导意见》强调，企业应通过优化招股说明书的语言表述和版式设计，提高信息的明晰度和易理解性，帮助投资者更好地做出决策。此外，企业信息披露应基于事实和数据，以客观、谨慎的方式进行，避免夸大或误导性陈述，确保投资者可以基于全面和透明的信息进行理性决策。

对于处于亏损状态但寻求上市的企业，合理披露盈利预测信息非常重要，这可能成为其成功上市的关键因素。

❖ 案例 26-2　思必驰（2023 年 5 月科创板被否案例）

2023 年 5 月 11 日，思必驰科技股份有限公司（简称"思必驰"）上市委会议审核未获通过，上市委会议重点关注事项主要包括："一是发行人核心业务的市场竞争格局、核心产品的差异化竞争布局、核心技术的科技创新体现、核心技术与主要产品的升级迭代周期和研发储备，关注发行人核心技术的硬科技属性、差异化竞争的有效性；二是发行人预测了未来四年营业收入复合增长率，审核关注相关预测的合理性和审慎性，发行人报告期内持续亏损、净资产大幅下降的情况，以及发行人经营能力的可持续性。"

最终在交易所发布的《关于思必驰科技股份有限公司首次公开发行股票并在科创板上市审核的决定》中，上市委审议认为："发行人未能充分说明未来四年营业收入复合增长率的预测合理性，未能充分揭示上市前净资产为负的风险，相关信息披露不符合《首次公开发行股票注册管理办法》第三十四条相关规定。"

资料来源：思必驰招股说明书、关于终止思必驰科技股份有限公司首次公开发行股票并在科创板上市审核的决定，详见上海证券交易所网站 https://www.sse.com.cn。

思必驰是国内专业的人机对话解决方案提供商，所处行业属于当前热门的人工智能领域。发行人披露其处于业务高速增长期，近三年营业收入复合增长率达到 63.71%，但由于在技术及商业应用拓展等方面的投入，发行人在未来一段时间内仍无法实现盈利。在招股说明书中，发行人对未来进行了盈利预测，根据未来营业收入的年度增长率和 2026 年的预估毛利率水平进行敏感性分析，假设未来 2023 ～ 2026 年营业收入的年度增长率分别为 30%、35%、40%、45% 和 50%，同时假设 2026 年公司的综合毛利率分别为 36%、38%、40% 的情况下，发行人在最乐观情况下可于 2026 年实现盈利，在最保守情况下可于 2028 年实现盈利。

但是，从市场份额来看，发行人虽然在 2021 年占中国语音市场份额排名第四，占比约为 3%，但前三名为科大讯飞、阿里巴巴和百度三个强有力的竞争对手，其中科大讯飞在多个领域已进行了布局，属于行业龙头，而阿里巴巴和百度两个互联网巨头凭借自身用户流量抢占市场份额。无论在资金、技术还是用户资源方面，这三个竞争对手都是发行人当前无法匹敌的。未来如果行业头部的其他竞争对手继续扩大市场份额，或采用竞争策略进入公司的既有优势市场，将对公司未来收入增长造成一定的不利影响，导致公司的收入增长率或产品毛利率下降。由于发行人未能提供消除审核机构对盈利预测合理性怀疑的有效信息，发行人最终审核未获通过。

🐾 案例 26-3　太美科技（2023 年 3 月科创板被否案例）

2023 年 3 月 17 日，浙江太美医疗科技股份有限公司（简称"太美科技"）上市委会议审核未获通过，上市委会议重点关注事项主要包括持续经营能力和核心技术，其中关于持续经营能力问题，上市委要求发行人："结合报告期主营业务收入增幅放缓、毛利率下滑、期间费用率高、SaaS 产品收入占比较低等情况，说明发行人的持续经营能力，包括但不限于商业模式是否稳定、盈利预测是否可实现，盈利的前瞻性信息披露是否谨慎、客观。"

最终在交易所发布的《关于终止浙江太美医疗科技股份有限公司首次公开发行股票并在科创板上市审核的决定》中，上市委审议认为："发行人未主要依靠核心技术开展生产经营，未充分披露有利于投资者做出价值判断和投资决策的重要信息，不符合《首次公开发行股票注册管理办法》第三条和第三十四条的相关规定。"

资料来源：太美科技招股说明书、关于终止浙江太美医疗科技股份有限公司首次公开发行股票并在科创板上市审核的决定，详见上海证券交易所网站 https://www.sse.com.cn。

太美科技招股说明书将其定位为"国内领先的基于云计算和大数据技术的生命科学产业数字化解决方案提供商"。从收入结构来看，发行人的销售收入主要来源于数字化解决方案及临床运营服务，其中数字化解决方案在报告期内的收入占比分别为 84.46%、86.54%、87.72% 和 89.36%。而按产品形态分类来看，技术含量相对较高的 SaaS 产品收入占比仅为 30.33%、27.01%、25.71% 和 27.42%，而向医疗机构提供的其他服务收入占比相对较高。发行人大部分收入并非来源于核心技术，这难免引起审核机构对其核心技术能力和商业模式的质疑。

报告期内，太美科技 2019 年度至 2021 年度及 2022 年 1 ~ 6 月扣非后净利润分别为 −15 335.56 万元、−26 680.38 万元、−50 459.16 万元及 −22 499.58 万元（半年度），主营业务毛利率分别为 45.59%、39.62%、35.63% 及 33.31%，扣非后净利润和毛利率呈下降趋势且下降幅度较大。若发行人未来亏损持续扩大，将不利于 IPO 审核。在招股说明书中，发行人预测 2022 年度扣非后净利润将介于 −43 415 万元和 −45 950 万元之间，亏损幅度相比上期仅略微缩小。审核机构认为其未能充分披露有利于投资者做出价值判断和投资决策的重要信息，发行人最终审核未获通过。

参考法规 REFERENCE LAWS

1.《企业会计准则》《企业会计准则解释》及《企业会计准则讲解（2010）》(中华人民共和国财政部)

2.《监管规则适用指引——会计类第 1 号》(中国证券监督管理委员会)

3.《监管规则适用指引——会计类第 2 号》(中国证券监督管理委员会)

4.《监管规则适用指引——发行类第 4 号》(中国证券监督管理委员会)

5.《监管规则适用指引——发行类第 5 号》(中国证券监督管理委员会)

6.《监管规则适用指引——发行类第 9 号》(中国证券监督管理委员会)

7.《金融负债与权益工具的区分应用案例》(中华人民共和国财政部)

8.《股份支付准则应用案例——实际控制人受让股份是否构成新的股份支付》(中华人民共和国财政部)

9.《股份支付准则应用案例——"大股东兜底式"股权激励计划》(中华人民共和国财政部)

10.《股份支付准则应用案例——以首次公开募股成功为可行权条件》(中华人

民共和国财政部）

11.《上市公司股权激励管理办法》(中国证券监督管理委员会令第 126 号）

12.《证券期货法律适用意见第 17 号》(中国证券监督管理委员会公告〔2023〕14 号）

13.《关于个人非货币性资产投资有关个人所得税政策的通知》（财税〔2015〕41 号）

14.《关于完善股权激励和技术入股有关所得税政策的通知》（财税〔2016〕101 号）

15.《关于个人股票期权所得征收个人所得税问题的通知》(财税〔2005〕35 号）

16.《关于我国居民企业实行股权激励计划有关企业所得税处理问题的公告》（国家税务总局公告 2012 年第 18 号）

17.《企业内部控制基本规范》(财会〔2008〕7 号）

18.《研发费用加计扣除政策执行指引（2.0 版）》(国家税务总局　科技部政策法规与创新体系建设司）

19.《研发费用加计扣除项目鉴定案例》(国家税务总局所得税司）

20.《首次公开发行股票注册管理办法》(中国证券监督管理委员会令【第 205 号】)

21.《北京证券交易所向不特定合格投资者公开发行股票注册管理办法》（中国证券监督管理委员会令【第 210 号】)

22.《上海证券交易所股票上市规则（2024 年 4 月修订)》(上证发〔2024〕51 号）

23.《上海证券交易所科创板股票上市规则（2024 年 4 月修订)》(上证发〔2024〕52 号）

24.《深圳证券交易所创业板股票上市规则（2024 年修订)》(深证上〔2024〕340 号）

25.《深圳证券交易所股票上市规则（2024 年修订)》(深证上〔2024〕339 号）

26.《北京证券交易所股票上市规则（试行）》(北证公告〔2024〕22号)

27.《深圳证券交易所创业板企业发行上市申报及推荐暂行规定（2024年修订）》(深证上〔2024〕344号)

28.《上海证券交易所科创板企业发行上市申报及推荐暂行规定（2024年4月修订）》(上证发〔2024〕54号)

29.《关于注册制下提高招股说明书信息披露质量的指导意见》(中国证券监督管理委员会公告〔2022〕27号)

30.中国证券监督管理委员会会计司.上市公司执行企业会计准则案例解析-2024[M].北京：中国财政经济出版社，2024.

31.财政部企业会计准则实施典型案例编委会.企业会计准则实施典型案例集[M].北京：中国财政经济出版社，2022.